Patrick Becker/Ursula Diewald (Hg.)

Die Zukunft von Religion und Kirche in Deutschland

Die Zukunft von Religion und Kirche in Deutschland

Perspektiven und Prognosen

Herausgegeben von
Patrick Becker und Ursula Diewald

FREIBURG · BASEL · WIEN

MIX
Papier aus verantwor-
tungsvollen Quellen
FSC® C083411

© Verlag Herder GmbH, Freiburg im Breisgau 2014
Alle Rechte vorbehalten
www.herder.de
Umschlaggestaltung: Verlag Herder
Umschlagmotiv: Verlag Herder; WoGi – Fotolia.com
Druckvorlage durch die Herausgeber
Herstellung: CPI books GmbH, Leck
Printed in Germany

ISBN 978-3-451-33299-9

Inhalt

Vorwort 7

Der Blick aufs Ganze

Alte Probleme und neue Herausforderungen 13
Karl Gabriel

Erosion der (katholischen) Kirche: Altes flicken oder Neues wagen? 29
Michael N. Ebertz

Schwund ja, Verschwinden nein. Ein Blick auf die Lage der etablierten Religionsgemeinschaften 48
Ulrich Ruh

„Wo führt das alles hin?" Perspektiven einer Religionsprognostik 59
Hans-Joachim Höhn

Strukturen im Blick

Kirchen als Organisationen: Ein moralisches Problem? 75
Gesche Linde

Religion und Kirche heute – ist die Zukunft schon vergangen? .. 89
Reinhard Marx

Der Limburger „Turmbau zu Babel". Ein Gleichnis vom Versagen der Kirche 101
Christa Nickels

Sinn für unlösbare Fragen 111
Isolde Karle

Neues Selbstbewusstsein. Judentum in Deutschland 121
Olaf Glöckner

Im Prozess der Gleichstellung. Islam in Deutschland 137
Bekir Alboğa

Spezifische Symptome im Blick

Die Herrschaft des Kein – wie die katholische Kirche spricht ... 157
Christiane Florin

Christliche Jenseitsbotschaft in einer innerweltlich
orientierten Gesellschaft 169
Patrick Becker

Die Jugend im Blick

Kirche als Ereignis – katholische Jugendverbände
und ihr Beitrag 181
Dirk Tänzler

Der Religionsunterricht der Zukunft wird keine
Konfessionen mehr kennen 190
Clauß Peter Sajak

Keine Angst vor Pluralität im künftigen Religionsunterricht 205
Klaus Kühnen

Verzeichnis der Autorinnen und Autoren 221

Vorwort

Wenn es Religionen in die deutschen Nachrichten schaffen, dann verheißt das für sie selten Gutes. Der Islam steht im Mittelpunkt, wenn es in der Islamkonferenz Streit gibt oder gegen einen Moscheebau demonstriert wird. Das Judentum kommt oft im Zusammenhang mit Fremdenhass vor. Von der evangelischen Kirche liest man, dass sie ihre Mitte verliere, da in der alle zehn Jahre durchgeführten EKD-Mitglieder-Befragung 2014 die Zahl derer abgenommen hat, die sich ihrer Kirche ‚etwas verbunden fühlen'. Dass gleichzeitig die Zahl der ‚sehr' und ‚ziemlich verbundenen' Kirchenmitglieder gestiegen ist, findet nur in den Tiefen des Textes Platz (Süddeutsche Zeitung Nr. 55 vom 7. März 2014, 5). Die katholische Kirche war im letzten halben Jahr vor allem dank des Skandals um den Limburger Bischof Franz-Peter Tebartz-van Elst in der Öffentlichkeit präsent. Die Berichte waren kritisch bis anklagend, und das so sehr, dass sich der Präfekt der Glaubenskongregation, Gerhard Ludwig Müller, genötigt sah, gegenüber der Mainzer Allgemeinen Zeitung im März 2014 von einer „Rufmordkampagne" und von „Menschenjagd" zu sprechen.

Nun kann man achselzuckend auf die Skandalisierungstendenz der Massenmedien verweisen, die sich wenig um gelungene Alltagsarbeit in den Gemeinden schert. Man kann aber auch ins Nachdenken kommen: Die Religionen sind nicht nur nicht tot, wie ihnen im Rahmen der Säkularisierungsthese prognostiziert worden war; sie sind nicht einmal ins Private verbannt, sondern stehen umgekehrt unter der permanenten Beobachtung der Massenmedien und sind damit auch der Kontrolle durch die öffentliche Meinung unterworfen.

Die Medienschelte Kardinal Müllers ist daher Ergebnis einer wichtigen Beobachtung. Sie ignoriert aber die Berechtigung der geübten Kritik und die durchaus auch differenzierte Darstellung in den Medien. Wer es daher nicht bei einer solch einseitigen Abwehr belassen möchte, wird über Status und Rolle der Religionen in unserer Gesellschaft reflektieren müssen. Er wird wahrnehmen wollen, welche Erwartungen die Gesellschaft an die Religionsgemeinschaften hat. Und er wird danach fragen, wie sich die Gemeinschaften zu diesen Erwartungen verhalten – wollen, können, müssen oder sollten.

Diesen zweifachen Blick unvoreingenommen aufzunehmen und damit die Aussichten von Religion und Kirche in Deutschland zu klären, hat sich der vorliegende Band zur Aufgabe gemacht. Vertreterinnen und Vertreter wissenschaftlicher Disziplinen – der Soziologie, der Religionsphilosophie und der (praktischen) Theologie –, des Journalismus, der Politik, der Bildung sowie Repräsentanten der religiösen Institutionen haben sich bereit gefunden, eine schonungslose und zugleich zukunftsgerichtete Analyse der religiösen Situation in Deutschland vorzunehmen.

Die Beiträge werden ein vielschichtiges Bild zeichnen von der komplizierten Dynamik, die zwischen Individuum, dessen religiöser Sinnsuche, religiöser Institution, Staat und Öffentlichkeit besteht. Es werden zukünftige Veränderungen im religiösen Gefüge benannt und dabei auch nicht-christliche Religionen und neue spirituelle Strömungen eingeschlossen, um so ein Bild der religiösen Realität zu erheben.

Den Beiträgen waren konzeptionell wenige Vorgaben gesetzt. Umso besser lassen sich im Ergebnis zentrale inhaltliche Schwerpunkte identifizieren: Die soziologische Bestandsaufnahme quer durch das Buch kommt nicht umhin, für das Christentum einen Prozess der Entkirchlichung zu beschreiben, also des Rückgangs der institutionellen Anbindung von Religiosität, der mit deren Individualisierung und Pluralisierung einhergeht.

Zentral werden daher in vielen Beiträgen die religiösen Institutionen selbst problematisiert. Sie werden fast durchgängig unter dem für die Gegenwart charakteristischen Anspruch auf Wahrhaftigkeit, Glaubwürdigkeit und Verstehbarkeit verhandelt.

Wenn diese Werte hier auch zum Tragen kommen, nehmen zwei Beiträge zum Selbstverständnis des Islams und des Judentums in dieser Hinsicht eine besondere Rolle ein. Es zeigt sich, dass diese beiden Religionen eine andere Ausgangslage und damit andere Herausforderungen für die Zukunft haben als die (etablierten) christlichen Kirchen. Auch diese Vielfalt dokumentiert der Band.

Vorwort 9

Das Konzept des Bandes sieht vier Blickrichtungen vor: Im ersten Teil wird die Gesamtsituation in Deutschland betrachtet. *Karl Gabriel* und *Michael N. Ebertz* zeigen aktuelle Entwicklungen auf und wagen einen Blick in die Zukunft, *Ulrich Ruh* setzt dabei einen Schwerpunkt auf das öffentliche Auftreten von Religionen. Die drei Autoren beziehen auch die Situation im inner- wie außereuropäischen Ausland mit ein und schaffen so einen Rahmen für die nachfolgenden Beiträge, die sich dem Thema des Bandes mehr in Form von Detailanalysen nähern.

Der Beitrag von *Hans-Joachim Höhn* reflektiert die Prämissen, unter denen Religionsprognosen gemacht werden. Wer weder die Säkularisierungsthese gelten lässt, nach der Religion mit dem Fortschritt automatisch verschwinden werde, noch dogmatisch an der Vorstellung von Religiosität als selbstverständliches menschliches Konstitutivum festhält, der wird mit Höhns Reflexionen im zweiten Teil dieses Bandes landen, in dem die Anschlussfähigkeit und Sprachfähigkeit der Religionen eingefordert werden.

Dort kommt ein Blick auf die Religionsgemeinschaften von Innen sowie auf einzelne Aspekte ihrer z. T. prekären Situation zum Tragen. Zunächst steht die Institution Kirche in ihrer heutigen evangelischen und katholischen Gestalt zur Diskussion. Die Beiträgerinnen und Beiträger *Gesche Linde, Reinhard Marx, Christa Nickels* und *Isolde Karle* sind sich darin einig, dass Religion eine institutionelle Form benötigt, auch wenn, worauf insbesondere Karle hinweist, übergeordnete Strukturen nur begrenzten Einfluss auf individuelle Glaubensbiographien besitzen. Alle vier Autorinnen und Autoren stimmen aber auch darin überein, dass diese Institutionalisierung eine Gefährdung mit sich bringt, auf die Linde einen besonderen Fokus setzt, und die nicht zufällig aktuell in einer Krise resultiert. Formuliert Marx so etwas wie die Zielmarke für benötigte Reformen, so markiert Nickels vor allem den konkreten institutionellen Reformbedarf.

Olaf Glöckner und *Bekir Alboğa* stellen gleichermaßen kompakt wie umfassend die heutige Situation des Judentums und des Islams in Deutschland dar. Probleme sehen auch sie: So beschreibt Glöckner die andauernde Integrationsleistung, die durch den Zuzug vieler osteuropäischer Juden nötig wurde, und Alboğa zeigt die Schwierigkeiten, die im Verhältnis des Islams zur deutschen Öffentlichkeit bestehen. Dennoch kommen beide zu einer positiven Gesamtsicht, die von einem erstarkten Selbstbewusstsein und zunehmender gesellschaftlicher Anerkennung geprägt ist.

Zwei Einzelaspekte analysieren *Christiane Florin* und *Patrick Becker* im dritten Teil. Während Florin die kirchliche Sprache kritisiert, fragt Becker, wie das Christentum mit dieser Sprache seine Schlüsselbotschaft des Jenseits verkünden kann. Beide Beiträge setzen an Symptomen an, die für die aktuelle Situation bezeichnend sind, und dringen so zu zentralen Herausforderungen vor.

Der vierte und letzte Teil soll der Frage nach der Zukunftsfähigkeit von Religion und Kirche durch einen besonderen Fokus auf die Jugend gerecht werden: *Dirk Tänzler* erläutert zunächst den spezifischen Zugang von Jugendverbänden zu einem kirchlich interessierteren Teil der Jugend und zieht daraus Folgerungen für kirchliches Handeln insgesamt. Im Anschluss betrachten *Clauß Peter Sajak* und *Klaus Kühnen* den Religionsunterricht, der nach wie vor weite Teile der Jugend erreicht. Während Sajak die strukturelle Ebene diskutiert und für einen überkonfessionellen Religionsunterricht votiert, geht Kühnen auf dessen innere Anlage ein und betont die Chancen, die in der Pluralität der Schülerinnen und Schüler besteht. Wenn er für einen dialogisch-diagnostischen Religionsunterricht plädiert, kann das auch auf die gesamtkirchliche Ebene gehoben werden und damit als Schlusswort gelten.

Die Aufgabenstellung für diesen Band war nicht einfach. Den Autorinnen und Autoren, die sich durchgängig engagiert und tiefgründig auf die Zukunftsfrage eingelassen haben, sind wir daher tief zu Dank verpflichtet. Unser Dank gilt auch dem Lektor des Verlages Herder, Stephan Weber, der dieses Werk von Beginn an unterstützt und getragen hat. Zuletzt sind wir dem AGT Förderverein e.V. dankbar, innerhalb dessen Idee und Konzept für diesen Band entstanden sind.

Aachen, im April 2014   München, im April 2014
Patrick Becker   Ursula Diewald

Der Blick aufs Ganze

Alte Probleme und neue Herausforderungen

Karl Gabriel

Zweifellos gibt es in Deutschland und vielen Ländern Westeuropas Anzeichen für Tendenzen einer fortschreitenden *Entkirchlichung*. Was aber ist begrifflich unter Entkirchlichung zu verstehen? Entkirchlichung lässt sich bestimmen als Zurückdrängung, als Einflussverlust der Kirchen bzw. institutionalisierter Religion auf drei unterschiedlichen Ebenen:

1. Freisetzung und Distanzierung der Individuen von kirchlichen Glaubensvorstellungen, Ritualvorschriften und Verhaltensnormen. Entkirchlichung betrifft in dieser Dimension die zurückgehende Partizipation der Menschen, der Bevölkerung an der institutionalisierten Religion.
2. Trennung bzw. Lösung der Subsysteme und Institutionen von Politik, Wirtschaft, Wissenschaft und Erziehung von kirchlichen Vorgaben und Einflüssen.
3. Bedeutungsrückgang bzw. Zerfall kirchlich repräsentierter, religiös-symbolischer Integrationsformen der Gesellschaft.

Wenn auch unter dem Stichwort Entkirchlichung in der Regel die erste Dimension im Vordergrund steht, so wird man die beiden anderen Aspekte aber mit im Blick haben müssen.

Geht man von dem skizzierten Begriffsverständnis aus, so ist zunächst festzustellen, dass eine Trendwende in Sachen kirchlicher Religion auch für das 21. Jahrhundert nicht in Sicht ist. Die Religionsforschung konstatiert für den Westen Europas einen lang anhaltenden, schrittweise forcierten Rückgang der kirchlich institutionalisierten Religion. Er kommt sowohl im Verblassen des für die kirchlichen Glaubensüberzeugungen konstitutiven Glaubens an einen persönlichen Gott wie im Abrücken vom kirchlich formulierten Glauben an ein Leben nach dem Tod zum Ausdruck. Ebenso schwächt sich empirisch nachweisbar die Bindung an die Institution Kirche ab. Denselben Trend zeigt die Dimension kirchlich-ritueller Praxis an: der regelmäßige Gottesdienstbesuch ist rückläufig, eine regelmäßige Gebetspraxis wird seltener und kirchliche Verhaltensnormen finden signifikant weniger Gehorsam.

Der kontinuierliche Rückgang kirchlich verfasster Religion wurde durch Phasen beschleunigter Ablösung von kirchlichen Vorgaben zwischen Mitte der 60er und 70er Jahre und in den 90er Jahren des 20. Jahrhunderts überlagert. Der deutliche Rückgang des regelmäßigen Gottesdienstbesuchs kontrastiert dabei mit der relativen Stabilität der Inanspruchnahme des kirchlich-rituellen Angebots an den Lebenswenden von Geburt, Heirat und Tod.

Mit Blick auf die religiös-kirchliche Landschaft Europas ist zu konstatieren, dass sich die Gesellschaft Deutschlands in einer besonderen Lage befindet. Sie reicht in zwei europäische Kulturregionen mit deutlich unterschiedlich geprägten religiösen Landschaften hinein. Zum einen gehört der Westen Deutschlands zu den hochindustrialisierten, gemischt-konfessionellen Staaten Mitteleuropas mit einer im europäischen Vergleich mittleren kirchlichen Bindungskraft. Der Osten Deutschlands passt auch am Beginn des 21. Jahrhunderts nicht in dieses Muster, sondern gehört zu einer nord-osteuropäischen Region, die eindeutig die geringste kirchliche Integration ihrer Bürger aufweist.

Insgesamt ist festzustellen, dass die kirchlich verfasste Religion seit der zweiten Hälfte des 20. Jahrhunderts einen Verlust an Selbstverständlichkeit und Normalität erlebt. Trotz ihrer weiter dominierenden Stellung besitzt sie kein Monopol mehr auf Religion. Die sozial gestützte Motivation zur Übernahme kirchlicher Glaubensvorstellungen und Normvorschriften sinkt und das Netz sozialer Kontrolle verliert an Wirksamkeit. Die kirchliche Religion hat ihren Charakter als „zwingende" Primärinstitution verloren und ist zu einer (ab-)wählbaren Sekundärinstitution geworden. In einem engen Zusammenhang damit verlieren Religion und Kirchen an Einfluss gegenüber den dominierenden Institutionen von Politik, Wirtschaft und Wissenschaft. Die Selbstverständlichkeit, mit der bis dahin die kirchlich institutionalisierte Religion eine zentrale Rolle in der symbolisch verfassten Integration der Gesellschaft gespielt hatte, löst sich auf. Auf der Rückseite dieses Prozesses bildet sich eine neue, individualisierte Sozialform der Religion heraus.

Religiöse Individualisierung

Die Individualisierung des Religiösen in Westeuropa verändert das „religiöse Feld" (Pierre Bourdieu) von Grund auf. Der wichtigste Parameter der Veränderung besteht in einer folgenreichen Verschiebung der Machtbalance zugunsten des Individuums. An die Stelle des klassischen Modells klar definierter Religion mit organisierter Repräsentanz ist bisher kein ähnlich strukturiertes, alternatives Modell getreten. Es ist auch kein Symbol- und Ritualkomplex geschweige denn eine Instanz in Sicht, die die Leerstelle des alten füllen könnten. Vielmehr wandelt sich das einst von Monopolanbietern beherrschte religiöse Feld hin zu einer Struktur, in der sich die Einzelnen ihre Religion selbst zusammen basteln (Thomas Luckmann).

Je nach Alter, Milieueinbindung und Beeinflussung durch modernisierte Lebensstile variiert das Muster der Bastelei. Der religiöse Flickenteppich der Älteren zeigt trotz unübersehbarer Phänomene der Auswahl nach wie vor eine große Nähe zum überkommenen religiösen Modell. Mit einer deutlichen Grenze um das 45. bis 50. Lebensjahr herum nehmen zu den jüngeren Jahrgängen hin die eigengewirkten Anteile zu. Den Extrempol in dieser Richtung bilden Jugendliche aus der Okkultszene mit einer ausgeprägten „Sinn-Bastelei" und der Suche nach dem „Okkult-Thrill" mit hoher Erlebnisintensität. Neben dem Alter ist als beeinflussender Faktor für das jeweilige Muster der „Bastelei" die Nähe und Ferne zu den kirchlich-konfessionellen Milieus von Bedeutung. In ihrer Nähe nimmt die „Bastelei" die Form einer persönlichen Hierarchisierung der Glaubenswahrheiten und des synkretistischen Einbaus neuer Elemente an.

So scheint es einer Vielzahl von Kirchgängern keine große Schwierigkeiten zu bereiten, Ideen der Reinkarnation in ihr kirchlich geprägtes individuelles Glaubenssystem zu integrieren. Lebenslange Auswahl und häufig wechselnde Lösungen der Sinnsuche mit hohen reflexiven Anteilen finden wir insbesondere in den neureligiösen Szenen. Auch in den ländlich geprägten Regionen hat in den letzten Jahren mit dem Nachlassen der kollektiven Kontrollen insgesamt der Anteil der „Auswahlchristen" erkennbar zugenommen. In dieser Dimension bildet die auf schnellen Umschlag und Verbrauch hin angelegte „City-Religion" (Hans-Joachim Höhn) der jungen Gutverdienenden in den großstädtischen Ballungszentren einen Extremfall von „Bastelei".

Das neue Feld des Religiösen hat die Tendenz, den Raum des Religiösen eher zu erweitern, als zu verengen. Die Macht zur Eingrenzung des Religiösen können die Kirchen nur noch in spezifischen Fällen von als sozial schädlich definierbaren (Jugend-)Sekten mehr oder weniger erfolgreich behaupten. In diesen Zusammenhang gehören Phänomene der Wiederkehr des Okkulten in den Alltag hochmodernisierter Gesellschaften oder die Tendenz zur Sakralisierung von Liebesbeziehungen. Das neue religiöse Feld verändert aber auch die Qualität der Religion. Sie nimmt eine stärker persönlich-subjektive, erlebnis- und erfahrungsbezogene Form an. Damit sinkt die Transzendenzspannweite des Religiösen (Thomas Luckmann).

Große Transzendenzen ohne herstellbare Bezüge zur Erlebniswelt des Einzelnen lassen sich nur noch schwer und unter besonderen Vorkehrungen tradieren. Sie sind zu ihrer Plausibilisierung zumindest auf mittlere und kleine Transzendenzen angewiesen. Symptomatisch erscheint die Tendenz zur Sakralisierung von Subjektivität und von Gruppenbezügen als typische Orte sozial unsichtbarer Religiosität. Sichtbar werden die neuen Formen von Religiosität in den neuen Ritualisierungen wie etwa den Massenritualen der Musikszene.

Der Auflösung des tradierten religiösen Modells und der Tendenz zur Individualisierung des Religiösen entspricht auf der Seite der Anbieter eine marktanaloge Pluralisierung der Akteure. Um das vom tradierten Modell freigegebene Feld des Religiösen wird auf vielfältige Weise gerungen. Alle Akteure bewegen sich in einem Feld, dessen Institutionalisierung nur noch sekundären Charakter besitzt. Dies macht die Akteure zu Anbietern von Symbolen, Ritualen und Lebensstilen auf einem Markt, der strukturell den privaten Nachfragerinteressen Entscheidungsmöglichkeiten bietet. Für faktisch alle Felder des klassischen religiösen Monopols existieren heute erfolgreich als nichtreligiös definierte Alternativen oder zumindest Substitute, auf die das wählende Publikum ausweichen kann. Dank der Massenmedien erreicht das Angebot an Alternativen und Substituten auch den letzten Winkel der Gesellschaft.

Die neue Marktsituation und die durch sie erzeugte kulturelle Reflexivität gibt den Anbietern „neuer Religiosität" wachsende Chancen. Die Verbreitung der als „Neue religiöse Bewegungen" etikettierten Psychokulte und Therapien spiegelt deutlich die Logik des Marktes wieder. Sie finden ihre Anhänger unter den gut verdienenden Großstädterinnen und Großstädtern zwischen 30 und 50, die sich die Kursgebühren auf dem spirituellen Weg zu Einsicht, Gesundheit, Glück und Erfolg leisten können.

Für eine Dynamisierung des Marktes von Weltdeutungen und Lebensstilen sorgen die Massenmedien, allen voran das Fernsehen. Unter dem Gesichtspunkt des Informations- und Sensationswerts überzeichnen sie tendenziell Quantität und Ausprägung der alternativen Angebote auf dem religiösen Markt. Mit Blick auf (West-)Europa von religiöser Individualisierung statt von Säkularisierung zu sprechen, bietet die Möglichkeit, das in den Blick zu bekommen, was die englische Religionssoziologin Grace Davie „Believing without Belonging" nennt.

Pluralisierung der und in den Religionen

Unter dem Gesichtspunkt der Pluralisierung kann man zunächst eine interorganisatorische Pluralisierung – Anstieg der religiösen und konfessionellen Heterogenität – von einer intraorganisatorischen Pluralisierung – der Zunahme der Vielfalt innerhalb der Religionsgemeinschaften – unterscheiden (Christof Wolf). Die interorganisatorische Pluralisierung, die in Deutschland z.B. nach dem Ausweis der Forschung von 1939 bis 1961 trotz aller Umbrüche nahezu gleich geblieben ist, wächst in Westeuropa seit Anfang der 1960er Jahre. Zwei Prozesse sind es, die hier die Hauptrolle spielen: Zum einen der Anstieg der Zahl der Konfessionslosen in den Ländern Westeuropas, zum anderen das rasante Wachstum der nicht-christlichen religiösen Gemeinschaften.

Die intraorganisatorische Pluralisierung macht sich in den beiden großen Kirchen durch eine Differenzierung und Auseinanderentwicklung der Muster bemerkbar, in denen jeweils die Mitgliedschaft praktiziert wird. Die Mehrheit in beiden Kirchen bilden die zahlenden und sich auf symbolische Unterstützung beschränkenden Mitglieder, von denen sich die kleiner werdenden Gruppen der regelmäßigen Kirchgänger in beiden Konfessionen in vielen Fragen schärfer denn je abheben. Die beiden großen Gruppen werden in beiden Konfessionen komplettiert durch zu fundamentalistischen Orientierungen neigende Gruppierungen einerseits wie auch durch Gruppen, die sich dem Feld der sozialen Bewegungen zuordnen lassen andererseits.

Neben der inter- und intraorganisatorischen Pluralisierung wächst auch der religiöse Pluralismus auf der individuellen Ebene. Dies betrifft etwa – wie Studien lokaler Netzwerke zeigen – die Ebene der zwischenmenschlichen Beziehungen. So hat sich für die Stadt Köln gezeigt, dass die Verwandtschaften noch die größte konfessionelle Geschlossenheit aufweisen, die Jüngeren deutlich seltener einen Ehepartner gleicher Konfession haben und die sozialen Beziehungen zu Freunden, Kollegen, Nachbarn und anderen nicht-verwandten Personen einen religiös-konfessionell gemischten Charakter angenommen haben (Christof Wolf). Auf der intrapersonellen Ebene ist eine Zunahme der sogenannten „Patchwork-Religiosität" zu verzeichnen.

Die wachsende religiöse Pluralisierung betrifft – so lässt sich zusammenfassen – sowohl die institutionell-organisatorische Ebene als auch die Ebene der Personen mit den Phänomenen der Individualisierung und der Zunahme der sogenannten „Patchwork-Religiosität". Die Prozesse religiöser Pluralisierung werden aller Voraussicht nach in den kommenden Jahren nicht zum Stillstand kommen. Sie stehen in einem engen Zusammenhang mit Prozessen religiöser Individualisierung.

Neue Tendenzen seit der Wende zum 21. Jahrhundert

Unverkennbar nimmt seit den späten 90er Jahren des 20. Jahrhunderts – trotz weitergehender Entkirchlichung und Individualisierung – die öffentliche Präsenz der Religion zu. Die Etablierung eines ausgebauten Mediensystems und die damit verbundene zunehmende öffentliche Präsenz des Privaten sorgt heute für ein neues Sichtbarwerden der Religionen. Der Ausbau des medialen Öffentlichkeitssystems hat den Neuen Religiösen Bewegungen die Chance gegeben, alternative Formen religiöser Praxis öffentlich sichtbar zu machen und einen Öffentlichkeitswert zu erzielen, der weit über die Größe der tatsächlichen

Anhängerschaft der Bewegungen hinausgeht. Die massenmediale Kommunikation hat selbst – so die Vertreter eines weiten Religionsbegriffs – religiöse Formen angenommen, die insbesondere in den Sinngebungsansprüchen einer sich bewusst als nicht-säkular präsentierenden medialen Kommunikation zum Ausdruck kommen.

Wie das Beispiel des verstorbenen Papstes Johannes Paul II. als einer Person mit höchster medialer Ausstrahlung in Europa und der gesamten Welt verdeutlicht, gibt der Ausbau des die nationalen Grenzen überschreitenden medialen Öffentlichkeitssystem auch den herkömmlichen Religionen und ihren Repräsentanten die Möglichkeit, einen neuen Grad öffentlicher Präsenz zu erzielen. Wesentliche Impulse zu einer verstärkten medialen öffentlichen Präsenz der Religionen speisen sich aus der besonderen Sensibilität des Mediensystems für den Konflikt (Christel Gärtner u. a.). Innerhalb der europäischen Länder, aber auch mit Blick auf Gesamteuropa haben die Konfliktthemen und -dynamiken, die sich mit Religion in Zusammenhang bringen lassen, deutlich zugenommen.

Nicht erst seit dem 11. September 2001 hat die Mobilisierung religiöser Differenzen und religiöser Konflikte die Religion zu einem zentralen Thema medialer Öffentlichkeit gemacht. Im wiedervereinigten und religiös-kulturell verstärkt pluralisierten Deutschland sind im letzten Jahrzehnt Konfliktmaterien – vom Kreuz in den öffentlichen Schulen über das obligatorische Schulfach Lebenskunde–Ethik–Religion (LER) bis zum Kopftuch der muslimischen Lehrerin und Verkäuferin – neu aufgebrochen, die zu einer verstärkten Präsenz der Religion in den öffentlichen Medien geführt haben. Ähnliche Tendenzen zu einem Sichtbarwerden bislang erfolgreich als unsichtbar und privat definierter religiöser Themen und Konflikte lassen sich für viele Länder Europas beobachten.

Unverkennbar lassen sich in Deutschland wie in vielen europäischen Ländern auch Tendenzen erkennen, den Raum privater Religiosität mit dem Ziel der Beteiligung an öffentlichen Meinungsbildungsprozessen zu verlassen, die herkömmlichen Grenzen zwischen privat und öffentlich in Sachen Religion in Frage zu stellen und für die Religion einen Ort im Raum öffentlicher Meinungsbildung zu beanspruchen. Sie sind dort am stärksten, wo die Religionen sich auf das freie Entscheiden der Einzelnen in Sachen Religion ohne Vorbehalt einlassen und ein offener religiöser Pluralismus religiöser Gemeinschaften besteht, die als intermediäre Institutionen ihre Anliegen in die Prozesse der Verständigung über die alle betreffenden Angelegenheiten einbringen. In Deutschland wie auch in der Schweiz und Österreich haben die Kirchen in den letzten Jahren auf ökumenischer Basis öffentliche Konsultationsprozesse zur wirtschaftlichen und sozialen Lage in ihren Ländern durchgeführt und deutlich gemacht, dass sie zur öffentlichen Meinungsbildung in zentralen gesellschaftlichen Fragen einen Beitrag leisten möchten.

Bereits seit den 80er Jahren des letzten Jahrhunderts haben die Kirchen in Europa – angestoßen durch die christlichen Bewegungsgruppen innerhalb und am Rande der Kirchen – den Einsatz für Frieden, Gerechtigkeit und Bewahrung der Schöpfung zu ihrem Hauptanliegen in der Öffentlichkeit gemacht. Bis heute nehmen kirchliche Akteure in den nationalen und europäischen Bewegungsarenen für die Entschuldung der Länder der Dritten Welt und für die friedliche Lösung internationaler Konflikte eine wichtige Rolle ein. Sie tragen insbesondere zur Kontinuität der Bewegungen auch in Zeiten geringer Mobilisierungsbereitschaft in der Gesellschaft bei. Auch hinsichtlich der Religion im öffentlichen Raum diskursiver Verständigungsprozesse lässt sich konstatieren, dass Prozesse weiterer Privatisierung der Religionen mit Entwicklungen in die Richtung ihrer stärkeren Entprivatisierung insbesondere innerhalb der traditionellen religiösen Gemeinschaften verbunden sind.

Haben wir die politische Öffentlichkeit im Blick, so kommt unter den Bedingungen moderner funktionaler Differenzierung der Gesellschaft als Alternative zu einer vollständigen Privatisierung der Religionen nur die Hinwendung der religiösen Traditionen zur zivilgesellschaftlichen politischen Arena in Frage (José Casanova). Dies wird aber den tatsächlich zu beobachtenden Entwicklungen in Deutschland nur begrenzt gerecht. Auch im konfessionell gespaltenen Deutschland nehmen die Kirchen auf ökumenischer Basis zunehmend auch zivilreligiöse Funktionen der Stabilisierung prekärer Ordnungen angesichts öffentlicher Ohnmachtserfahrungen wahr.

Die christlichen Kirchen haben im Sinne des kooperativen Trennungsmodells die Nähe zum Staat behalten, sind auch mit dem politischen Raum der Parteien weiterhin verflochten, die Tendenz hin zu einer Rolle als Akteure im zivilgesellschaftlichen Raum mit unverzichtbaren Funktionen für die vorpolitischen, sozio-moralischen

Grundlagen des freiheitlichen Staates sind aber unverkennbar. Für Deutschland lässt sich zusammenfassend konstatieren, dass die christlichen Kirchen vom Staat eine religionsneutrale, aber religionsfreundliche Haltung erwarten, die im Respekt des Staates vor der Autonomie der Kirchen und in der Förderung ihres für den freiheitlichen Staat unverzichtbaren Engagements im vorpolitischen Raum der Zivilgesellschaft zum Ausdruck kommt.

Allerdings ist unter den Angehörigen aller Religionsgemeinschaften in Deutschland die Tendenz hin zu einer weiteren Individualisierung und Privatisierung des Religiösen mit einer Distanz zum öffentlichen Raum – eingeschlossen der staatlich-politischen Sphäre – bis heute ungebrochen. Gerade die Neuen Religiösen Bewegungen und alternativen religiösen Gruppierungen lassen bisher wenig Interesse an der politischen Öffentlichkeit erkennen und können als spezifische Träger einer verstärkten Privatisierung der Religion betrachtet werden.

Wiederkehr der Religionen?

Kehren also – wie manche meinen – die Religionen zurück in die Gesellschaften Westeuropas und muss deshalb die Säkularisierungsthese als widerlegt gelten? Detlef Pollack gibt in einer Stellungnahme zum Thema einen interessanten Hinweis. Dort heißt es:

„In dem Maße wie sich der aufklärerische Glaube an Fortschritt, Rationalität und technologische Kontrolle abdunkelt, nimmt die Attraktivität traditionaler Mächte, zu denen auch die Religion gehört, wieder zu."

Wenn heute Modernisierung in erster Linie Kontingenzerweiterung, d. h. Zunahme von Unsicherheit und Risiko bedeutet, wird die Annahme plausibel, dass die fortschreitende Modernisierung positive Wirkungen auf die Religion auszuüben vermag.

Dies gilt für viele Entwicklungsländer, in denen heute die modernisierende Auflösung traditioneller Sicherheiten vonstattengeht, ohne dass für breite Bevölkerungsschichten die Hoffnungen auf verbesserte Lebensbedingungen Realität würden. Dies lässt sich auch für Europa feststellen, wo die modernisierende Kontingenzerweiterung sich mit massiven Ängsten des Abstiegs und der dauerhaften Verschlechterung der Lebensbedingungen verbindet.

Ein Zweites kommt hinzu: Der Globalisierungsprozess verändert die Lage der Religion. Ähnlich wie auf dem Feld der Kultur insgesamt weisen die Entwicklungen in eine doppelte Richtung. Zur Globalisierung gehört, dass ein weltweites System in Sachen Religion im Entstehen begriffen ist, auf das sich alle Religionen beziehen können bzw. müssen. Um die Ausgestaltung dieses Systems wird augenblicklich gerungen und es ist noch keineswegs klar, welche Gestalt es annehmen wird. Der Globalisierungsprozess ist es auch, der den weltweit agierenden traditionellen Kirchen und Religionsgemeinschaften eine neue Bedeutung verleiht. Deshalb ist die Situation der Kirchen – trotz aller Entkirchlichung – differenzierter einzuschätzen als dies in der Regel geschieht. Auch für Europa bietet sich meines Erachtens eine Konzeption an, die mit einer Modernisierung der Religion, eingeschlossen der Kirchen, rechnet (Staf Hellemans). Wie plausibel ist es, die Kirchen – wozu die meisten Religionssoziologen tendieren – von den Prozessen der religiösen Modernisierung auszuschließen? Haben die Kirchen nicht seit dem 18. und frühen 19. Jahrhundert tiefgreifende Modernisierungsprozesse hinter sich gebracht? Auch heute sind die Kirchen aus der religiösen Landschaft Europas nicht wegzudenken. Viele Varianten alternativer Religiosität leben vom Gegenüber zu den Kirchen, von den fließenden Übergängen zwischen institutionalisierten und alternativen Formen der Religiosität ganz zu schweigen. Anders als die Kirchen spielt die alternative Religiosität in den Auseinandersetzungen um das globale Religionssystem nur eine geringe Rolle.

Bedingungen für einen Religionsfrieden

Welche Bedingungen müssen religiöse Traditionen erfüllen, um dem neuen Religionspluralismus gewachsen zu sein? Welchen Herausforderungen müssen sie sich stellen, um zum Religionsfrieden und nicht zur Eskalation religiöser Konflikte beizutragen? Zieht man in Betracht, dass sich die Religionen im globalen wie europäischen Rahmen, aber auch lokal immer weniger ausweichen können, müssen sie in der Lage sein, die „kognitiv dissonante Begegnung mit anderen Konfessionen und Religionen (zu) verarbeiten" (Jürgen Habermas). An dieser Herausforderung war das konfessionelle Christentum am Beginn der Moderne kläglich gescheitert und hatte damit die öffentliche Neutralisierung und Privatisierung der Religion zu einer Frage des physischen Überlebens gemacht. Inzwischen haben die religiösen Traditionen Reflexionsprozesse hinter sich gebracht, die ihr Potential zur Verarbeitung des konfessionellen und religiösen Pluralismus gestärkt haben. Wie die mühsamen Prozesse der ökumenischen Verständigung innerhalb des Christentums und die Auseinandersetzungen um die Erklärung der Glaubenskongregation der katholischen Kirche „Dominus Iesus" belegen, handelt es sich um Herausforderungen, mit denen die religiösen Traditionen immer wieder neu konfrontiert sind.

Neben dem religiösen Pluralismus ist es der Umgang mit der modernen Wissenschaft und deren Anspruch, für das geltende Weltwissen zuständig zu sein, denen sich die Religionen stellen müssen. Am Eindringen wissenschaftlicher Erklärungsansprüche in die Bibelexegese hatte sich in den Vereinigten Staaten jene religiöse Bewegung entzündet, die dem modernen Fundamentalismus seinen Namen gegeben hat. Sah man doch die „fundamentals" gefährdet, wenn die Bibel der modernen Wissenschaft und ihren Methoden unterworfen wird. Wie die gegenwärtige Auseinandersetzung um den Kreationismus nicht nur in den Vereinigten Staaten zeigt, können sich auch auf diesem Feld immer aufs neue Konfrontationen ergeben. Trotz einer seit Jahren abgeklärten hermeneutischen Debatte in Exegese und Fundamentaltheologie bleibt ein immer neu zu bewältigendes Spannungsfeld.

Als eine dritte Bedingung kann die Aussöhnung mit dem modernen Verfassungsstaat gelten, der sich nicht mehr mit Gott, sondern mit einer profanen Moral begründet. Im katholischen Raum haben erst das Zweite Vatikanische Konzil und schmerzhafte Lernprozesse mit den Diktaturen und Kriegen des 20. Jahrhunderts bewirkt, der profanen, menschenrechtlichen Begründung des Staates Legitimität zuzusprechen. Im Islam bildet die Lösung des Staates aus einer unmittelbaren religiösen Begründung einer der strittigen Fragen, auf die es keine einheitliche Antwort im Islam gibt. Die religiösen Traditionen können aber ihren Beitrag zum Religionsfrieden erst dann leisten, wenn sie auf die staatliche Macht zur Durchsetzung ihres Glaubens verzichten und dem Staat religiöse Neutralität gegenüber allen spezifischen religiösen Glaubensbekenntnissen einräumen. Für die religiösen Traditionen geht es darum, den religiösen Pluralismus nicht nur als eine unvermeidliche Tatsache oder vorübergehendes Übel zu betrachten, sondern als eine Wertidee. Wie sich zeigen lässt, hat die Tatsache, dass auf dem Zweiten Vatikanum mit dem Katholizismus eine der großen religiösen Traditionen, die bis weit in das 20. Jahrhundert hinein den Pluralismus nur zähneknirschend duldete, zur Religionsfreiheit gefunden hat, die Chancen für die Bewältigung des Pluralismus in der modernen Welt erheblich erhöht (José Casanova). Für die katholische Kirche handelte es sich um eine innere Revolution. Der überraschende Durchbruch des Zweiten Vatikanums zur Religionsfreiheit hat ermöglicht und bewirkt, dass die katholische Kirche weltweit zu einer Kraft zivilgesellschaftlicher Demokratisierung geworden ist. Angesichts der gegenwärtig global zu beobachtenden Phänomene zunehmender Intoleranz und globaler Auseinandersetzung religiöser Gruppierungen erhält der Durchbruch der katholischen Kirche zur inneren Aussöhnung mit dem religiösen Pluralismus eine paradigmatische Bedeutung für religiöse Traditionen.

Kirchen als Akteure der Zivilgesellschaft

Die Verflechtung der Kirchen mit der staatlichen Herrschaft weist in Westeuropa zwischen den Extrempolen des französichen strikten Trennungsmodells und dem Staatskirchentum der nordeuropäischen Länder viele Variationen auf. Wie das französische und skandinavische Beispiel zeigen, bekommt den europäischen Kirchen offenbar weder die Trennung noch die Etablierung einer Staatsreligion. Ein Grundzug der europäischen Kirchen stellt ihr Status als verrechtlichte Religion dar. Die Religionspolitik spricht für Deutschland und viele europäische Länder von einer „asymmetrischen religionspolitischen Verfassung sowie Verfassungswirklichkeit" (Ulrich Willems).

Die religionsökonomische Schule der amerikanischen Religionssoziologie sieht im Faktum eines staatlich überregulierten religiösen Marktes in Europa die Gründe für die europäische Säkularisierung und nicht etwa im gesellschaftlichen Modernisierungsprozess. Eine empirische Bestätigung der religionsökonomischen Modellannahmen für Europa – man denke nur an die Beispiele Irland oder Polen – ist bisher aber ausgeblieben. Mehr empirische Validität besitzt meines Erachtens eine Perspektive, wie sie schon bei de Tocqueville anklingt, wenn er schreibt:

„In Europa hat es das Christentum zugelassen, eng mit den weltlichen Mächten verknüpft zu werden. Heute stürzen diese Mächte, und es liegt unter ihren Trümmern begraben. Es ist ein Lebendiger, den man an einen Toten fesseln wollte: Man zerreiße die Bande, die ihn halten, und er richtet sich wieder auf."

Die Kirchen in Europa können ihren Anliegen dann am besten Gehör verschaffen, „wenn sie sich nicht länger als staatsorientierte politische Institutionen, sondern als zivilgesellschaftliche Akteure begreifen". „Das heißt nicht" – so Detlev Pollack, „dass sie [die Kirchen, K. G.] sich aus sozialen, ökonomischen und politischen Fragen heraushalten müssen, wohl aber, dass sie jede Aktivität vermeiden müssen, die den Eindruck erwecken könnte, als ob sie politische Interessen verträten oder gar auf Seite des Staates stünden".

Der wachsende Religionspluralismus zwingt die Kirchen oder erleichtert es ihnen – je nach Perspektive –, Abschied zu nehmen von zwei Verflechtungsmustern mit staatlicher Herrschaft der europäischen Vergangenheit: Zum einen von allen Formen des Staatskirchentums, zum anderen aber auch von der Verflechtung mit einem parteipolitischen Lager.

Mit der Sphäre bzw. dem sozialen Raum jenseits der bürgerlich-liberalen Privatheit einerseits, aber auch der staatlichen wie parteipolitischen Öffentlichkeit andererseits lässt sich ein sozialer Ort ausmachen, der den Kirchen im Kontext des religiösen Pluralismus entspricht. Den Kirchen wird dieser Raum nicht geschenkt. Sie müssen ihn in Europa gegen die traditionellen Kräfte des Säkularismus und kämpferischen Liberalismus, die ihnen aus ideologischen Gründen nicht mehr als den privaten Raum zugestehen möchten, erstreiten und verteidigen.

Eine überzeugende zivilgesellschaftliche Rolle der Kirchen setzt aber auch die Aufgabe einer Reihe von innerkirchlichen Positionen voraus: zum einen die Überwindung eines lange eingeübten innerkirchlichen Säkularisierungsdenkens, das den Rückzug in eine Enklave am Rand der Gesellschaft legitimiert; dazu gehört aber auch die Überwindung der Vorstellung, die Gesellschaft sei so säkular, dass man religiöse Anliegen in ihr überhaupt nicht oder nur in Übersetzung artikulieren könne; problematisch erscheint aber auch die Annahme, den Kirchen müsse in der Gesellschaft eine Sonderrolle jenseits der Zivilgesellschaft als Letztgaranten und Wächter der gesellschaftlichen Totalität, als Träger einer die Gesellschaft als ganze integrierenden Zivilreligion eingeräumt werden.

Den Kirchen als Akteuren der Zivilgesellschaft wachsen heute zentrale Aufgaben zu. Ein erstes Feld betrifft die Verteidigung der Menschenrechte. Breite Strömungen in den Religionen haben sich in den letzten Jahren zu den konsequentesten Verteidigern der Menschenrechte entwickelt und eine Vorreiterrolle in Asylfragen, in Fragen des menschenrechtlichen Schutzes für Statuslose und in einer an den Menschenrechten orientierten Entwicklungspolitik eingenommen. Es ist der Glaube an die geheiligte Würde der menschlichen Person als Ebenbild Gottes, die die Religion zum bedingungslosen Eintreten für den menschenrechtlichen Schutz der Person drängt. Ein zweites Feld betrifft die seit Alexis de Tocqueville bekannte Wahlverwandtschaft zwischen religiösen und republikanischen Tugenden. Die Gesellschaft ist auf Motive angewiesen, die den gewachsenen Graben zwischen privatem Rückzug und öffentlicher Verantwortung immer wieder zu überschreiten erlauben.

In der öffentlichen Sphäre der Zivilgesellschaft fallen den Religionen vornehmlich folgende Funktionen zu: Sie zwingen moderne Gesellschaften, öffentlich über ihre normativen Grundlagen nachzudenken, indem sie ihre eigenen normativen Traditionen in die aktuellen Streitfragen, etwa um den Embryonenschutz und die Bioethik, einbringen. Sie bilden mit ihrem Selbstverständnis als sittliche Gemeinschaften ein Gegengewicht zu den gegenwärtigen Tendenzen eines radikalen Individualismus, für den sich das Gemeinwohl auf die Gesamtsumme persönlicher Präferenzen reduziert. Schließlich sind es die Religionen, die heute mit besonderem Nachdruck für eine Solidarität eintreten, die in der Konstruktion einer Menschheitsfamilie ihre Grundlage besitzt.

Kirchen als intermediäre Organisationen

Eine überzeugende Rolle der Kirchen als zivilgesellschaftliche Akteure setzt voraus, dass sie Institutionsformen entwickeln, die sich „den gestiegenen Ansprüchen der Individuen auf moralische Selbstbestimmung und auf Selbstverwirklichung nicht entgegenstellen" (Hans Joas). Dazu sind sie genötigt, sich von ihrer Tradition als Zwangsinstitutionen zu verabschieden und den Weg in Richtung intermediärer Organisationen einzuschlagen. Intermediäre Organisationen dienen der Vermittlung zwischen der individuellen Ebene und Sphäre des Privaten auf der einen Seite und der öffentlichen Sphäre andererseits. Für Kirchen als intermediäre Organisationen ist eine dreifache Aufgabe konstitutiv: Einerseits müssen sie sich an der individualisierten Religiosität ihrer Mitglieder orientieren, diese begleiten und unterstützen. Gleichzeitig stehen sie vor der Herausforderung, die individualisierte Religiosität auf den Raum einer Deutungsgemeinschaft hin zu öffnen. In Sachen Religion – so Niklas Luhmann – gehört die gesellschaftliche Relevanz individualisierten und privatisierten Entscheidens zu den konstitutiven Merkmalen in der Moderne.

Darauf vermögen Kirchen als intermediäre Organisationen in ihrem ersten Aufgabenfeld zu reagieren. In diesem Bereich geht es – so in der Terminologie der Organisationsforschung – um die Mitgliedschaftslogik, der die Kirchen gerecht werden müssen. Im zweiten Aufgabenbereich steht die Vermittlung von Religiosität und Glaube in die Gesellschaft hinein im Zentrum. Hier geht es um eine Praxis der Entprivatisierung des Glaubens als programmatische Aufgabe der Kirchen. Die Tendenzen einer neuen Sensibilität der Öffentlichkeit, der politischen wie der medialen, für religiöse Fragen kann den Kirchen heute diese Aufgabe erleichtern. Die Kirchen haben es hier mit Herausforderungen der Einflusslogik – wie die Organisationsforschung formuliert – zu tun.

Zum Unterschied von anderen Organisationen kommt bei den Kirchen noch eine dritte Logik hinzu, die sie zum Ausgleich mit den beiden anderen Logiken bringen müssen: die Ursprungslogik und die Bindung an die Tradition. Insofern bleiben sie gebunden an die lange Kette der Erinnerungen, die sie weiterzuführen suchen. Den Menschen und ihren individuellen Erfahrungen der Selbsttranszendenz überzeugende religiöse Deutungen anzubieten, für den Glauben eine öffentliche Resonanz zu sichern und die Kette der Erinnerungen nicht abreißen zu lassen, dies zusammen macht die Aufgabe der Kirchen als intermediäre Organisationen aus.

Literatur

Bourdieu, Pierre: Rede und Antwort, Frankfurt 1992.
Casanova, José: Chancen und Gefahren öffentlicher Religion, in: Kallschauer, Otto (Hrsg.): Das Europa der Religionen, Frankfurt 1996, 181–210.
Davie, Grace: Religion in Britain Since 1945. Believing without Belonging, Oxford 1994.
—: Religion in Modern Europe: A Memory Mutates, Oxford 2000.
Habermas, Jürgen: Glauben und Wissen. Friedenspreis des Deutschen Buchhandels, Frankfurt 2001; FAZ Nr. 239 vom 15. Oktober 2001, 9.
Hellemans, Staf: Das Zeitalter der Weltreligionen, Würzburg 2010.
Höhn, Hans-Joachim: Gegen-Mythen. Religionsproduktive Tendenzen der Gegenwart, Freiburg 1994.
Joas, Hans: Braucht der Mensch Religion? Über Erfahrungen der Selbsttranszendenz, Freiburg 2004.
Luhmann, Niklas: Funktion der Religion, Frankfurt 1977.
Pollack, Detlef: Die Wiederkehr des Religiösen. Eine neue Meistererzählung der Soziologen, in: Renaissance der Religion. Mode oder Megathema? [Herder Korrespondenz spezial 10/2006], Freiburg 2006.
—: Das Verhältnis von Religion und Politik in den postkommunistischen Staaten Ostmittel- und Osteuropas und seine Auswirkungen auf die Vitalität des religiösen Feldes, in: Minkenberg, Michael/Willems, Ulrich (Hrsg.): Politik und Religion [Politische Vierteljahresschrift Sonderheft 33], Wiesbaden 2003, 435–455.
Tocqueville, Alexis de: Über die Demokratie in Amerika, hrsg. von Jacob B. Mayer in Gemeinschft mit Theodor Eschenburg und Hans Zbinden, München 1984.
Willems, Ulrich: Status, Privileg und (vermeintlicher) Vorteil. Überlegungen zu den Auswirkungen asymmetrischer religionspolitischer Arrangements auf die politische Rolle von Religionsgemeinschaften und die Durchsetzung religiöser Interessen, in: Kippenberg, Hans G./Schuppert, Gunnar F. (Hrsg.): Die verrechtlichte Religion. Der Öffentlichkeitsstatus von Religionsgemeinschaften, Tübingen 2007, 157–185.
Wolf, Christof: Religiöse Pluralisierung in der Bundesrepublik Deutschland, in: Friedrichs, Jürgen/Jagodzinski, Wolfgang (Hrsg.): Soziale Integration [Sonderheft 39 der KZfSS], Opladen/Wiesbaden 1999, 320–348.

Erosion der (katholischen) Kirche: Altes flicken oder Neues wagen?

Michael N. Ebertz

„Und wie mit dem Staate, so geht's mit der Religion. Diese wird nicht ‚abgeschafft'... Ohne gewaltsamen Angriff und ohne Unterdrückung der Meinungen [...] werden die religiösen Organisationen und mit ihnen die Kirchen allmählich verschwinden [...], sobald die Erkenntnis des wirklichen Glückes und die Möglichkeit seiner Verwirklichung die Massen durchdringt... Die Naturwissenschaft machte die Lehre von der Schöpfung der Erde in sechs Tagen zur Mythe, die Astronomie, die Mathematik und Physik machen den Himmel zu einem Luftgebilde, die Sterne am Himmelszelt, auf denen die Engel thronen, zu Fixsternen und Planeten, deren Natur jedes Engelleben ausschließt... Für die neue Gesellschaft existieren keine Rücksichten. Der unausgesetzte menschliche Fortschritt und die unverfälschte Wissenschaft sind ihr Panier. Hat jemand noch religiöse Bedürfnisse, so mag er sie mit seinesgleichen befriedigen. Die Gesellschaft kümmert sich nicht darum."

Angesichts dieser Fehlprognose von August Bebel, die 1894 in seinem Buch über „Die Frau und der Sozialismus" bereits die 25. Auflage erlebt hatte und in mehrere Sprachen übersetzt worden war, wird, wer heute über die Zukunft von Religion und Kirche spricht, vorsichtiger sein. Man hat gelernt und weiß um die Gefährlichkeit einer solchen Unternehmung, nicht nur, weil Zukunft prinzipiell von einer komplexen Konstellation von Faktoren abhängig und ein offener Horizont ist, sondern auch, weil Voraussagen, zumal solche, die eine Zwangsläufigkeit von Entwicklungen behaupten, den Charakter von Waffen im politischen Kampf annehmen können. Wer über die Zukunft von Religion und Kirche in Deutschland redet, der weiß zudem mit Thomas Luckmann, dass die Bedeutung der Religion „von einer so spezifischen Gegenstandsbestimmung, wie wir sie bei Technologie und Wirtschaft selbstverständlich und nützlich finden, nicht erfasst werden kann"; der weiß mit ihm auch, dass dieses Reden „durch die Deutung der Vergangenheit der Religion geprägt ist." Trotz solcher Risiken, die auch darin bestehen, die Dramatik aktueller Skandalisierungen in den Kirchen in die Zukunft zu verlängern, will ich nicht kneifen und versuche hier, meinen Job zu tun.

Als einer meiner akademischen Lehrer, der Religionssoziologe Thomas Luckmann, vor gut 40 Jahren über ein ähnliches Thema wie wir heute sprach, wagte er folgende „Prognose": Hatten die „tiefgreifenden Veränderungen im Verhältnis von Weltdeutung, Sozialstruktur und Person zu einer [...] institutionell spezialisierten Religion" in Gestalt z. B. christlicher Kirchen geführt, so könnten die in unserer Epoche „mindestens ebenso tiefgreifenden strukturellen Verschiebungen im Verhältnis von Weltdeutung, Sozialstruktur und Person und die neuartigen Sozialisierungsvorgänge [...] zu einer neuen sozialen Form der Religion führen".

Luckmann ging also nicht, wie damals viele Anhänger der Säkularisierungstheorie meinten, von einem Verfall der Religion aus, auch nicht von einem schieren Fortbestehen, sondern er prognostizierte – als einer der schärfsten Kritiker einer undifferenzierten Säkularisierungsvorstellung – eine Transformation der Religion, auch und gerade der institutionalisierten Religion. Damit könne vom Ende der Religion keine Rede sein, auch nicht „vom Ende des Christentums" oder „vom völligen Verlust der Transzendenz oder dem Schwund des Sakralen"; das Christentum sei „in die Gesamtkultur eingeschmolzen", und „die institutionell spezialisierten Kirchen werden weiterbestehen, allerdings unter schon jetzt merklichen ‚inneren', das heißt thematischen Veränderungen und bei noch viel gewichtigeren Funktionsverschiebungen".

Erosionen

Blickt man nun auf Deutschland und prüft, ob sich diese Prognose in *unsere* Gegenwart und Zukunft verlängern lässt, dann wird man zunächst einmal für die von Luckmann getroffene Unterscheidung von Religion, Christentum und Kirchen, der ich mich anschließen kann, dankbar sein. Sie weist darauf hin, dass weder das Religiöse im Christlichen und Religionen im Christentum aufgehen, noch das Christentum und Christliches im Kirchlichen. Das Christentum, dem weltweit 2,1 Milliarden Menschen zugerechnet werden, hat sich im Verlauf seiner Geschichte auf verschiedenen Ebenen ausdifferenziert, auf Kirchen, Konfessionen, Sekten, Bewegungen. Es ist aber offensichtlich dabei, sich von Europa wegzubewegen. In den letzten einhundert Jahren hat sich der statistische Schwerpunkt („Statistical Center of Gravity") immer weiter vom südwestlichen Europa (Madrid) nach Afrika und dort (nach 1970) in Richtung Osten verschoben, um derzeit – so die berechnete Verlaufskurve (trajectory) – bis 2050 Nord-Nigeria anzusteuern.

Noch um 1900 lebten über 80 % aller Christen im ‚Westen' im engeren Sinne, also in Europa, und im ‚Westen' im weiteren Sinn, also Nordamerika inklusive. Seit 2005 ist der europäische Anteil weltweit aller Christen auf unter 40 % gefallen „and will likely fall below 30 % before 2050" (Todd M. Johnson). Dabei stellt die katholische Kirche einen „Koloss im Weltchristentum" (Jeremy Morris) dar, und ihr gelingt es weltweit bis heute, ihre institutionelle Widerstandsfähigkeit unter Beweis zu stellen, ja – im Blick auf die Zahl von Gläubigen und Priestern – auf Wachstumskurs zu gehen. Wenn sich auch die Gesamtzahl der katholischen Kirchenmitglieder seit Beginn der 1990er Jahre (von 28,252 Mio.) um rund 4 Mio. (auf 24,340 Mio.) verringert hat, ist und bleibt die römisch-katholische Kirche in der überschaubaren Zukunft nach der Zahl ihrer Mitglieder die größte Religionsgemeinschaft in Deutschland, das noch bis Ende des Zweiten Weltkriegs eine mehrheitlich protestantische Bevölkerung hatte.

1998 wurde die Mitgliederzahl aller evangelischen Landeskirchen, der Gliedkirchen der EKD, zum ersten Mal seit der deutschen Wiedervereinigung durch die Zahl der Katholiken überflügelt. 2012 liegt der Anteil der Katholikinnen und Katholiken an der Gesamtzahl der Bundesbürger bei 30,3 %, derjenige der Protestantinnen und Protestanten bereits unter der 30-Prozent-Marke. In einigen Städten sogar Westdeutschlands sind beide Konfessionen schon längst minoritär oder gerade dabei, es zu werden. Im ehemals ‚evangelischen' Stuttgart z. B. stellen die Mitglieder beider christlichen Konfessionen 2010 nur noch 54 % der Einwohner (2000: 61 %), selbst im ehemals ‚katholischen' München haben sie zwischen 2010 und 2011 ihre gerade noch dünne Mehrheit (2009: 51 %) verloren. Durch Mitgliederentscheidungen und demographische Entwicklungen hat sich die Gesamtzahl der katholischen Kirchenmitglieder in Deutschland seit Beginn der 1990er Jahre wie oben bereits erwähnt um 4 Mio. verringert. Das ist vielleicht weniger als manch einer in Deutschland erwartet hat. Aber trotz aller Zähigkeit des kirchlichen Mitgliederbestands in Deutschland stellt dies immerhin ein Schwund um 14 % dar und entspricht der Einwohnerzahl von Hamburg, München und Köln zusammen.

Drastisch lässt sich sagen: Innerhalb von gut 20 Jahren hat die katholische Kirche hierzulande eine Schrumpfung erfahren, welche etwa die Mitgliedergröße des Erzbistums Köln (2012: 2 069 152) und des Erzbistums Freiburg (1 953 408) zusammen erreicht, also der beiden größten der 27 Diözesen in Deutschland. Beide Konfessionen zusammen repräsentieren schon seit einigen Jahren nicht einmal mehr zwei Drittel der deutschen Bevölkerung. Seriöse Schätzungen gehen davon aus, dass in zehn bis fünfzehn Jahren nur noch fünfzig Prozent der Bevölkerung Mitglieder in einer der beiden großen Kirchen sein werden.

Seit der deutschen Wiedervereinigung ist Deutschland nicht protestantischer, sondern religionspluraler und vor allem konfessionsloser geworden. Aus den jüngeren Entwicklungen lässt sich auf einen Anstieg des Anteils der Konfessionslosen auf mehr als ein Drittel (37,5 %) der Bevölkerung schließen, von denen sich einige selbst durchaus als christlich oder religiös beschreiben. Im Skandalisierungsjahr 2010 waren mehr Menschen aus der katholischen Kirche ausgetreten (181 193) als in ihr getauft (170 339) worden waren – und zum ersten Mal gab es auch mehr Katholiken als Protestanten, die ihrer Kirche den Rücken zudrehten. Da unter den aus der Kirche Austretenden vermehrt junge Erwachsene sind, die Zahl der Geburten zurück geht und mehr Kirchenmitglieder sterben und austreten als durch Taufe hinzugewonnen werden, kann auf eine wachsende „Überalterung des Mitgliederbestands" und darüber auf eine „Beschleunigung des Mitgliederschwunds" (Christof Wolf) in beiden Kirchen geschlossen werden.

Die Erosion der Taufbereitschaft ist in Deutschland zwar noch kaum bemerkbar, da nach wie vor die meisten Kinder von Kirchenmitgliedern getauft werden und sogar ein Drittel der Konfessionslosen ihre Kinder taufen lassen: Aber in einigen europäischen Nachbarländern (Niederlanden, Belgien) hat eine explizite Entkonfessionalisierung, die in weiten Bevölkerungskreisen mit einer impliziten Entkonfessionalisierung einhergeht, schon deutlich auf die Bereitschaft zur Kindertaufe übergegriffen. Angesichts der wachsenden Zahl konfessionsverschiedener Ehen geht Hans Joas davon aus, dass ein ‚überkonfessionelles' Christentum ‚von unten' entstehen könnte. Diese konfessionsverschiedenen Ehen könnten Ausdruck entweder einer ‚engagierten Ökumene' oder einer ‚pragmatischen Ökumene' sein, wozu wohl die Mehrheit tendiert.

Schon in den 1990er Jahren sagte nur noch ein gutes Drittel der deutschen Bevölkerung, dass es die ‚Einstellung zur Religion' mit dem jeweiligen Lebenspartner teilt. Damit war seit 1981 (56 %) innerhalb von knapp zehn Jahren der entsprechende Anteil in der Bevölkerung um mehr als 17 % gefallen (West: 39 %; Ost: 37 %). Im Zeitvergleich, aber auch im Vergleich mit dem europäischen Durchschnitt (1981: 23 %; 1990: 23 %) gesehen, erachtete es damals schon kaum jemand mehr für sehr wichtig, ‚für eine gute Ehe' gemeinsame religiöse Überzeugungen (1981: 19 %; 1990-West: 14 %; 1990-Ost: 14 %) zu haben.

Mit der nachlassenden kirchlichen Sozialisations- und Bindungskraft in den Familien und nachwachsenden Generationen und mit der Schrumpfung der demographischen Basis der Kirche wird nicht nur deren ökonomische Basis geschwächt werden, sondern auch ihr religionspolitischer Status und ihr politischer Einfluss; werden die politischen Entscheidungsprozesse doch zunehmend auch Rücksicht nehmen auf die Ansprüche und Bedürfnisse derer, die sich keiner Religionsgemeinschaft zugehörig fühlen. Obwohl sich die Kirchen bemühen, auch Fremdreligionen am deutschen System der Partnerschaft von Staat und Kirchen teilhaben zu lassen, wird der Druck der Delegitimation des für Deutschland typischen religionsrechtlichen Systems der ‚hinkenden Trennung' von Staat und Kirchen zunehmen, und damit auch das Integrationsgefüge des Ensembles der kirchlichen Organisationen stören.

Funktionale Differenzierungen

Denn die Kirche in Deutschland ist nicht nur selbst eine der verhältnismäßig autonomen ausdifferenzierten Institutionen geworden, sondern hat sich zu einem immensen interorganisationellen Verflechtungszusammenhang unterschiedlicher kirchlicher Organisationen und unterschiedlicher Sozial- und Rechtsformen entwickelt. Hierzu gehören die Pfarrgemeinden genauso wie die Pfarrgemeinderäte, ein Diözesanmuseum, eine Diözesanverwaltung, der Verband der Diözesen, ein Caritasverband, das Kolpingwerk, ein Jugendverband, eine katholische Schule, ein katholisches Krankenhaus, eine katholische Hochschule, ein Benediktinerkloster, ‚Weltbild' oder das Zentralkomitee der deutschen Katholiken, das selbst wieder weit mehr als einhundert katholische Organisationen repräsentiert.

Dabei hat die Kirche neben der traditionellen segmentären Logik gleichsam die Logik der funktional differenzierten Gesellschaft in sich hineinkopiert. In Letztere will sie – die christliche Logik mit den anderen gesellschaftlichen Rationalitäten vermitteln wollend – hineinwirken. Allerdings fällt auf, dass diese Vermittlungs- oder Einflusslogik in den funktional differenzierten gesellschaftlichen Raum mit seinen eigenlogischen Teilbereichen hinein den oft durch Ehrenamtliche getragenen katholischen Verbänden – von Ausnahmen wie den hochgradig professionalisierten Caritasverbänden abgesehen – immer weniger gelingen will.

Dies lässt sich nicht zuletzt darauf zurückführen, dass die Organisationsspitzen den ‚Bodenkontakt' zu ihren Mitgliedern zu verlieren drohen und sich eher eine auf die biographischen Bedürfnisse der Mitglieder konzentrierte Mitgliederlogik und Verkirchlichungslogik durchsetzt. Hierzu gehört auch, dass innerkirchliche Strukturen – etwa Pfarrgemeinderäte – für die katholischen Laien entwickelt und geöffnet wurden, womit die Kirche selbst „immer stärker in den Mittelpunkt des Interesses der Laien und damit auch ihrer Aktivitäten gerückt ist" und die deutschen Katholiken „die bisherigen Instrumente zur Mitgestaltung des bonum commune mehr und mehr verlieren", so das Urteil des Historikers Heinz Hürten.

Funktionale Differenzierung, die auch den komplexen interorganisationellen Verflechtungszusammenhang der Kirche mitbestimmt, erzeugt aber keine Einheit der organisierten Teile im Sinne eines ‚Organismus', aber auch keine jeweils völlig autarken Eigenwelten der organisierten Teile. Allerdings neigen sie immer wieder dazu, sich zu verselbständigen, was dann dahin führen kann, dass ihnen das ‚Katholisch-Sein' abgesprochen wird.

Kirche als ‚Sozialkirche'

In diesem interorganisationellen Verflechtungszusammenhang lassen sich unterschiedliche Typen von Organisationen unterscheiden, unter anderem Kirche als Glaubensorganisation und Kirche als Arbeitsorganisation. Kirche als Glaubensorganisation umfasst typischerweise eine andere – konfessionell exklusive – Mitgliedschaft als die Kirche als Arbeitsorganisation. Letztere lässt auch Nicht-Katholiken, ja sogar Nicht-Getaufte als Träger von Leistungsrollen (und in stärkerem Ausmaß auch von Laienrollen, also ‚Ehrenamtliche') zu, was für die Kirche als Glaubensorganisation ausgeschlossen ist. So gibt es tausende von Arbeiter(innen) und Angestellte, „die mit andersgläubigen Motivationen, aber durchaus gerne in einem gemeinnützigen katholischen Krankenhaus arbeiten" (Bruno Nikles). Für die Zukunft wird – auch und gerade in Deutschland – der Spagat zwischen der Kirche als Glaubensorganisation und der Kirche als Arbeitsorganisation bestimmend sein, und dabei insbesondere der Spagat zwischen Kirche als ‚Pastoralkirche' und Kirche als ‚Sozialkirche' in Gestalt der Organisationen der verbandlichen Caritas, die in Deutschland allein über 550 000 Hauptamtliche beschäftigt.

Die Mehrheit der Kirchenmitglieder sieht die Kirche zunehmend aus einer Art Kundenperspektive und betrachtet sie dabei durch die Brille der Familie, die nach wie vor unter den Daseinsbereichen den Spitzenplatz einnimmt. So schätzt sie die Kirche als ‚Sozialkirche', also als karitatives System der persönlichen und öffentlichen Daseinsvorsorge. Im Vergleich zu anderen europäischen Ländern ist diese deutsche ‚Sozialkirche' ein Unikat, die in Gestalt eines relativ eigenständigen Verbandes, nämlich des Deutschen Caritasverbandes, die von den deutschen Bischöfen anerkannte institutionelle Zusammenfassung und Vertretung der katholischen Caritas in Deutschland darstellt.

In den letzten Jahrzehnten erfolgte die Expansion dieser verbandlichen Caritas auf mehr als 550 000 voll- und teilzeitbeschäftigte Mitarbeiterinnen und Mitarbeiter und damit zum größten nichtstaatlichen Arbeitgeber nicht nur in Deutschland, sondern in ganz Europa. Da etwa 80 % dieses Personals aus Frauen besteht, ist die verbandliche Caritas auch eine der größten Arbeitgeberinnen für Frauen.

Dieses Wachstum, das ähnlich, wenn auch nicht im gleichen Ausmaß, die anderen fünf Wohlfahrtsverbände, darunter auch das Diakonische Werk der EKD, kennen, geht ja keineswegs mit einer gesellschaftlichen Aufwertung von Kirche und Christentum, sondern – gegenläufig zu Prozessen der Entkonfessionalisierung und Entkirchlichung – mit der Expansion des deutschen Sozialstaats einher. Zum Zweck der politischen Legitimierung, Stabilisierung und Pazifizierung machte er die Verbesserung der Lebenslagen immer weiterer Bevölkerungsgruppen zum Thema bindender Entscheidungen und ließ – über das im deutschen Sozialrecht verankerte ‚katholische' Subsidiaritätsprinzip – an der Gestaltung der deutschen Sozialstaatsgesellschaft auch die Kirchen mit ihren Wohlfahrtsorganisationen partizipieren. Damit wurde auch eine für die deutsche Geschichte traditionelle Konfliktlinie, nämlich der Konfessionskonflikt, neutralisiert. Allerdings wurden innerhalb der Einrichtungen der verbandlichen Caritas, deren Angebote sich nicht nur an katholische Kirchenmitglieder richten, die Frage nach der Kirchlichkeit des Personals, der Dienstleistungsstrukturen und der Organisationskultur nie richtig beantwortet.

Die Klärung dieses Desiderats und ihrer ideellen wie materiellen Bindung an die Kirche als Glaubensorganisation wird eine der zentralen Zukunftsaufgaben der kirchlichen Arbeitsorganisationen sein. Diese Entwicklung der deutschen Sozialkirche lässt sich aus der Sicht der politischen Ökonomie – durchaus zugespitzt – als Teil einer Kompensations-Strategie interpretieren, nämlich einer Strategie, den gesellschaftlichen Legitimations- und Machtverlust einer ‚Kirche ohne Gläubige' durch einen Machtgewinn einer ‚Kirche mit Stellen' auf dem Arbeitsmarkt auszugleichen, an deren Erhalt dann durchaus ebenfalls Interesse wächst, wenn auch nicht aus primär religiösen, sondern sozioökonomischen Gründen.

So wird die katholische Kirche in Deutschland weiter zur öffentlichen Dienstleisterin statt zur Glaubensgemeinschaft, zur Akteurin des Gemeinwohls statt zur Vermittlerin des persönlichen Heils oder Anleiterin, das Gute zu tun und das Böse zu lassen. Ihr wird zunehmend die Funktion der diakonischen Assistenz auch des öffentlichen Lebens zugewiesen, die Leistungen für die anderen sozialen Teilsysteme der modernen Gesellschaft erbringt. So spricht vieles dafür, dass das wachsende Desinteresse hinsichtlich der individuellen Orientierung an kirchlichen Werten und Normen durchaus mit dem Interesse an öffentlichen Leistungen der Kirche und anderer Form ihrer öffentlichen Präsenz einhergehen kann.

Bislang hat die Mehrheit der Bevölkerung die öffentliche Stellungnahme der Kirchen insbesondere dann inhaltlich geschätzt, wenn es um Problemzonen des medizinisch-technischen Bereichs (Sterbehilfe, Abtreibung, Embryonen-Forschung), um humane Folgeprobleme wirtschaftlicher und politischer Entscheidungen (Zusammenleben mit Ausländern, Arbeitslosigkeit) und um Fragen der universalen und partikularen Menschenwürde und Solidarität (Menschenrechte, Krieg und Frieden, Ehe und Familie) ging; Fragen also an den Schnittstellen zwischen Persönlich-Intimem und Öffentlichem, was auch den inhaltlich kirchlich definierten Religionsunterricht an staatlichen Schulen mit einschließt. ‚Kirche ja' (für die anderen; für das Gemeinwohl) und ‚Kirche nein' (für mich) scheinen sich bei einer so starken Legitimation einer Vielfalt öffentlicher Präsenz der Kirchen nicht auszuschließen.

Man wird deshalb den Schluss ziehen können, dass die private wie die öffentliche Verbindlichkeit und Zumutungskraft kirchlicher Werte und Normen begrenzt werden sollen, aber die Kirchen als diakonisches kommunikatives Angebot für legitim gehalten, ja begrüßt werden, und zwar im privaten wie im öffentlichen Raum. Ob die Kirche als Sozialkirche die Pastoralkirche auf Dauer zu stabilisieren vermag, ist aber ebenso offen.

Überlebenskampf um den Nachwuchs

Damit ist ein weiterer Spagat genannt, der die Zukunft der Kirche in Deutschland erheblich bestimmen dürfte, nämlich der Spagat zwischen der Erosion der kirchlichen Überzeugungs- und Ritualpraxis hier und den rechtlichen und institutionellen Ansprüchen dort. Allerdings wird in Zukunft der Zusammenhang zwischen beiden Größen überdeutlich hervortreten. Schon jetzt ist die kirchliche Sozialisation und Bindung der Mitglieder an die römisch-katholische Kirche so geschwächt, dass es ihr kaum noch gelingt, Frauen und Männer für das Ordensleben und Männer für die klerikale Sozialisation und Auswahl zum Priesteramt zu gewinnen. Deshalb lässt sich durchaus vom Beginn eines „allmählichen Prozesses des endgültigen, nachwuchslosen Absterbens" (Gregor Siefer) dieses Kernpersonals gerade der katholischen Kirche in Deutschland sprechen, eines Prozesses, der sich aktuell in „eine Art von Überlebenskampf" zuspitze.

Die Chancen zur Gewinnung von jungen Priestern werden sich weiter reduzieren, was nicht nur mit der Zölibats- und der Bildungsschranke, sondern auch mit dem demographischen Wandel zusammenhängt; denn in den an Kinderzahl kleinen Familien sinkt schlicht die absolute Zahl von Jungen, die als künftige Kleriker in Frage kämen, zumal die kirchliche Sozialisationsfunktion der Familien, von denen immer weniger konfessionell homogen sind, erheblich schwächelt. Die Koalition von Kirche und Familie wird in dieser Hinsicht auch in Zukunft weitgehend aufgelöst bleiben. Der Personal-Engpass an Priestern ist schon seit Jahrzehnten ebenso absehbar wie die wachsende Überalterung des Klerus, der vorrangigen Repräsentanten der katholischen Kirche. Damit scheint in Deutschland – neben anderen konfessionellen Elementen – ein wichtiges Konfessionsmerkmal auszusterben, und die für die katholische Kirche typische „Hierarchie der Stände" aus Klerus und Laien kann sich immer weniger reproduzieren. Die Zahl der Seminaristen in Deutschland sank zwischen 2010 und 2011 von 798 auf 764. Die Zahl der jährlichen Priesterweihen liegt nach wie vor unter 100 (2010: 81, 2011: 86), „die Zahl der Pensionierungen sowie die Zahl der Todesfälle bewegt sich jährlich um jeweils 350, sodass jeder neu Geweihte etwa 7 ausscheidende Mitbrüder ersetzen muss", so Gregor Siefer. Das Durchschnittsalter des katholischen Klerus in Deutschland liegt derzeit bei etwa 60 Jahren.

Deshalb werden Pfarreien zusammengelegt und so die pastoralen Räume, für die ein leitender Priester zuständig ist, vergrößert. Das bedeutet, wie die Deutsche Bischofskonferenz schreibt, „dass ein Priester für weitaus mehr Gläubige zuständig ist als zuvor. Sinkende Priesterzahlen werden damit aufgefangen, die Laien bekommen gleichzeitig aber auch mehr Verantwortung". Eine gewisse Laisierung schreitet damit unaufhaltsam – aber gebremst – voran. Die Zahl der hauptamtlichen Laien im pastoralen Dienst – so die Deutsche Bischofskonferenz – „wächst ständig: So hat sich die Zahl der Pastoralreferenten etwa seit 1990 verdoppelt. Damit sind in Deutschland so viele Männer und Frauen im pastoralen Dienst tätig wie nie zuvor". Massive Herausforderungen werden der Kirche in Deutschland damit aus ihren

Reproduktionsschwächen im Blick auf ihre personelle – sprich priesterliche – Identität und auf ihre demographische und generationelle Kontinuität sowie aus ihren Vermittlungsschwächen im Blick auf ihren gesellschaftlichen Einfluss erwachsen.

Reproduktionsschwächen zeigen sich übrigens auch im Blick auf die Personalstruktur von Ehrenamtlichen in der Kirche. Diese weisen seit einigen Jahren eine deutliche Feminisierungstendenz auf, worin sich weniger eine Emanzipation der Frau im Raum der Kirche manifestiert, als vielmehr ein Rückzug der Männer aus dem ehrenamtlichen kirchlichen Engagement, zumal es immer weniger eine gesellschaftliche Anerkennung abwirft. Die Zahl von Pfarrgemeinderäten mit Frauendominanz wächst, auch die Zahl von Pfarrgemeinderäten, den nur Frauen zusammen mit einem älteren Priester bilden. Das mag ein nettes Bild sein, aber zukunftsverheißend ist es nicht, zumal diese Frauen nur ganz bestimmte Milieus repräsentieren. Die Kirche hat bezüglich des Priesteramts nicht nur ein Frauen-, sondern auch ein Männerproblem.

Die teilweise hausgemachte Personalkrise führt aktuell zu einer pastoralen Strukturkrise, nämlich zu einem weitgehenden und für die überschaubare Zukunft folgenreichen „Zusammenbrechen des milieuchristlich geprägten Betriebssystems" (Christian Hennecke) der Kirche, zumal wenn es an die massiv fallende Zahl von Pfarrern gekoppelt wird und damit den geographischen Umfang der pastoralen Räume immer weiter dehnt. An diesen neuen pastoralen Räumen, die in allen deutschen Bistümern unterschiedliche Namen tragen, wird für jeden Katholiken im Alltag Kirchenkrise erlebbar, dass also fraglose Gewissheiten, Orientierungen und Handlungsroutinen zusammenbrechen und dass das, was gestern war und galt, nicht mehr ist und gilt. Priester erleben diese sogen. Strukturreformen zunehmend als Überlastung und sich selbst zu Verwaltungsmanagern umfunktioniert, als Geschäftsführer eines sich immer weiter ausdehnenden pastoralen Verwaltungsbezirks. Sie fühlen sich kaum mehr in der Lage, in den alltäglichen Kontakt zu den Gemeindemitgliedern zu treten, womit ebenfalls Glaubensweitergabe stattfand.

Zugleich vollzieht sich eine Positions- und Rollenverlagerung des Priesters und anderer Hauptberuflicher im kirchlichen Dienst zum magisch-rituellen Dienstleistungserbringer, weil nämlich die Mehrheit der Kirchenmitglieder die Kirche heute aus einer Art Kundenperspektive betrachtet und sie damit zum rituellen Dienstleistungsbetrieb umdefiniert, auch wenn sie mit der Kirche nicht mehr in einer Überzeugungsgemeinschaft steht.

Die Kundenperspektive kann dabei so vorherrschend werden, dass sie zu einem Versagen der sakramentalen Kontrolle gegenüber rituellen Tabuverletzungen führt. Wir können dies derzeit im sakramentalen Arrangement des Erzbistums Freiburg und vieler Priester in allen deutschen Bistümern mit den wiederverheiratet Geschiedenen erleben, aber auch im schon länger anhaltenden Zusammenbruch der Ohrenbeichtpraxis. Da Riten immun sind gegen ihre Falsifikation durch die Natur und ihre Aufrechterhaltung von sozialen Sanktionen abhängt, weil Gott selber stumm bleibt, können ungeahndete Tabuverletzungen Tabus auflösen und den Eindruck entstehen lassen, Gott sei am Ende nicht nur stumm, sondern vielleicht gar nicht da

Sofern Riten nicht nur Gemeinschaftsidentität stiften, sondern auch heilsstiftend oder erlösend sein sollen, also sakramentale Riten genannt werden können, „implizieren sie", wie der Soziologe Alois Hahn schreibt, „stets zumindest rituelle Kontrollen, insofern sie ihre Wirksamkeit nur in Abhängigkeit des korrekten Vollzugs des opus operatum entfalten". Der Mangel an sakramentaler Qualität und Kontrolle legt den Verdacht nahe, mit Heil und Erlösung sei es nicht so ernst gemeint. Hierbei geht es nicht allein um die schon von Thomas Luckmann prognostizierte „Schwächung [...] der mit dem traditionellen Apparat verbundenen direkten und indirekten Sanktionen", sondern um die Identität von Kirche, sofern sie sich als Heilsvermittlerin versteht. Diese und nichts weniger steht in der überschaubaren Zukunft auf dem Spiel.

Ausfall des Jenseits

Hierzu passt auch die Ruinierung des eschatologischen Büros, von dem ich nicht weiß, ob es – gewissermaßen wegen zu hoher Baukosten – überhaupt wieder aufgebaut und in Zukunft überhaupt wieder geöffnet werden kann. Die heute im Mainstream gelehrte und gepredigte Eschatologie des ‚geschenkten Himmels' beschleunigt *die* „unermessliche Revolution unserer Zeit", wie sie einmal Götz Briefs („Von der ‚happiness' zum Wohlfahrtsstaat") diagnostizierte: „Der Ausfall des Glaubens an eine jenseitige Bestimmung des Menschen und an eine dieser Bestimmung dienende Verhaltensweise zu den Dingen und Angelegenheiten, die sich im bloßen Raum und bloßer Zeit erschöpfen – kurz der Ausfall der Distanz zu den Dingen dieser Welt, das ist die stille, aber in ihren Folgen unermessliche Revolution unserer Zeit". Die Distanz zu den weltlichen Dingen durch einen „Standort im Absoluten" (Karl Jaspers), dessen Verlust Goetz Briefs konstatiert, war nicht zuletzt gesteuert durch Gewaltvorstellungen, die im Christentum über Jahrhunderte gepflegt wurden, wenn es um das Jenseits bzw. das postmortale Weiterleben ging.

Nur im Blick zurück lässt sich ahnen, dass jene unermessliche Revolution unserer Zeit auch Ergebnis einer Zivilisierung der Gottesvorstellungen ist, die nicht nur die Grundkoordinaten der Lebensführung betrifft („weil das Heil in Raum und Zeit gefunden werden muss"), sondern auch den Status der Kirchen selbst erheblich relativiert: ihre spezifische Leitdifferenz (Heil vs. Unheil), ihre Heilsmittel, Heilsgüter und Heilswahrheiten und damit ihr Drohpotential „psychischen Zwangs" (Max Weber), das ihnen „Pastoralmacht" (Michel Foucault) und Einfluss auf nahezu alle Bereiche des menschlichen Lebens – nicht zuletzt über die Körper – verlieh. Durch den gesellschaftlichen Zivilisationsprozess wird der christlichen Heils- und Erlösungsbotschaft, ja der Kirche überhaupt, die gesellschaftliche Plausibilitätsbasis, gewissermaßen der Resonanzboden, weiter entzogen.

Für viele Wohlfahrtsstaatsbürger verliert das reduzierte Jenseits, die auf den verheißenen und zum offenen Gut gewandelten Himmel konzentrierte Endzeit an Attraktivität, zumal das Leben der Verstorbenen im mobilen und immobilen Erbe der Toten oder im – vielleicht foto- und videogestützten – Gedächtnis der Hinterbliebenen weitergeht; vielleicht auch noch in – wie auch immer gedachten und nicht zuletzt von Katholiken präferierten – Reinkarnationen im Diesseits mit seinen neuen individuellen Erlebnis- und Beziehungschancen.

Wenn schon Jürgen Habermas („Glauben und Wissen") 2001 äußert, dass bei ihm „die Irreversibilität vergangenen Leidens – jenes Unrecht an den unschuldig Misshandelten, Entwürdigten und Ermordeten, das über jedes Maß menschlicher Wiedergutmachung hinausgeht" ebenso wie „die verlorene Hoffnung auf Resurrektion [...] eine spürbare Leere" hinterlasse, dann scheint mir der Zeitpunkt gekommen, in dem nicht nur die Aufklärung in Gestalt eines ihres führenden Vertreters ihre Grenzen erkannt hat, sondern in dem auch die Frage nach den Eschata eine neue Dignität erhält. Man kann es auch anders sagen: Ein Religionssystem, das keine Resonanz findet auf das unausrottbare Bedürfnis nach Gerechtigkeit, auf Legitimation des Leidens und des Glücks, erzeugt nicht nur Dissonanzen bezüglich seiner eigenen Glaubenstradition (kapitaler Glaubenstopos), sondern Irrelevanzen bezüglich seiner Adressaten.

Die theologische Antwort auf die Frage nach den Eschata darf freilich nicht hinter das – heute erreichte – Niveau von Aufklärung und Zivilisation zurückfallen. Sie bedarf einer neuen Korrelation von zivilisierter Lebens- und Endzeit, die auch der eschatologischen Tradition gerecht wird. Dieses Dilemma ist eine zentrale Herausforderung der heutigen Theologie, traditionsgetreu, aber auch aufklärungs- und zivilisationsentsprechend Eschatologie zu betreiben. Wenn der kapitale Topos der Eschatologie, insbesondere des eschatologischen Gerichts, weiterhin zum Verlegenheitstopos verkommt, verkommt die Theologie zur Verlegenheitstheologie. Dann strickt sie mit an einem Verlegenheitsgott, dessen Leidenschaft für Recht und Gerechtigkeit sie ebenso verrät wie die Opfer von Unrecht, denen ein Gott der Lebensfülle verkündet war usw. Dann wird sie zu einer gleichgültigen und apathischen Theologie, weil sie einen ebensolchen Gott verkündet.

Trägt nicht die christliche Theologie und das Schweigen der geistlichen Autoritäten angesichts des Todes, ja das Institutionsversagen der Kirche insgesamt, selbst zur „spirituellen Autogestion" (Pierre Bourdieu), also dazu bei, dass jeder gewissermaßen sein eigener Priester werden muss: „der religiöse Experte seiner selbst" (Winfried Gebhardt) – innerhalb wie außerhalb der Kirche? Tatsächlich dürften sich auch in Zukunft die Machtverhältnisse zwischen Laien und Klerus zuungunsten der Letzteren verschieben durch deren wachsende Selbstrelativierung und Selbstbeschädigung, die wir bis in die jüngster Zeit hinein erleben.

Spätestens seit 2010, in dem auch das „Jahr des Priesters" zu Ende ging, ist schlagartig der gesamte Klerus unter Generalverdacht geraten, zum sexuellen Missbrauch, zur Pädophilie, zur Ephebophilie bzw. zu erzwungenen homosexuellen Beziehungstaten zu neigen. Zweifellos hat das Jahr 2010 in Deutschland eine zutiefst irdische, wenn nicht unterirdische Kirche vor Augen gestellt. In einem für jeden Skandal typischen Dreischritt von – wirklicher oder bloß unterstellter – moralischer Verfehlung hochgestellter Personen oder Institutionen, attraktiver und zugleich abstoßender Enthüllung und einer spontanen Bewegung der kollektiven Entrüstung oder Empörung, die den Skandalversuch erst zum Skandal werden lässt, so Karl Otto Hondrich in „Enthüllung und Entrüstung", eröffnete sich ein Einblick: sowohl in eine Art „Unterwelt" der Kirche, ein „Schattenreich von normativ nicht gedeckten" Handlungen als auch in die Tiefe der moralischen Ordnung unserer Gesellschaft selbst.

Versucht man Ausmaß und Auswirkung jener Skandalisierung des Jahres 2010 zu bestimmen, so demonstrierte sie vor unser aller Augen die Macht der gesellschaftlichen Moral, ja die Vormacht dieser profanen Moral über die Kirche. Damit wurde massiv ihr gesellschaftlicher Status verschoben. Die Kirche ist mit der Skandalisierung dieser Handlungen ihrer „Unterwelt" durch die Macht der gesellschaftlichen Moral in eine schwere gesellschaftliche Statuskrise geraten. Indem die Vertreter der Kirche zum „demütigenden Kotau" gezwungen wurden, zeigt sich die gesellschaftliche Moral – und nicht die der Kirche – als „die Supermacht der demokratischen Gesellschaft." Somit hat sich seit 2010 die Grundarchitektur zwischen Kirche und Gesellschaft im öffentlichen Raum massiv zuungunsten der Kirche verschoben. Auch die jüngsten Vorfälle und Skandalisierungen (Stichwort: Limburg) weisen nicht nur auf Kommunikationsschwächen, sondern auch auf Kontrollschwächen, ja auf Kontrollversagen hin, die zu Vertrauensbeschädigungen führt, welche die kirchliche Zukunft fortwirkend bestimmen dürften.

Die angedeutete Status- und Vertrauenskrise der Kirche ist nur dadurch zu bearbeiten, dass sie einen neuen ‚Kontrakt' mit der Gesellschaft schließt: aus den Fehlern lernt und die Standards des in unserer Gesellschaft akzeptierten Zivilisationsniveaus anstrebt. Hierzu gehört schon die Wahrnehmung und Wertschätzung von durchaus vorhandener Moralität – auch Religiosität und Spiritualität – in der Gesellschaft; sie ist eben als „Erlebnisgesellschaft" (Gerhard Schulze) keine bloße ‚Spaßgesellschaft', sondern auch eine Gesellschaft, in der soziale Anerkennung (neu) verteilt wird. Die Mehrheit der Bevölkerung findet es sogar „gut, dass es die Kirchen gibt". Die Wiedergewinnung von Vertrauen muss beim Institutionsvertrauen ansetzen und darf bzw. kann sich nicht auf Personenvertrauen beschränken.

Vertrauenskrise

Eines der Fundamente der Kirche – und dieses dürfte durch die jüngsten Skandalisierungen nachhaltig erschüttert sein – heißt Vertrauen. Denn die Verkündigung der religiösen Botschaft hat ja etwas „Unerhörtes", „kaum Glaubliches", „Worte des ewigen Lebens" zum Thema. Hinzu kommt: Die Menschwerdung Gottes, die Wiederkunft Christi, Himmel, Hölle, Fegefeuer sind nicht durch sinnliche Wahrnehmung bestätigbar. Damit haftet der religiösen Kommunikation ein Mangel an, so Hartmann Tyrell. Beides muss kompensiert werden. Dies geschieht unter anderem durch Vertrauen, weshalb die Arbeit am Vertrauen (und die Verhinderung von Misstrauen) eine der fundamentalsten pastoralen Grundaufgaben und eine der wichtigsten Voraussetzungen der Rezeption und Akzeptanz der Kommunikation der frohen Botschaft ist.

Wenn dies nicht geschieht, werden sich die Menschen hierzulande auf andere Weise mit ‚religiösen Lebensmitteln' versorgen. Der religiöse Markt dehnt sich unter der Leitkategorie der ‚Spiritualität' immer weiter aus. Denn nicht wüste Säkularität hat ‚Religiosität' und ‚Frömmigkeit' abgelöst, sondern ‚Spiritualität', und dieses Wort hat Dauerkonjunktur. Modisch kann seine Attraktivität nicht sein, denn sie währt und wächst schon seit Jahrzehnten. Wir haben es nicht mit einer Kurzwelle, sondern mit Dauerwellen zu tun. ‚Spiritualität', ein Wort, das kaum länger als 50 Jahre zum deutschsprachigen Kommunikationshaushalt gehört, hat – trotz oder sogar wegen der allseits bemerkten Unbestimmtheit dieses Ausdrucks – in einem Ausmaß Hochkonjunktur, dass es sogar auf Phänomene einer Zeit zurückprojiziert wird, die es noch gar nicht kannte.

Dass es sehr vage und die jeweils gemeinte Sache äußerst unscharf bleibt, ist kaum auf Schlamperei und mangelnde intellektuelle Hygiene zurückzuführen, sondern spiegelt selbst wider, dass das ‚Transzendente' ohne kirchlich einhegbares soziales Korsett unbestimmt und seine Deutung amorph geworden ist; dass diese Deutung – auch durch die Selbstrelativierung kirchlicher Amtsträger – nur noch mit Gültigkeitsansprüchen, aber nicht mehr mit Geltungswirklichkeit, Geltungssicherheit und Geltungsgewissheit erfolgen kann.

Im Vergleich zu den christlich gefassten Deutungen ist der Ausdruck ‚Spiritualität' allenfalls umschreibbar als Hingabe an, als Sehnsucht nach, besser: *als Offenheit und Öffnung des Menschen für das Geheimnis über und hinter seinem – rational nicht verrechenbaren – Leben.*

Hierin scheint mir jedenfalls ein gemeinsamer Nenner des Inhalts dessen zu liegen, was im gesellschaftlichen Kommunikationshaushalt heute so alles unter der Bezeichnung Spiritualität zirkuliert. ‚Spiritualität' hat ihre traditionale und institutionelle Verankerung weitgehend verloren, steht immer weniger für eine christliche Glaubenshaltung, weil es immer weniger der personale christliche Gott ist, der als Quelle des Lebensgeheimnisses geglaubt wird – nur noch eine Minderheit der europäischen Bevölkerung hat ein personales, gar spezifisch christentümliches Gottesbild: dies gilt für katholische und evangelische Kirchenmitglieder.

Die Mehrheit glaubt eher an Schutzengel als an den von den Kirchen gelehrten Mensch gewordenen, dreifaltigen Gott – also durchaus an überirdische ‚spirituelle' Wesen und Kräfte oder an eine ‚uns übersteigende Macht'. So bleibt die Sehnsucht nach einem Geheimnis über und hinter dem mehr oder weniger tristen Alltagsleben.

Aber diese Sehnsucht findet immer weniger uns alle verbindlich verbindende kirchliche, christliche, religiöse Antworten. Was bleibt ist dann individuelle ‚Spiritualität' oder die bloße Suche danach – beim Staubwischen oder im Staub, im Blut, im Schweiß oder in den Tränen auf dem Jakobsweg. Mit ‚Spiritualität' steht ein verbaler Platzhalter für die Bezugnahme auf Transzendentes bereit, ohne dass sein Gebrauch dazu zwingt, sich dogmatisch oder institutionell festzulegen, sich zu binden, sich gemeinschaftlich zu bekennen.

In Zukunft werden sich Christentum wie Kirche auch in wachsendem Ausmaß mit den Herausforderungen auseinandersetzen, die von den Fremdreligionen ausgehen, die hierzulande Fuß fassen. Nicht nur das Judentum stellt die christliche Religion vor die Herausforderung, „erklären zu müssen, wie sie ihre Existenz in Anbetracht des ungekündigten und ewigen Bundes Gottes mit allen Menschen rechtfertigt, was sie über das Judentum hinaus denn vermittle. Kurzum: weshalb das Christentum nicht überflüssig ist", so jüngst Bernhard Uhde.

Seitens des sich ausbreitenden Islam muss das Christentum mit der bleibenden Herausforderung der Christologie rechnen, ist doch gerade sie – zusammen mit der christlichen Trinitätslehre– „dem natürlichen Verstand aller urteilsfähigen Menschen nicht verständlich", wie Bernhard Uhde („Warum sie glauben, was sie glauben") formuliert:

„Die theologische Theorie mag manchen Fachleuten zugänglich sein, nicht aber der Mehrheit der Glaubenden – so wiederholt das Christentum jenen Exklusivismus, den der Islam auch dem Judentum vorwirft: die ‚Rechtleitung' ist nicht für alle Menschen, sondern teilt zwischen den Menschen. Im Judentum zwischen Israel und den Völkern, im Christentum zwischen Religionsgelehrten und dem Glaubensvolk. Das aber widerspricht einer universalen und gleichen Zuwendung Gottes zu allen Menschen und damit der Gerechtigkeit und Barmherzigkeit Gottes. So sind Theorie und Praxis des Christentums einem Selbstwiderspruch ausgesetzt."

Veränderung als Aufgabe

Die Tatsache, dass Katholiken und Katholikinnen wie Christinnen und Christen insgesamt in Europa und in Deutschland weniger werden, dass die Priester hierzulande aussterben, scheint mir noch nicht hinreichend die Annahme zu begründen, dass das Christentum, die christlichen Kirchen oder insbesondere die katholische Kirche als religions- und kultur- wie gesellschaftliche und sozialpolitische Kräfte ausgeschaltet werden oder sich selbst ausschalten.

Es geht aber um die nicht geringe Aufgabe, sich gewissermaßen neu zu erfinden. Hier sei an eine vor beinahe 55 Jahren gemachte Aussage Helmut Schelskys erinnert, man habe die Lage des Christentums in der modernen Gesellschaft oft mit der Formel zu begreifen versucht, „dass das Christentum sich heute einem neuen Heidentum in der modernen Welt [...] gegenübersähe; diese Parallele übersieht aber", wie Schelsky bemerkte, „dass heute mit dem Christentum keine neue Wahrheit in eine alte Welt kommt, sondern sich eine alte Wahrheit gegenüber einer neuen Welt behaupten muss." Daraus erwachsen Christentum und Kirchen, so Schelsky weiter, die „Aufgabe, ihre ewige Wahrheit in veränderten, weltlich autonom gewordenen Sozialstrukturen neu zu gründen" und „eine neue soziale Gestaltung der Heilswahrheit zu finden".

Die Kirche ist allerdings nicht allein gehalten, ihre alte Wahrheit angesichts *externer* – neuer – Herausforderungen zu behaupten, sondern sie ist auch gehalten, ihre alte Wahrheit gegen ihre eigenen *inter-*

nen Herausforderungen, die aus eigenen Institutionsschwächen, ja Institutionsversagen herrühren, neu zu finden. Angesichts einer fort*währenden* klerikalen Reproduktionskrise und den fort*wirkenden* klerikalen Selbstbeschädigungen wird wohl kein Weg daran vorbeigehen, die Verantwortung für die Zukunftsfähigkeit der Kirche immer mehr auf die Laien und ihre professionellen Kompetenzen zu verlagern und dafür synodale Strukturen der Mitverantwortung und Mitwirkung einzuräumen, die in ihrer Kontroll- und Entscheidungsbefugnis weiterreichen als der heutige Gremienkatholizismus. Die Zukunft der katholischen Kirche in Deutschland wird eine Zeit der Laien sein, der Männer und Frauen, die damit ihrerseits vor eine doppelte Herausforderung gestellt sind: In der Kirche mehr Mitverantwortung zu tragen und für die Kirche und ihre Botschaft in der Welt von heute und morgen Zeugnis abzugeben. Christen und Christinnen stehen tatsächlich vor einer solchen Neugestaltungsaufgabe der Kirche.

Literatur

Briefs, Götz: Von der ‚happiness' zum Wohlfahrtsstaat, in: Jahrbuch des Instituts für christliche Sozialwissenschaften 3/1962, 285–295.

Ebertz, Michael N./Segler, Lucia: Quo vadis, Kirche? Wie Kirche wieder glaubwürdig werden kann, in: Unsere Seelsorge 3/2013, 8–10.

—/Schmidt-Degenhard, Meinhard (Hrsg.): Was glauben die Hessen?, Münster 2014.

Gebhardt, Winfried: Experte seiner selbst. Über die Selbstermächtigung des religiösen Subjekts, in: Ebertz, Michael N./Schützeichel, Rainer (Hrsg.): Sinnstiftung als Beruf, Wiesbaden 2010, 33–41.

Hahn, Alois: Sakramentale Kontrolle, in: Schluchter, Wolfgang (Hrsg.): Max Webers Sicht des okzidentalen Christentums. Interpretation und Kritik, Frankfurt 1988, 229–253.

Luckmann, Thomas: Verfall, Fortbestand oder Verwandlung des Religiösen in der modernen Gesellschaft?, in: Schatz, Oskar (Hrsg.): Hat die Religion Zukunft?, Graz/Wien/Köln 1971, 69–82.

Schelsky, Helmut: Ist die Dauerreflexion institutionalisierbar? Zum Thema einer modernen Religionssoziologie (1957), in: Ders. (Hrsg.): Auf der Suche nach Wirklichkeit, München 1979, 268–297.

Siefer, Gregor: Mosaiken, Berlin 2011.

Uhde, Bernhard: Warum sie glauben, was sie glauben. Weltreligionen für Andersgläubige und Nachdenkende, Freiburg/Basel/Wien 2013.

Wolf, Christof: Kein Anzeichen für ein Wiedererstarken der Religion, in: Informationsdienst Soziale Indikatoren, Ausgabe 37 Januar 2007, 7–11.

Schwund ja, Verschwinden nein

Ein Blick auf die Lage der etablierten Religionsgemeinschaften

Ulrich Ruh

Religion ist unter unseren gesellschaftlichen Verhältnissen einerseits etwas ausgesprochen Privates. Wer nicht in seiner Rolle als Funktionär einer Religionsgemeinschaft dazu quasi von Berufs wegen verpflichtet ist, muss nur über sein Verhältnis zur Religion reden, wenn er das möchte. Andererseits spielt sich Religion auch unter modernen westlichen Bedingungen zu einem erheblichen Teil grundsätzlich im Raum der Öffentlichkeit ab. Deshalb liegt sie auch unvermeidlicher Weise im Beobachtungsfeld der Medien beziehungsweise Journalisten. Der journalistische Blick auf Religiöses hat sicher seine blinden Flecken, auf die man immer wieder einmal gestoßen wird oder auch von sich aus stößt, ist aber gleichwohl nicht nur legitim, sondern kann durchaus auch hilfreich sein. Das gilt auch für die besondere Perspektive eines Journalisten mit theologischer Vorbildung und persönlicher Verortung in einer Glaubensgemeinschaft, in diesem Fall in der katholischen Kirche.

In der Bundesrepublik gibt es in Bezug auf die Sichtbarkeit von Religion ein klares Gefälle. Etwas plakativ formuliert: Zuerst die beiden großen Kirchen, dann mit großem Abstand der ganze Rest, sei er christlich oder nichtchristlich. Unter den großen europäischen Ländern ist Deutschland das einzige, in dem zwei christlichen Kirchen das religiöse Feld dominieren; spricht man hierzulande von „den" Kirchen, sind wie selbstverständlich die katholische Kirche einerseits und die Evangelische Kirche in Deutschland (EKD) mit ihren Gliedkirchen gemeint.

Der Präsenz der großen Kirchen ist schwer zu entkommen

Diese beiden Kirchen sind nach wie vor praktisch flächendeckend präsent. Das gilt sowohl für ihre Pfarreien beziehungsweise Kirchengemeinden mit den entsprechenden Gebäudlichkeiten (Kirchen, Gemeindehäuser) wie für soziale Einrichtungen, die von ihren Wohlfahrtsverbänden Caritas und Diakonisches Werk getragen werden. An den allermeisten staatlichen Schulen findet katholischer und/oder evangelischer Religionsunterricht statt, ein Teil der Universitäten verfügt über katholische oder evangelische Theologische Fakultäten, manche sogar über beides.

Es ist sozusagen schwer, als Bürger dieses Landes der Präsenz der zwei großen Kirchen zu entkommen, die sich nicht nur auf religiöse Aktivitäten im engeren Sinn erstreckt, sondern darüber weit hinaus geht, sei es im Sozial- und Bildungswesen oder im Kulturbereich. Das betrifft im übrigen nicht nur die „alte" Bundesrepublik, sondern in etwas eingeschränktem Umfang auch die neuen Bundesländer auf dem Gebiet der ehemaligen DDR. Eindrucksvolle Kirchenbauten beherrschen nach wie vor das Gesicht der Innenstädte zwischen Wismar und Görlitz, obwohl nur eine kleine Minderheit der Bevölkerung der evangelischen oder katholischen Kirche angehört.

Vor der schrecklichen Zäsur durch den nationalsozialistischen Terror war als nichtchristliche Religion das Judentum jedenfalls in den größeren deutschen Städten durch repräsentative Synagogenbauten unübersehbar präsent. In den letzten Jahrzehnten sind nicht nur viele jüdische Gemeinden wieder entstanden (vor allem durch den Zuzug von Juden aus der ehemaligen Sowjetunion), sondern es wurden teilweise auch neue Synagogen gebaut, man denke etwa an Dresden, Mainz oder München. Gleichzeitig hat sich der Islam als mit Abstand mitgliederstärkste nichtchristliche Religionsgemeinschaft wie überall im westlichen Europa auch in Deutschland etabliert und wird zunehmend durch Moscheen öffentlich sichtbar, wenn auch bisher vornehmlich noch in den Außenbezirken von Städten.

Vor allem die Muslime sorgen in einer gewissen Breite für religiöse Neuheitserlebnisse, etwa dadurch, dass viele muslimische Frauen ein Kopftuch tragen, und damit auch für manche Irritationen als ungewohntes Element neben dem hierzulande fest verankerten und rechtlich abgesicherten System der großen christlichen Kirchen. Das religiöse Feld in Deutschland hat sich durch die stärkere Präsenz von Muslimen also zweifellos verändert; insgesamt hält sich seine Pluralisierung hierzulande allerdings in Grenzen. Im nichtchristlichen Segment fallen die Anhänger asiatischer Religionen (Buddhismus, Hinduismus) zahlenmäßig nicht sehr ins Gewicht und sind im öffentlichen Bewusstsein auch wenig präsent. Ähnliches lässt sich auch im Blick auf das christliche Spektrum in der Bundesrepublik feststellen: Zweifellos haben die orthodoxen Kirchen schon wegen ihrer inzwischen stattlichen Mitgliederzahlen an Gewicht gewonnen und sich im gesellschaftlich-religiösen Umfeld als eigenständige Größe etabliert. Gleichzeitig ist der protestantische Flügel des Christentums auch in Deutschland durch eine wachsende Zahl selbstständiger Migrantengemeinden und freier Gemeinschaften evangelikaler oder pfingstlerischer Prägung über die traditionellen Freikirchen hinaus ein Stück weit bunter geworden.

Aber das hat bislang nichts an der Dominanz des landeskirchlichen Protestantismus geändert. Auch die katholische Kirche hat ihren Status und ihr Selbstbewusstsein als herausgehobene „große" Kirche bislang aufrecht erhalten. Durch förmliche Abspaltungen ist sie ohnehin nicht ernsthaft bedroht.

Gegen die Erosion ist kein Kraut gewachsen

Dennoch ist die fortschreitende Erosion der beiden zahlen- wie bewusstseinsmäßig dominierenden Kirchen zweifellos das gravierendste Kennzeichen für den religiösen Wandel in Deutschland. Diese Erosion betrifft alle Ebenen des kirchlichen Lebens, sie wirkt sich im Inneren der Kirchen genauso aus wie in ihren Außenbeziehungen, sie vollzieht sich im Normalfall nicht dramatisch, sondern eher unspektakulär. Sie ist evangelischer und katholischer Kirche derzeit durchaus gemeinsam, wenn auch von in mancher Hinsicht unterschiedlichen Ausgangspunkten aus und vor einem jeweils spezifischen historischen Hintergrund: Die deutschen Katholiken haben seit dem 19. Jahrhundert eine hohe Geschlossenheit gezeigt und ein abgegrenztes Großmilieu ausgebildet, während es in der neueren Geschichte des deutschen

Protestantismus immer unterschiedliche Strömungen (liberal, bekenntnisgebunden, pietistisch-erwecklich) nebeneinander gab. Beide Kirchen müssen auch gleichermaßen mit der Erfahrung leben, dass gegen die Erosion offensichtlich kein Kraut gewachsen ist, trotz aller offiziellen Reform- oder Dialogprozesse.

Es macht die besondere Herausforderung der deutschen Situation aus, dass die großkirchlichen Krisenerscheinungen sich in einem Kontext institutioneller Stabilität abspielen. Die kirchlichen Verwaltungen arbeiten weitgehend routiniert und solide, die Kirchen sind nach wie vor finanziell sehr gut ausgestattet und haben entsprechend viele hauptamtliche Kräfte zur Verfügung.

Außerdem können sie für ihre Arbeit auf ein immer noch beträchtliches Reservoir an ehrenamtlichen Helfern zurückgreifen. Nicht wenige Kirchengemeinden und Verbände bemühen sich redlich um ansprechende Angebote, sei es auf dem Feld des Gottesdienstes und der seelsorglichen Begleitung, der sozialen Hilfestellungen, von Bildung oder Kultur.

Gleichzeitig treten aber jedes Jahr Hunderttausende aus der evangelischen oder der katholischen Kirche aus, und die Zahl der regelmäßigen Gottesdienstbesucher geht in beiden Kirchen in Deutschland immer weiter zurück: Nach den jüngsten verfügbaren Zahlen werden an den „Zählsonntagen" nur noch 11,8 % der katholischen und 3,6 % der evangelischen Kirchenmitglieder als Gottesdienstbesucher registriert. Die Nachwuchssituation auf katholischer Seite ist bei Priestern und Ordensleuten ausgesprochen prekär, so dass es beispielsweise immer schwieriger wird, klerikale Führungspositionen adäquat zu besetzen; die evangelische Kirche beklagt, es gebe zu wenige Theologiestudierende, die ins Pfarramt gehen wollen.

Die engagierten, tragenden Kernschichten vieler Pfarrgemeinden wie kirchlicher Verbände dünnen zunehmend aus. Am kirchlichen Leben aktiv interessierte jüngere Erwachsene sind weithin Mangelware; das zeigt sich nicht nur in den normalen Gottesdiensten, sondern etwa bei Angeboten der kirchlichen Erwachsenenbildung und in vielen Verbänden. Die kontinuierliche Auszehrung auf breiter Front ist in beiden Kirchen mit Händen zu greifen.

In der katholischen Kirche wird die Situation noch durch ein Strukturproblem verschärft, das seit Jahrzehnten schwelt und mit ihrer spezifischen rechtlichen Verfasstheit zu tun hat: Es geht um das

Verhältnis zwischen dem kirchlichen Amt und den Laien. Viele unter den ohnehin weniger werdenden aktiven Laienchristen stoßen sich mit Recht daran, dass es auf den verschiedenen kirchlichen Ebenen – abgesehen von den Pfarrgemeinden – keine geeigneten Strukturen der Mitsprache und Mitentscheidung gibt. Sie engagieren sich in ihrer Kirche sozusagen nur noch mit zusammengebissenen Zähnen oder ziehen sich resigniert und verärgert auf ein katholisch gefärbtes Privatchristentum zurück.

In beiden Kirchen gibt man sich seit Jahren von offizieller Seite Mühe, die Entwicklung nicht einfach laufen zu lassen, und versucht dementsprechend, Gegenakzente zu setzen. Die evangelische Kirche hat sich, beginnend mit dem Impulspapier „Kirche der Freiheit" von 2006, einen umfassenden Reformprozess verordnet. Er zielt auf eine stärkere Profilierung in den kirchlichen Grundvollzügen (Gottesdienst, Predigt, Diakonie, Bildung) wie auf strukturelle Veränderungen (Gemeindeformen, Zahl der Landeskirchen, Rolle der EKD). So wurden auf EKD-Ebene Zentren für Gottesdiensterneuerung und Predigtkultur ins Leben gerufen; drei bisherige Landeskirchen (Nordelbien, Mecklenburg, Pommern) haben sich zur „Nordkirche" zusammengeschlossen.

Die katholische Kirche in Deutschland hat sich das Anliegen einer „missionarischen Pastoral" offiziell auf die Fahnen geschrieben (es wurde eine entsprechende Arbeitsstelle in Erfurt geschaffen) und außerdem auf der Ebene einzelner Bistümer wie der Bischofskonferenz „Dialogprozesse" in die Wege geleitet, die den verbreiteten Unmut unter den Engagierten in den Gemeinden und Verbänden auffangen und gemeinsam Lösungswege erkunden sollen.

Es hat sich im Verlauf der diversen Reformprozesse inzwischen gezeigt, dass es zwar durchaus sinnvoll ist, an wichtigen Stellschrauben des kirchlichen Lebens und Zeugnisses mit dem Ziel einer recht verstandenen, sachgemäßen Qualitätsverbesserung zu drehen beziehungsweise möglichst viele Teile der aktiven Kernschichten in die entsprechenden Überlegungen einzubeziehen. Aber eine Verlebendigung von Kirche lässt sich zum einen nicht einfach verordnen, von welcher Instanz oder Gruppe auch immer. Zum anderen kann man nur in sehr begrenztem Maß gegen Großtrends ansteuern, die gesamtgesellschaftlich im Umgang mit dem Thema Religion leitend sind und deren Wurzeln oft schon weiter zurückreichen.

Kein ausgeprägtes religiöses Interesse in der Breite der Bevölkerung

In Deutschland, so die wichtigste Beobachtung in diesem Zusammenhang, leben wir gegenwärtig nicht in einer Zeit allgemeiner religiöser Suche, schon gar nicht in einer Zeit verbreiteter religiöser Erregung. Auch wenn sich bei einschlägigen Umfragen ein erheblicher Prozentsatz unserer Zeitgenossen als „religiös" einstuft (jedenfalls in den „alten" Bundesländern), stößt man in der Breite der Bevölkerung nicht auf ein ausgeprägtes religiöses Interesse. Das gilt im übrigen auch für viele Menschen, die nominell einer der beiden großen christlichen Kirchen angehören. Umgekehrt gibt es natürlich auch manch einen, der sich selber als religiös einstuft, aber seiner Kirche aus welchen Gründen auch immer Adieu gesagt hat.

Ein Wechsel der Religionszugehörigkeit kommt zwar hierzulande bei Einzelnen durchaus vor, er ist aber ganz und gar nicht typisch für die religiöse Gesamtsituation. Menschen, die einer der großen Kirchen den Rücken kehren, schließen sich nur in Ausnahmefällen einer anderen Religionsgemeinschaft verbindlich an, sondern bleiben in der Regel ohne feste religiöse Bindung. Ein Wechsel zwischen verschiedenen christlichen Denominationen, wie er etwa in den Vereinigten Staaten bei vielen Menschen im Lauf ihres Lebens gang und gäbe ist, wird in Deutschland eher selten praktiziert.

Dafür wächst vor allem in größeren westdeutschen Städten der Anteil der Konfessionslosen, der in den neuen Bundesländern aufgrund der Religions- und Kirchenfeindlichkeit der früheren DDR ohnehin sehr hoch ist. Hier haben im übrigen die Kirchen seit der „Wende" trotz der neuen Freiheit in Politik und Kultur praktisch kaum Boden gut machen können.

Man ist in Deutschland aufs Ganze gesehen aber nicht religionsfeindlich. Es gibt zwar kleinere Gruppen und Organisationen, die einen kämpferischen Laizismus vertreten und sich vor allem auch gegen einen zu großen Einfluss und vermeintliche Privilegien der großen Kirchen wenden. Aber sie spielen gesamtgesellschaftlich gesehen und auch politisch keine große Rolle, anders als etwa in Frankreich und Belgien mit ihrer einflussreichen Laizistenverbänden, was aus der Geschichte dieser sehr katholisch geprägten Länder und ihrer daraus resultierenden weltanschaulichen Konfliktlage zu erklären ist.

In der allgemeinen Stimmungslage hierzulande mischen sich vage Religionsfreundlichkeit und Religionsskepsis. Demonstrative religiöse Bekenntnisse werden toleriert, aber gleichzeitig mit einer gehörigen Portion Misstrauen betrachtet; missionarischer Eifer in Religionsdingen ist dem Durchschnittsbürger eher suspekt. „Man" hat nichts gegen die Religion, aber sie soll sich in ihren Ausdrucksformen im „normalen" Rahmen halten. Ihre herausgehobenen Repräsentanten werden grundsätzlich kritisch beäugt, was Anerkennung für ihre Person und ihr Auftreten im Einzelfall keinesfalls ausschließt.

Aufschlussreich ist auch ein Blick auf typische Religionsdiskurse, wie sie sich in der deutschen Öffentlichkeit abspielen: Es sind nämlich meistens entweder Kirchen- oder aber Islamdiskurse. Beispiele für die erste Variante liegen aus den letzten Jahren beziehungsweise aktuell auf der Hand. Man denke an die Diskussionen vor allem über die Glaubwürdigkeit der katholischen Kirche im Zusammenhang mit der zunächst nur unter Druck geschehenen Aufdeckung von zahlreichen Fällen sexuellen Missbrauchs von Jugendlichen durch Priester und Ordensleute oder auch an die Debatten über die Finanzausstattung der Kirchen und ihren Umgang mit den finanziellen Mitteln.

Im Blick auf den Islam als für unsere Breiten neue Religion entzünden sich Kontroversen häufig am Bau von Moscheen; in Teilen der Bevölkerung gibt es eine Art Urangst gegenüber dem Islam, den man in seiner – aufs Ganze gesehen mehr unterstellten denn realen – Dynamik als Bedrohung für die deutsche beziehungsweise abendländische Kultur und das gesellschaftliche Zusammenleben sieht oder ihn gar als künftige Mehrheitsreligion fürchtet. In einer reflektierteren Form wird die einschlägige Debatte in den Feuilletons ausgetragen, wo man sich über die Kompatibilität von Islam und westlicher Aufklärung oder von Islam und demokratischem Rechtsstaat streitet. Konkret geht es um die Gestaltung von islamischem Religionsunterricht als Fach an öffentlichen Schulen oder um die Bekenntnisbindung und Wissenschaftsfreiheit im Zusammenhang mit den im Aufbau befindlichen oder inzwischen etablierten Universitätsinstituten für islamische Theologie.

Es ist kein Zufall, dass derzeit viel Mühe darauf verwandt wird, Regelungen für die islamische Gemeinschaft zu finden, die sie in das in Deutschland hergebrachte Verhältnis von Staat und Religionsgemeinschaften einpassen. Das deutsche Staatskirchenrecht ist eine Wissenschaft für sich: In keinem europäischen Land gibt es ein so differenziertes Netz von Verträgen zwischen dem Staat und den Religionsgemeinschaften wie in der Bundesrepublik. Auch viele aktuelle Diskussionen im Blick auf die christlichen Kirchen in Deutschland drehen sich um Materien des Staatskirchenrechts, sei es die Kirchensteuer, die Staatsleistungen an die Kirchen, der Religionsunterricht oder die theologischen Fakultäten an staatlichen Universitäten.

Demgegenüber finden inhaltliche Fragen des christlichen Glaubens weit weniger allgemeines Interesse. Es gibt zur Zeit auch kaum evangelische wie katholische Theologen, die mit ihren Wortmeldungen und Veröffentlichungen über das eigene Fach hinaus beachtet werden. Die ungewöhnlich große Resonanz, die die zwischen 2006 und 2012 veröffentlichten drei Jesusbücher des Anfang 2013 zurückgetretenen Papstes Benedikt XVI. in der Öffentlichkeit hervorriefen, hatte vermutlich mehr mit der Person des Verfassers (des deutschen „Theologenpapstes") zu tun als mit ihrem für das Christentum zentralen theologisch-religiösen Thema.

Das Christentum wird über den kleiner werdenden Kreis der kirchlich Gebundenen hinaus vor allem in kultureller und ethischer Hinsicht geschätzt oder wenigstens akzeptiert. Das zeigt die große Anziehungskraft romanischer, gotischer oder barocker Kirchengebäude genauso wie die von Werken aus der Tradition geistlicher Musik evangelischer wie katholischer Provenienz: Bachs Passionen oder sein Weihnachtsoratorium füllen nach wie vor Kirchen und Konzertsäle. Auch das christlich geprägte Ethos von Nächstenliebe und Solidarität möchte man in der säkularen Gesellschaft als Ressource und als Maßstab nicht missen, selbst wenn man sich daran im eigenen Handeln nicht unbedingt orientiert.

Nicht umsonst ist, wie einschlägige Umfragen belegen, das Ansehen der kirchlichen Wohlfahrtsverbände und ihrer Arbeit in der Bevölkerung durchweg höher als das der Institution Kirche. Auch bei Nicht- oder Randchristen gibt es im Übrigen eine gewisse „Verlustempfindlichkeit" im Blick auf das Christentum als für Europa maßgebliches religiöses Erbe. Man denkt gelegentlich darüber nach, was der Gesellschaft ohne die christliche Tradition fehlen würde – ohne allerdings selber viel für ihr Weiterleben zu tun.

Die Aussichten sind unsicher

Journalisten sind bekanntlich keine Propheten und sollten sich auch nicht als solche aufspielen. Dennoch ist es möglich und angebracht, auf dem Hintergrund der religiös-kirchlichen Geschichte der Bundesrepublik in den letzten Jahrzehnten und im Blick auf die aktuelle Situation einige wahrscheinliche Zukunftstrends für diesen Bereich zu skizzieren. Dabei wird eine „normale" politische, wirtschaftliche und kulturelle Entwicklung ohne dramatische Umbrüche oder gar Katastrophen vorausgesetzt.

Auf absehbare Zeit werden evangelische und katholische Kirche die mitgliederstärksten Religionsgemeinschaften in Deutschland und ebenso die wichtigsten institutionellen Träger von tradierter und gelebter Religion bleiben, auch wenn sie in den kommenden Jahren weiter Mitglieder durch Austritte verlieren werden wie auch dadurch, dass Jahr für Jahr mehr Kirchenmitglieder sterben als durch Taufen dazugewonnen werden. Wie viele es jeweils sein werden, ist schwer vorauszusagen; es hängt immer auch von aktuellen Ereignissen in den Kirchen ab, wie sich zuletzt bei der Missbrauchskrise und im „Fall Limburg" auf katholischer Seite gezeigt hat. Aber sehr wahrscheinlich ist: Wer überhaupt Kontakt mit dem kirchlichen Leben sucht, wird es in Zukunft im Normalfall punktuell und anlassbezogen tun. Demgegenüber wird die Zahl derer überschaubar bleiben, die sich in neuer Entschiedenheit an eine christliche Kirche oder Gemeinschaft binden, als Religionslose oder Kirchendistanzierte eine Bekehrung zum Glauben erleben. Gleichzeitig spricht kaum etwas dafür, dass es in der Breite zu so etwas wie einer neuen Erweckungsbewegung kommt, zu einer massenhaften Plausibilisierung christlicher Frömmigkeit und Weltsicht – oder gar kirchlicher Gemeinschaft.

Es ist ebenso wenig wahrscheinlich, dass sich die Gewichte zwischen evangelischer und katholischer Kirche in Deutschland so verschieben, dass die eine Kirche gegenüber der anderen dominierend wird. Die beiden konfessionellen Kulturen sind zwar längst nicht mehr so stark voneinander abgeschottet, wie sie es vor allem seit Mitte des 19. Jahrhunderts und in anderer Form auch schon früher waren. Aber das katholische wie das reformatorische Erbe gehören so konstitutiv zum gesellschaftlichen und kulturellen Profil Deutschlands, dass unter heutigen Bedingungen und auch in absehbarer Zukunft kein konfessioneller Superioritätsanspruch vorstellbar ist. Wünschenswert wäre gerade deswegen für die zukünftige religiös-kirchliche Entwicklung in Deutschland ein umfassenderer Austausch über Formen kultureller Diakonie und der Gestaltung des kirchlichen Lebens zwischen Katholiken und Protestanten, die ihre Reformprozesse derzeit noch weitgehend mit dem Rücken zueinander durchführen.

Der Islam wird seinen Platz als zweitstärkste Religionsgemeinschaft hierzulande in den kommenden Jahren festigen und seine gesellschaftliche Präsenz wird selbstverständlicher werden. Das schließt einzelne Konflikte und Anpassungsschwierigkeiten nicht aus, sondern gerade ein. Welche inneren Entwicklungen sich innerhalb der islamischen Gemeinschaft vollziehen und welche Strömungen dabei die Oberhand gewinnen werden, ist – jedenfalls von außen – schwer vorauszusagen. Aber es dürfte in absehbarer Zeit an den öffentlichen Schulen neben dem evangelischen beziehungsweise katholischen vielerorts auch islamischen Religionsunterricht geben, wahrscheinlich auch islamische Wohlfahrtsverbände als Träger sozialer Einrichtungen analog zu Caritas und Diakonie.

Deutschland wird insgesamt in wahrscheinlich nicht allzulanger Zeit ein weniger christliches Land sein als heute, zumindest in bestimmter Hinsicht: Der Anteil der Kirchenmitglieder an der Bevölkerung wird deutlich geringer sein; bei vielen Menschen, die der Kirche als Mitglieder erhalten bleiben, wird die selbstverständliche oder auch nur ungefähre Vertrautheit mit christlichen Traditionen weiter abnehmen. Die Kirchen werden weniger Einfluss in Politik und Gesellschaft haben und durchweg mit unsicheren Erfolgsaussichten für ihre Anliegen werben müssen. Sie werden nicht alle für sie vorteilhaften staatskirchenrechtlichen Regelungen verteidigen können; das Verhältnis von Kirche und Staat wird teilweise neu verhandelt werden – wie übrigens auch in anderen europäischen Ländern.

Aber gleichzeitig wird Deutschland ein christliches Land insofern bleiben, als das kulturell-religiöse Erbe des Christentums nicht einfach verschwinden, sondern zumindest als bei Bedarf abrufbar präsent bleiben wird. Es spricht auch wenig dafür, dass Deutschland zum Tummelplatz der verschiedensten Religionen wird und sich Religion – wo überhaupt vorhanden – in extremem Maß individualisiert. Religion wird vielmehr mehrheitlich christlich konnotiert bleiben, wobei das Christentum ja ein ansehnliches Spektrum an Lebens-, Frömmigkeits- und Denkformen bietet. Es ist im übrigen generell nicht ausgemacht, ob explizit christlich geprägte Gesellschaften mit den zukünftigen Herausforderungen besser zurechtkommen als solche mit einem schwachen Level an christlich fundierter Religiosität. Unverzichtbar sind auch für Deutschland in jedem Fall eine funktionierende Öffentlichkeit und ein stabiles demokratisch-rechtsstaatliches System. Das sollten Christen und Kirchen nicht aus dem Auge verlieren.

„Wo führt das alles hin?"
Perspektiven einer Religionsprognostik

Hans-Joachim Höhn

Das Christentum – genauer: sein pastorales und theologisches Personal – hat ein merkwürdiges Verhältnis zur Zukunft. Je weiter sie entfernt ist, umso präziser und bereitwilliger äußert es sich in Predigten und Traktaten darüber, was am Ende, nach dem Tod auf den Menschen zukommt. Je näher die Zukunft an die Gegenwart heranrückt und je mehr es um ein Leben vor dem Tod geht, umso zurückhaltender werden hingegen theologische Vorhersagen. Diese bemerkenswerte Diskrepanz begegnet auch im Verhältnis des Christentums zur Zukunft seiner Sozialgestalt. Mit dem Blick auf die Kirche beruft man sich gerne auf das Bibelwort, dass die „Pforten der Hölle sie nicht überwältigen werden" (Mt 16,18). Hingegen misstraut man allen Hochrechnungen von Kirchenaustritten und demographischen Veränderungen, die hierzulande auf einen dramatischen Rückgang ihres Bestandes an Mitgliedern und ihrer Bedeutung schließen lassen. Zum einen wird auf ein unabsehbar gutes Ende spekuliert, das in ferner Zukunft liegen mag. Zum anderen wird ein absehbar böses Ende für unmöglich gehalten, das in naher Zukunft eintreten kann.

Ganz anders verhält es sich mit Religionsprognosen aus der Feder von soziologischen Kultur- und Zeitanalytikern. Sie reklamieren für sich die Kompetenz, den Lauf der Welt zu erfassen; manche Vertreter dieser Zukunft trauen sich auch zu, Richtung und Ziel dieser Entwicklung ausmachen zu können (vgl. Horx 2013; 2011). Für geraume Zeit haben Diagnose und Prognose des Weltenlaufs im Theorem der Säkularisierung ihren prägnanten Ausdruck gefunden (vgl. Wallis/Bruce 1992): Je mehr es in der Moderne zur Übernahme vormals religiöser Zuständigkeiten für Weltentstehungstheorien, Herrschaftsbeglaubigungen, Normenbegründungen und Sinnstiftungen durch säkulare

Instanzen und Akteure kommt, umso wahrscheinlicher wird eine religionslose Zukunft. Mit der Moderne ist daher die Zeit gekommen, die der Religion ein Ende machen wird. Der Anfang dieses Endes hat mit der Aufklärung begonnen und in naher Zukunft wird die Geschichte der Religion modernisierungsbedingt vorbei sein!

Problemskizze: Prognose und/oder Prophetie

Die Moderne lässt sehr viel Zeit mit der Erfüllung der in sie gesetzten Erwartungen. Sie ist keineswegs zu einer postreligiösen Epoche geworden. Zahlreiche Indizien sprechen dafür, dass diese Erwartung sogar auf falschen Annahmen beruhte. Moderne Gesellschaften haben nicht generell „die" Religion hinter sich, sondern schauen auf zahlreiche Säkularisierungsprozesse zurück. Was sie vor sich haben und was religiöse Traditionen erwartet, die etliche Säkularisierungswellen überstanden haben, ist nur schwer absehbar (vgl. Höhn 2007). Einstweilen behelfen sich Sozial- und Religionsprognostiker damit, das Kommende mit der Vorsilbe „post" anzukündigen: Wir bewegen uns in ein postmetaphysisches, postmodernes, postsäkulares Zeitalter.

Der Weg in die Zukunft besteht aus einer Absetzbewegung vom Überkommenen und Bestehenden. Vielleicht kann auch gar nicht mehr gesagt werden. „Futurologen" sind keine Hellseher und verfügen nicht über Einblicke in das Drehbuch für künftige Ereignisse (vgl. Friedman 2009; Grandits 2012). Sie gleichen den Passagieren eines Hochgeschwindigkeitszuges, die in ihrem Abteil rückwärts zur Fahrtrichtung sitzen. Was aus der Zukunft auf sie zukommt, haben sie nicht vor sich. Es spielt sich in ihrem Rücken ab. Für einen kurzen Moment taucht es vor ihrem Abteilfenster auf und ist mit ihnen gleichzeitig. Aber die Reisenden erfassen es nur derart, dass sie bereits das Nachsehen haben. Der Blick aus dem Fenster zeigt es als etwas, von dem sie sich schon entfernen.

Allerdings lässt sich gegen diese Einschränkung einwenden, dass – um im Bild zu bleiben – doch immerhin der Zug auf Gleisen fährt, die über eine im Voraus berechnete und in die Zukunft weisende Strecke führen. Zwar versprechen diese Gleise eine Geradeausfahrt, aber sie können nicht verhindern, dass noch unbekannte Umstände zu Notbremsungen und Fahrtunterbrechungen führen. Außerdem ist mit defekten Weichen, unbesetzten Stellwerken und überforderten Fahrdienstleitern zu rechnen. Plötzlich findet man sich nicht mehr auf der Hauptstrecke, sondern auf einem Nebengleis wieder und muss angesichts des dort geltenden Tempolimits die Aussicht aufgeben, in absehbarer Zeit ans Ziel zu kommen.

Wer inspiriert von dieser Metaphorik einen erneuten Versuch unternehmen will, mögliche Zukunftsszenarien von Religion, Christentum und Kirche zu entwerfen, wird nicht den Fehler machen dürfen, aus der Existenz von Gleisen Aussagen über die rasche Erreichbarkeit von Zielen abzuleiten. Sie erlauben die Angabe einer Richtung, aber garantieren nicht die Einhaltung eines Fahrplans. Anders formuliert: Begibt man sich auf das Gleis des klassischen Säkularisierungstheorems, kann man sich nicht sicher sein, damit eine religions- oder geschichtstheoretische „Fernverbindung" herstellen zu können (vgl. Willems 2013). Es mag sein, dass ein Zielbahnhof gar nicht existiert. Damit ist die Frage aufgeworfen, ob es überhaupt ein verlässliches methodisches Instrumentarium und begriffliches Konzept gibt, das eine „Religionsprognostik" absichern könnte. Lässt sich in der Daseinsverfassung des Menschen eine religiöse „Anlage" entdecken, die dazu führt, dass es Religion geben wird, solange es den Menschen gibt? Oder sind es säkularisierungsresistente „letzte" Fragen, die sich immer wieder stellen, auch wenn zeitbedingte „vorletzte" Antworten immer wieder in die Erosion geraten?

Diese Fragen machen bereits deutlich, dass hinter jedem Auskunftsinteresse stets noch andere Absichten stehen – erst recht bei religiösen Angelegenheiten. Bisweilen verbirgt sich dahinter Wunschdenken, das entweder auf religionsbefürwortende oder religionskritische Einstellungen zurückgeht. Philosophische Antwortversuche sind gut beraten, zu beiden Haltungen auf Distanz zu gehen. Von der Theologie können sie lernen, dass religiöse Zukunftsperspektiven weniger mit Prognostik als mit Prophetie zu tun haben. Vielleicht gilt das auch für Reflexionen über die Zukunft des Religiösen. „Prophetisch" ist nicht das Vorhersagen des Kommenden, sondern das Hervorsagen des (in der Gegenwart) Verdrängten, Verschwiegenen, Vertuschten (vgl. Koch 1978, 11–16).

Dazu zählen auch verdrängte Aufgaben und die Illusionen erfolgreicher Problemverdrängung. Zum Prophetischen gehört ferner der Impuls, dasjenige, das auf den Menschen zukommt, nicht nur zu beschreiben, sondern auch die Reaktion des Menschen darauf zu beeinflussen. Wird ein Krisen- oder Untergangsszenario der Zukunft entworfen, so zielt diese Ansage zugleich darauf, ihre Adressaten so zu motivieren, dass sie alles daran setzen, die drohende Katastrophe zu verhindern. Was ein Prophet eigentlich will, ist die Nichtbestätigung seiner Ansage. Bleibt seine Warnung ungehört, hat er am Ende zwar Recht behalten, aber seine Warnung war vergeblich. Prophetien, die bei ihren Adressaten keine Wirkung haben und gerade darum in Erfüllung gehen, sind im biblischen Sinn das größere Problem. Wird dagegen ein Prophet durch Ereignisse in der Zukunft widerlegt, hat er seinen Auftrag erfüllt. Für das philosophische Anmahnen der Befassung mit unerledigten Aufgaben im Verhältnis von Glaube und Vernunft gilt dies nicht weniger.

Von Natur aus religiös? Von fragwürdigen Prämissen und falschen Erwartungen

Religiöse Zukunftsoptimisten rechtfertigen ihren Optimismus nicht selten mit einer anthropologischen These: Der Mensch ist seinem Wesen nach religiös! Religiosität ist eine natürliche Konstante des Menschseins und somit ebenso zukunftsfähig wie die menschliche „Natur" (vgl. Stolz 1997). Diese These ist hinsichtlich ihrer Prämissen ebenso prekär wie hinsichtlich ihrer Vorhersagekraft problematisch. Sie setzt bei nicht-religiösen Menschen voraus, dass sie nicht der menschlichen „Natur" entsprechend leben. Und sie unterstellt, dass das „Natürliche" eine bleibende zentrale Antriebs- und Legitimationsgröße für die soziale und kulturelle Evolution des Menschen darstellt. Zu ihrer Beachtung ist der Mensch daher doppelt genötigt – zum einen, wenn er seine Wesensanlagen und Begabungen voll ausschöpfen will, und zum anderen, wenn es um die Rechtfertigung von Lebensformen und -stilen geht. Auch hier gilt der Anspruch: secundum naturam vivere!

Dass der Mensch nicht „areligiös" sein kann, ist eine anthropologisch und empirisch längst widerlegte These (vgl. Tiefensee 2008; Feldtkeller 2010; Barth 2013, 65–79). Entsprechend verfehlt sind darauf aufbauende Erwartungen religiöser Zukunftsfähigkeit. Wer heute dennoch der Behauptung anthropologischer Konstanten jenseits eines überholten metaphysischen Redens von einem „Wesen" oder einer „Natur" des Menschen noch etwas Belangvolles abgewinnen will, muss diesseits der Metaphysik ansetzen und darf den empirischen Befund nicht ignorieren. Dabei legt es sich nahe, nicht mit einer Bestimmung des „Humanum", sondern mit einer kriteriologisch präzisen Fassung des Religionsbegriffs zu beginnen.

Was ein Phänomen als „religiös" qualifizierbar macht, muss derart bestimmt werden, dass dabei deutlich wird: Religion hat mit einem Spezifikum menschlicher Existenz zu tun, das der Selbstvergewisserung eines jeden Menschen zugänglich ist. Die phänomenologisch ausgrenzbare Größe ‚Religion' muss derart im Horizont menschlicher Weltorientierung und Lebensführung thematisiert werden können, dass sie von anderen Formen der Daseinsorientierung und -gestaltung hinreichend deutlich unterschieden werden kann, ohne dass von vornherein nicht-religiöse Lebenseinstellungen als anthropologisch defizitär gekennzeichnet werden. Daher darf der Religionsbegriff nicht so ins Unbestimmte ausgedehnt werden, dass auch eine bewusst gewählte nicht-religiöse Lebensorientierung gleichwohl als „religiös" vereinnahmt wird. Wie jedes andere kulturelle Medium der Orientierung und Gestaltung des Daseins darf Religion zudem nicht mit dem Charakter des Zwingenden ausgestattet sein. Zur „Religionsfreiheit" gehört auch die Freiheit, das Leben religionslos führen zu können. Religion muss sich durch die spezifische Bezugnahme auf eine Grundfrage des Menschseins beziehen, aber die Bezugnahme muss hinsichtlich ihrer Modalität nicht durch „Notwendigkeit", sondern durch „Möglichkeit" bestimmt sein: Man muss religiös sein können, aber nicht religiös sein müssen.

Diese Bedingungen lassen sich sämtlich erfüllen, wenn man „Religion" als Ausdruck eines menschlichen Daseinsverhältnisses „zweiter Ordnung" definiert, d. h. sie zählt nicht zu den elementaren Einstellungen zu den elementaren Begrenzungen eines endlichen Daseins, sondern manifestiert ein spezifisches Verhältnis zu diesen Einstellungen zur Endlichkeit des Daseins (vgl. Höhn 2010). Religion bezieht sich auch nicht auf „etwas" oder „alles" im Leben (wie dies für Einstellungen „erster Ordnung" typisch ist), sondern auf das Leben in seiner Ganzheit. Bedeutung, Funktion und Objektbereich religiöser Praktiken sind somit auf der Ebene der reflexiven Bezugnahme auf das Integral der menschlichen Lebensverhältnisse zu orten. Anders formuliert: Religion zeigt sich als eine besondere Umgangsform mit den Formen, mit der Endlichkeit des Daseins umzugehen.

Im Unterschied zu den vernunftbasierten Lebenseinstellungen, deren Maß das *Integral* der weltimmanenten Lebensbedingungen und ihrer Limitationen bildet, lässt sich als „religiös" näherhin eine solche Einstellung zu den menschlichen Lebensverhältnissen bezeichnen, welche diese Lebensverhältnisse auf das bezieht, was den Menschen unausweichlich betrifft, und die sich zugleich über dieses Unausweichliche „hinwegsetzt" bzw. dieses Unausweichliche „transzendiert". Zu diesem Unausweichlichen gehört zunächst die Endlichkeit des Daseins selbst, die zugleich die existentiale Grundsituation des Menschen definiert. Sie ist für jeden menschlichen Vollzug unabstreifbar. Jedes Ereignis, jedes Wollen und Tun kann nur unter Endlichkeitsbedingungen realisiert werden. Unabstreifbar sind ebenfalls die limitativen Merkmale dieser Grundsituation, d. h. die psycho-physische Endlichkeit und Bedingtheit des Subjekts, die Erschöpfbarkeit der Lebensressourcen, die Konkurrenz um deren Nutzung sowie die Befristung der (Lebens-)Zeit bzw. die Ungewissheit ihres Endes.

Dieses Unausweichliche zu transzendieren muss jedoch nicht heißen, diese Grundsituation auf eine „jenseits" von ihr zu ortende Wirklichkeit zu überschreiten. „Transzendieren" kann für ein Subjekt auch bedeuten, sich zu dem Unausweichlichen seiner Existenz in ein Verhältnis zu setzen, das es ermöglicht, im Modus der Bestreitung mit seinen Limitationen zu leben und sich widerständig gegen sie zu behaupten. Sie werden anerkannt als etwas, das unausweichlich über alles im Leben verhängt ist, das nicht zu umgehen und dem nicht zu entrinnen ist. Und zugleich wird bestritten, dass sie in ihrer Unabwendbarkeit für alles, was im Leben geschieht, auch darüber bestimmen, was es letztlich *mit* dem Leben auf sich hat.

Soll dieses Überschreiten etwas genuin Religiöses darstellen, muss gezeigt werden können, dass das, was als Gegenstand und Thema religiösen Transzendierens behauptet wird, einer Aufhebung in die Umgangsformen „erster Ordnung" mit Daseinslimitationen und einer Gleichsetzung mit anderen Einstellungen „zweiter Ordnung" widerstreitet. Weder darf eine religiöse Einstellung von technischen oder ökonomischen Umgangsformen ersetzt noch von ethischen oder ästhetischen überboten werden können. Dies ist vermeidbar, wenn der religiöse Mensch ein Verhältnis *zum* Leben in seiner Ganzheit sucht und wenn die Thematisierung dieser Ganzheit in einem Format geschieht, das die auch in der Moderne unabgegoltenen „ersten" und „letzten" Fragen nach den Möglichkeiten einer Welt- und Daseinsakzeptanz angesichts des Inakzeptablen artikuliert: Ist ein Dasein letztlich zustimmungsfähig, das angesichts der Befristung menschlicher Lebenszeit, der Erschöpfbarkeit der Lebensressourcen, der Konkurrenz um ihre Nutzung und der Ungewissheit künftiger Lebenslagen keinen letzten Grund zum Ja-Sagen erkennen lässt? Ist ein Leben letztlich akzeptabel, wenn alle (daseinsimmanenten) Versuche zur Herstellung dieser Akzeptanz am Ende nur deren Fraglichkeit hervortreiben? Denn wie ist eine Welt zu bejahen, in der man sich nur insoweit die Chance sichert, etwas vom Leben zu haben, dass man sich als Konkurrent gegenüber anderen durchsetzt und sich am Ende doch nur den Tod holen wird? Wie kann jemand zu sich selbst stehen, wenn es in einer endlichen und vergänglichen Welt nichts Beständiges gibt, auf das letztlich Verlass ist und einen Menschen Stand im Unbeständigen gewinnen lässt? Kann man sich selbst annehmen in einem Kontext, der seinerseits unannehmbar ist?

Diese Fragen beziehen sich nicht auf etwas in der Welt, sondern auf das In-der-Welt-Sein des Fragenden und auf die Verhältnisse, in denen er bisher sein Leben geführt hat. Die Beschäftigung mit diesen Fragen markiert aber noch nicht hinreichend deutlich das gesuchte Alleinstellungsmerkmal religiöser Vollzüge. Zusätzlich müssen Genese und Geltungsanspruch ihrer Thematisierung von Daseinsakzeptanz bedacht werden. Auf diese Momente stößt man, wenn man jene Umstände und Ereignisse *im* Leben betrachtet, die in einer säkularen Welt „befremden", weil sie sich die autonome Vernunft mit ihren eigenen Mitteln nicht verstehbar und handhabbar machen kann.

Dazu gehört jenes, was sich gegen das Kalkül der Zweck/Mittel-Rationalität als unverzweckbar oder als untauglich für jede Form der Instrumentalisierung behauptet (weil es etwas Böses ist und sein Auftreten nur negative Konsequenzen hat), was indifferent gegenüber einer Optimierungs- und Maximierungsstrategie bleibt (weil es etwas Gutes ist, das weder verbessert noch jemals wieder schlecht gemacht werden kann), was sich nicht mit der Logik des aufgeklärten Selbstinteresses oder des gegenseitigen Vorteils vereinbaren lässt (weil es etwas schicksalhaft Unvermeidliches, Tragisches, Ungewolltes ist, das man sich selbst als Auslöser solchen Geschehens nicht verzeihen kann und wofür man von anderen keine Vergebung zu erlangen vermag), was zeitlich nicht datierbar ist (weil es ein „Verhängnis" ist, das niemals anfing und nie aufhört, d. h. so alt ist wie die Welt). Das solchermaßen Befremdliche zeigt sich nicht zuletzt dort, wo die Moral am Ende ist und die Grenzen der Moral sichtbar werden: Wie steht es um Schuld, die nicht getilgt werden kann? Darf man sich mit Unrecht abfinden, für das es keine Abfindung, keine Schadensregulierung, keine Wiedergutmachung gibt?

Wo die Vernunft mit dem solchermaßen Unbegreiflichen, Unverfügbaren und Unheimlichen zu tun bekommt, wofür sie selbst keine zureichenden vernunftgemäßen Umgangsformen entwickeln kann, wird sie nicht nur verstehen wollen, was das Unverständliche, weil rational Unübersetzbare am derart „Befremdlichen" ausmacht. Vielmehr muss sie auch an der Frage interessiert sein, ob es „diesseits" und „jenseits" der Vernunft sinnvolle und zumutbare Einstellungen zum Befremdlichen zu entdecken gibt. Zur Sache der Religion gehört genau dies: sinnvolle Bezugnahmen auf das in Vernunftverhältnisse Unübersetzbare auszubilden.

Unübersetzbar in Vernunftverhältnisse ist nicht nur, was jeweils für sich das Unannehmbare am Inakzeptablen (d. h. das Bösartige des Bösen, das Leidvolle am Leiden) und die Annehmbarkeit des Akzeptablen (d. h. das Beglückende des Glücks) ausmacht, sondern auch das angesichts des Widerstreits zwischen Unannehmbarem und Akzeptablem, zwischen dem Bösartigen und Beglückenden gesuchte Verhältnis zum Dasein, in dem trotz des kategorisch Inakzeptablen eine Zustimmung zum Dasein erfolgt. In der Thematisierung dieses Widerstreites geht es dem religiösen Denken um die Gelingensbedingungen, Mittel und Wege einer kontrafaktischen Selbst- und Weltakzeptanz. Der religiöse Grundvollzug artikuliert demnach den fragenden und hoffenden Ausgriff nach Gründen, das Leben allen Limitationen und allem Befremdlichen zum Trotz für letztlich zustimmungsfähig zu halten.

Als säkularisierungsresistent erscheint in dieser Perspektive somit allein das Bezugsproblem der Daseinsakzeptanz angesichts des Inakzeptablen, nicht aber die historisch kontingenten und kulturell variablen Formen seiner Bearbeitung. Zu diesem Problem eine Einstellung zu finden, ist allerdings nicht zwingend und auch nicht unabdingbar für das Menschsein. Eine solche Einstellung muss es nicht geben müs-

sen. Sie ist aber auch nicht beliebig, sondern notwendig möglich, d. h.
es muss sie geben können, wenn sich der Mensch einem Daseinsproblem stellt, das seinerseits nicht beliebig, sondern unabweisbar ist: die Frage der Daseinsakzeptanz angesichts des kategorisch Inakzeptablen. Von Entmythologisierungs- und Säkularisierungsprozessen sind die materialen Formatierungen von Religiosität betroffen, nicht aber das sie konstituierende Problem der Daseinsakzeptanz. Dass in der Moderne die strukturellen Bedingungen für das Entstehen von Fragen, die traditionell religiös beantwortet wurden, unvermindert erhalten bleiben, schließt somit weder das Verschwinden bestimmter materialer religiöser Formatierungen eines existenziellen Verhältnisses zu diesen Fragen aus, noch verhindert es die Wiederkehr anachronistischer religiöser Antworten.

Schlechte Aussichten? Über prekäre Alternativen und verdrängte Aufgaben

Nur Sterbliche haben eine Religion. Warum soll also eine Religion nicht ebenso sterblich sein wie ihre Anhänger? Warum sollte es ihr anders ergehen? Gegenüber Menschen, die bereits vom Tod gezeichnet sind, sehen sich ihre Angehörigen oft vor eine schmerzhafte Alternative gestellt: Entweder verschweigt man den Todgeweihten die Wahrheit über ihren Zustand und man macht ihnen Hoffnung auf neue Therapiemöglichkeiten, auf ein Wunder, auf Rettung in letzter Minute. Oder man stellt sich dem Unausweichlichen und macht ihnen klar, dass es keine Heilungschancen mehr gibt und das Ende naht.

Allerdings gibt es noch eine Alternative zu diesen Varianten. Zwischen illusionärer Bestärkung des Lebenswillens einerseits und resignativer Todeserwartung andererseits schiebt sich die oft von Christen gebrachte Trostformel, dass der Tod zwar ein Ende markiert, aber dass mit diesem Ende nicht alles aus sei. Es ist dies die Hoffnung der Sterblichen, die nicht damit rechnen, dass auch ihre Hoffnung sterblich sein könnte. Das Christentum hat in dem Maße, wie es den Tod ernst nimmt, immer auch bestritten, dass er allem Leben ein Ende setzen könnte. Wo es mit seiner Kunst der Bestreitung eines definitiven Endes Resonanz fand, ist es zur Konfession der Sterblichen geworden, denen die Hoffnung auf ein Leben nach dem Ende nicht zu nehmen war (vgl. Höhn 2003). Zunehmend aber schwindet diese Resonanz hierzulande und es mehren sich die Anzeichen, dass die katholischen und evangelischen Varianten der kirchlichen Gestalt des Christentums zu absterbenden Konfessionen werden könnten.

Wohl keiner der Christen, welche mit der Formel vom Tod, der kein völliges Ende markiere, sich und anderen Lebensmut vermitteln wollten, hat jemals daran gedacht, dass die eigene Konfession in eine Situation kommen könnte, da sie selbst einmal einer solchen Ermutigung bedarf. Plötzlich kommt für sie die Frage auf, wie man sich angemessen gegenüber einer Konfession zu verhalten hat, deren Ende als soziale Institution und Gemeinschaft der Glaubenden eine reale Möglichkeit darstellt. Wie verhält man sich gegenüber einer von der gesellschaftlichen Aussiedlung, kulturellen Zerstreuung und politischen Marginalisierung bedrohten Konfession, der man selbst angehört?

Auch hier gibt es verschiedene Möglichkeiten. Entweder lässt man wiederum die Wahrheit über den eigenen Zustand nicht zu, setzt auf einen Umschwung in letzter Minute, auf eine Rettungsaktion des Heiligen Geistes, auf einen Kurswechsel im Vatikan oder auf eine (neue) Kirche „von unten". Oder man öffnet die Augen und anerkennt das Unausweichliche, dass eine zweitausendjährige Religionsgemeinschaft zwar Geschichte, aber (zumindest hierzulande) keine Zukunft mehr hat. Aber auch in diesem Fall lässt diese Alternative noch Raum für einen dritten Ansatz, der gegenwärtig viele pastorale Projekte und Experimente leitet. Zwischen Illusionismus und Defätismus gibt es die Möglichkeit, einerseits realistisch zu sein und sich einzugestehen, dass das volkskirchlich manifeste und körperschaftlich institutionalisierte Christentum als die bisher dominierende Sozialform des Religiösen an etlichen Orten vor dem Ende steht. Andererseits ist danach zu fragen, ob mit diesem Ende wirklich alles aus ist, d.h. ob damit jegliche soziale Antreffbarkeit, kulturelle Bedeutung und „Zukunftsfähigkeit" des Christlichen zu bestreiten ist.

Allerdings ist allein mit kirchlichen Strukturveränderungen und Profilschärfungen wenig gewonnen, wenn es um die Sicherung der nachhaltigen Antreffbarkeit christlicher Glaubensinhalte geht. In der Debatte um die Zukunft der Kirche dominieren Positionen, welche für die Ursachen der kirchlichen Überlebenskrise und für ihre Bewältigung stets dasselbe Argument anführen: Es ist die fehlende Modernitätskompatibilität der Kirche, die sie von ihrem säkularen Umfeld wie von ihren eigenen Mitgliedern zunehmend entfernt (vgl. Kaufmann 2012). Erst wenn entsprechende Modernisierungen ihrer Organisationsstruktur und ihrer Verhältnisbestimmung zur modernen Kultur vorgenommen werden, ist auf Besserung zu hoffen. Die Bandbreite vorgeschlagener Reformmaßnahmen reicht von einem Ausbau der Partizipationsmöglichkeiten an innerkirchlichen Entscheidungsprozessen über den Abbau geschlechterspezifischer Barrieren beim Zugang zu kirchlichen Ämtern bis hin zum Aufbau einer kirchlichen Rechtskultur, die säkularen Standards entspricht. Zusätzlich plädiert man für verbesserte Methoden des Kirchenmarketings, das bezogen auf unterschiedlichen Sozialmilieus innerhalb und außerhalb der Kirche eine präzise Zielgruppenansprache ermöglichen soll (vgl. Höhn 2012).

Aber nur selten wird das „Produkt" kirchlicher Öffentlichkeitsarbeit auf den Prüfstand gestellt. Nur selten geht man daran, an die Inhalte kirchlicher Verkündigung die Frage zu richten, ob all das, was Christen glauben sollen, einen Kompatibilitätstest mit den Bedingungen eines modernen, aufgeklärten Bewusstseins noch bestehen wird. Dabei gibt es zahlreiche Indizien dafür, dass gerade die „essentials" des christlichen Glaubens immer weniger in die Plausibilitätsstrukturen der Gegenwart vermittelbar sind. Seit Jahren treten „personale" Gottesvorstellungen in den Hintergrund. Stattdessen finden Gottesbilder zunehmend Akzeptanz, die das Göttliche als eine kosmische, alles durchflutende Energie oder als ein numinoses, über Entstehen und Vergehen bestimmendes ewiges Gesetz identifizieren.

Sie scheinen auf den ersten Blick eher mit einem naturwissenschaftlichen, post-theistischen Weltbild kompatibel und obendrein auch noch anschlussfähig für Grundaussagen fernöstlicher Religionskulturen zu sein. Es muss daher nicht verwundern, dass sich auch in der Theologie Plädoyers mehren, die ein „update" des christlichen Bekenntnisses fordern und auf eine Neuinterpretation des christlichen Credos setzen. Dabei sollen nicht nur überkommene Glaubensaussagen in die Moderne *übersetzt*, sondern auch intellektuell unzumutbare Glaubensvorstellungen durch plausible Arrangements *ersetzt* werden (vgl. Jörns 2012; Kroeger 2011). Einigen Vorschlägen mag man im Detail widersprechen. Aber ihnen ist hinsichtlich der Beobachtung Recht zu geben, dass sich die christlichen Kirchen nicht weniger in einer Tradierungskrise als in einer Innovationskrise befinden.

Diese Tradierungs- und Innovationskrise des christlichen Glaubens ist nicht zuletzt als eine Plausibilitätskrise zu verstehen. Wie soll man diesen Glauben vermitteln und praktizieren können, wenn man auf dem Anspruchsniveau der Moderne nicht schlüssig denken kann, was man glaubt? Etwas denken können heißt: gute Gründe gegen Zweifel und Kritik vorbringen können. Was jeder Kritik entzogen wird, ist weder glaubwürdig noch vernunftgemäß.

Wenn aber der Inhalt des Glaubens nicht mehr auf der Höhe der Zeit schlüssig gedacht und rational verantwortet werden kann, wie will man ihn dann noch praktizieren und diese Praxis seinen Kritikern verständlich machen? Plausibilitätsprobleme im Blick auf die Inhalte des Glaubens lassen sich nicht durch Anstrengungen einer verbesserten Glaubenspraxis beheben. Warum soll man die Intensität der Praxis erhöhen, wenn das Praktizierte immer weniger einleuchtet? Wenn man nicht mehr denken kann, was man tut, bleibt nur eine moralisierende Glaubenspraxis übrig? Dies ist nicht weniger prekär als eine in der Praxis folgenlos bleibende Reflexion des Glaubens. Ihr droht der Dogmatismus. Die Zukunft des christlichen Glaubens liegt jenseits eines moralischen Rigorismus und eines doktrinären Dogmatismus. Aber damit ist nicht der intellektuellen Denkfaulheit und dem mystischen Ästhetizismus das Wort geredet. Die Zukunft des christlichen Glaubens liegt auch jenseits dieser Alternative.

Gegen diese falschen Alternativen aufzutreten, ist an der Zeit. Wer den Schwierigkeiten vernunftgemäßer Gottesrede und Glaubenspraxis ausweicht, ist entweder naiv oder arrogant. Wer die mit diesen Schwierigkeiten verbundenen Herausforderungen und Chancen nicht nutzt, ist ignorant. An den frömmelnden Spielarten von Arroganz und Ignoranz wird der Glaube größten Schaden nehmen – an einer stupiden Einfältigkeit, die Denkfaulheit mit Gottesfurcht verwechselt, und an einer überheblichen Selbstzufriedenheit, die Gedankenlosigkeit mit Glaubensgewissheit verwechselt. Ein derart unverständlicher Glaube lässt sich am Ende nicht mehr von Unvernunft und Aberglaube unterscheiden. Wer etwas Undenkbares und Unverständliches zu glauben ausgibt, bringt sich und andere letztlich um den Verstand. Sollte eine solche Form von religiösem Unverstand aus der Moderne verschwinden, wäre es gewiss kein Verlust.

Literatur

Barth, Hans-Martin: Konfessionslos glücklich. Auf dem Weg zu einem religionstranszendenten Christsein, Gütersloh 2013.

Feldkeller, Andreas: Religion, Atheismus und conditio humana, in: Aufklärung und Kritik 17 (2010), 153–164.

Friedman, George: Die nächsten 100 Jahre. Die Weltordnung der Zukunft, Frankfurt 2009.

Grandits, Ernst A. (Hrsg.): 2112. Die Welt in 100 Jahren, Hildesheim 2012.

Hofmeister, Klaus/Bauerochse, Lothar (Hrsg.): Die Zukunft der Religion. Spurensuche an der Schwelle zum 21. Jahrhundert, Würzburg 1999.

Höhn, Hans-Joachim: Reflexive Modernisierung – reflexive Säkularisierung. Postsäkulare Konstellationen von Religion und Gesellschaft, in: Gmainer-Pranzl, Franz/Rettenbacher, Sigrid (Hrsg.): Religion in postsäkularer Gesellschaft, Frankfurt/Bern 2013, 15–34.

—: Fremde Heimat Kirche. Glauben in der Welt von heute, Freiburg/Basel/Wien 2012.

—: Zeit und Sinn. Religionsphilosophie postsäkular, Paderborn u. a. 2010.

—: Postsäkular. Gesellschaft im Umbruch – Religion im Wandel, Paderborn u. a. 2007.

—: Versprechen. Das fragliche Ende der Zeit, Würzburg 2003.

Horx, Matthias: Das Mega-Trend-Prinzip. Wie die Welt von morgen entsteht, München 2011.

—: Zukunft wagen. Über den klugen Umgang mit dem Unvorhersehbaren, München 2013.

Jörns, Klaus-Peter: Update für den Glauben. Denken und leben können, was man glaubt, Gütersloh 2012.

Kaufmann, Franz-Xaver: Kirche in der ambivalenten Moderne, Freiburg/Basel/Wien 2012.

Koch, Klaus: Die Profeten. Bd. I, Stuttgart 1978.

Kroeger, Matthias: Im religiösen Umbruch der Welt. Der fällige Ruck in den Köpfen der Kirche, Stuttgart ³2011.

Stolz, Fritz (Hrsg.): Homo naturaliter religiosus. Gehört Religion notwendig zum Mensch-Sein?, Frankfurt/Bern 1997.

Tiefensee, Eberhard: Die Frage nach dem „homo areligiosus" als interdisziplinäre Herausforderung, in: Dirscherl, Erwin/Dohmen, Christoph (Hrsg.): Glaube und Vernunft, Freiburg/Basel/Wien 2008, 210–232.

Wallis, Roy/Bruce, Steve: Secularisation. The Orthodox Model, in: Ders./ders. (Hrsg.): Religion and Modernization, Oxford 1992, 8–30.

Weidner, Daniel/Willer, Stefan (Hrsg.): Prophetie und Prognostik. Verfügungen über Zukunft in Wissenschaften, Religionen und Künsten, München 2013.

Willems, Ulrich u. a. (Hrsg.): Moderne und Religion. Kontroversen um Modernität und Säkularisierung, Bielefeld 2013.

Strukturen im Blick

Kirchen als Organisationen: Ein moralisches Problem?

Gesche Linde

Als der Prinzipal einer deutschen evangelischen Landeskirche vor kurzem zu der Frage Stellung nehmen sollte, ob die Bundesrepublik Deutschland dem NSA-Whistleblower Edward Snowden Asyl anbieten solle, fiel die Antwort sowohl eigenartig verklausuliert als auch eigenartig eindeutig aus:

> „Es ist sicher richtig, dass der Schutz der Privatsphäre zu den wesentlichen Aufgaben von Kirche gehört. Man denke nur an das Seelsorgegeheimnis. Ich habe auch eine große Sympathie für die Zivilcourage von Edward Snowden, der Dinge aufgedeckt hat, die uns alle sehr nachdenklich machen. Wir könnten den ehemaligen Geheimdienstmitarbeiter aber aus zwei Gründen nicht in Deutschland aufnehmen: Zum einen ist es nicht möglich, außerhalb des Zufluchtslandes Asyl zu beantragen. Und falls Snowden im Land wäre, würde ein Auslieferungsersuchen der USA rechtlich höher bewertet als sein Asylantrag. Im Übrigen hat er ja jetzt in Russland einen Asylantrag gestellt. Bei allem Medienrummel rund um Snowden: Wir dürfen dabei nicht die vielen Menschen aus den Augen verlieren, die Hilfe bitter nötig haben wie etwa die Flüchtlinge aus Syrien."[1]

Wenn es sich bei dieser Antwort, welche zunächst die eine Gefährdungssituation gegen eine zweite, ganz anders gelagerte (nämlich diejenige syrischer Flüchtlinge) ausspielt, sodann auf ein moralisches Problem mit dem Hinweis auf Sachzwänge juristischer und politischer Art reagiert und schließlich die Notlage eines von einer Weltmacht bedrängten Individuums unthematisiert lässt – wenn es sich bei dieser Antwort um ein Symptom handeln sollte, dann um ein Symptom wofür?

---

1 http://www.ekhn.de/glaube/trauung/segnung-gleichgeschlechtlicher/detailhomoehe/news/homosexualitaet-ist-weder-krankheit-noch-suende.html (veröffentlicht am 23. Juli 2013; Abfrage vom 30. Januar 2014).

Meine Vermutung lautet: um ein Symptom dafür, dass Kirchen Organisationen sind, mit der Folge, dass kirchliche Amtsinhaber/innen, jedenfalls dem ersten Reflex nach, primär dazu tendieren, mit ihren Entscheidungen die Binnenroutinen und Außendarstellungen der Organisation Kirche zu erhalten, und umgekehrt wenig Sympathie für all jene aufzubringen geneigt sind, die solche Binnenroutinen und Außendarstellungen, ob aus berechtigten Gründen oder nicht, stören. Da Organisationen eine Reihe von systemischen Merkmalen aufweisen, an denen einerseits zweifelsohne auch die Kirchen partizipieren, die andererseits jedoch nicht durchgängig als erfreulich gelten dürfen, wäre in der Konsequenz die Organisationsförmigkeit der Kirchen mit potentiellen moralischen Problemen verbunden.

Vier solcher systemischer Merkmale möchte ich im Folgenden kurz nennen, und damit beantworte ich die Frage des vorliegenden Bandes wie folgt: Die Zukunftsfähigkeit organisierter Religionen in Deutschland wird nicht nur, aber auch davon abhängen, dass diese lernen, ihre organisationsspezifischen Struktureigenschaften zu reflektieren und gegebenenfalls Konsequenzen zu ziehen: schlicht deshalb, weil, jedenfalls „in einem Zeitalter, das die Übereinstimmung von Wort und Tat einfordert", so der Religionssoziologe Franz-Xaver Kaufmann (Kaufmann 2010, 16), die Sozialgestalt von Religionen über ihre Authentizität und damit über die gesellschaftliche Glaubhaftigkeit dessen mit entscheidet, wofür diese Religionen zu stehen beanspruchen. Was Kaufmann im Februar 2014 mit Blick auf den römischen Katholizismus zusammenfassend konstatierte – „Die Zukunft des Christentums hängt wesentlich davon ab, dass die Kirche ernsthaft um ihre Gestalt ringt" (Kaufmann 2014) –, gilt gleichermaßen für die evangelischen Kirchen, denn, so nochmals Kaufmann:

> „Seit dem Ende des Staatskirchentums 1918 und erst recht seit der Gründung der Evangelischen Kirche in Deutschland 1945 ergeben sich hierzulande strukturell große Ähnlichkeiten zwischen evangelischer und katholischer Kirche, die durch das Staatskirchenrecht gefördert werden." (Ebd.)

Konformitätsdruck nach innen

Organisationen haben Mitglieder, deren Mitgliedschaft zumeist auf einer freiwilligen Eintrittsentscheidung (anstatt auf Zwang) beruht.

Wie Niklas Luhmann analysiert hat, bedeutet die Freiwilligkeit der Mitgliedschaft, dass die Mitglieder sich mit ihrem Eintritt dazu bereit erklären, „in bestimmten Grenzen Systemerwartungen zu erfüllen" (Luhmann 1995, 42), und dass sie, so der Organisationssoziologe Stefan Kühl, bei dieser Erfüllung zu Konzessionen neigen, um ihre Eintrittsentscheidung nicht im Nachhinein als verfehlt ansehen und ihre Organisationszugehörigkeit nicht in Frage stellen zu müssen (vgl. Kühl 2005, 100).

In ähnlicher Weise weist der US-amerikanische Soziologe Erving Goffman darauf hin, dass ein ‚Darsteller' – Goffman arbeitet mit einem am Theater bzw. der Bühne angelehnten Modell – dazu neigen kann, „die diskreditierenden Tatsachen, die er über die Darstellung in Erfahrung bringen mußte, vor sich selbst zu verbergen." (Goffman 2003, 76) Goffmans Kollege Theodore D. Kemper geht sogar so weit, das Handeln des Individuums in Organisationszusammenhängen als vollständig sozial determiniertes Phänomen zu beschreiben, das sich auf die Austauschbeziehungen des Individuums zu dessen ‚Referenzgruppe' im Blick auf die Verleihung von sozialem Status und auf gegenseitige Anerkennung zurückführen lasse:

„An action of merit is one for which our reference groups are prepared to accord status – regard, esteem, praise and the like. Having done the meritorious thing, we are positioned to receive such status […]. In fact, this is precisely why we did the action in the first place, namely to obtain status from them and to confer it also. Our pride in what we have accomplished is the observe of the reference groups' approval for the fact that we have done what pleases them, displaying not only our worthiness for status accord, but also simultaneously according status to them." (Kemper 2011, 42; vgl. auch 43)

In moralisch relevanten, aber möglicherweise weniger schwerwiegenden Fällen kann ein solches Konformitäts- oder Anerkennungsverlangen zunächst dazu führen, dass der Organisationsangehörige Urteile fällt, die sich auch dann an den Urteilen einer Mehrheit von Mitgliedern der eigenen Organisation orientieren, wenn diese offenkundig unplausibel erscheinen,[2] oder dass er ‚Regeln' befolgt, deren

---

2   Vgl. z. B. Asch 1955. Rowse, Gustafson und Ludke verglichen die Zuverlässigkeit der Urteilsbildung bei Feuerwehrleuten in Gruppen und als einzelne und gelangten zu dem Ergebnis, dass ein von der Gruppenmeinung unbeeinflusstes Urteil signifikant besser abschneidet.

Exerzierung er in anderen (ob beruflichen oder privaten) Zusammenhängen oder auch ihm selbst gegenüber ablehnen oder zumindest missbilligen würde: Der „kollegiale Druck – und nicht die Disziplinarordnung – führt", so Luhmann, „zu der Einförmigkeit der Aktensprache und der kühlen Distanziertheit des Beamten im Publikumsverkehr." (Luhmann 1995, 316)

„Personen [verhalten sich]", sekundiert der Soziologe Stefan Kühl, „in einer spezifischen Organisation ganz anders [...] als außerhalb der Organisation oder auch nur in einer anderen Organisation. Die liebende und sorgende Familienmutter regiert in ‚ihrem' Unternehmen mit harter Hand. Der Abteilungsleiter, der in seinem Ministerium für sein autoritäres Verhalten bekannt ist, fällt an der Warteschlange im Supermarkt durch ausgesprochen zuvorkommendes Benehmen gegenüber seinen Mitmenschen auf." (Kühl 2005, 94)

Über solche (bis zu einem gewissen Grade unvermeidlichen) Ambivalenzen hinaus kann Konformitätsverlangen Kompromittierbarkeit ausgeprägt moralischer Art nach sich ziehen, indem der Organisationsangehörige Verfehlungen oder ‚Regelverstöße' anderer (der Kolleg/inn/en, der Vorgesetzten) – wie beispielsweise Selbstbedienung, Veruntreuung oder Nepotismus – verschweigt und toleriert (aus ökonomischer Furcht oder der Erwägung heraus, mit dem Regelverletzer auf absehbare Zeit hin weiter kooperieren zu müssen, mit der möglichen Folge eines foot-in the-door-Effekts – vgl. Kühl 2005, 102) oder sie sogar unterstützt: letzteres in der Erwartung von Gegenleistungen. Diesen Effekt hat nochmals Luhmann treffend so beschrieben, dass eine „Regel [...] dem [...] als Tauschobjekt [dient]", der „das Zitieren unterläßt. Er [...] kann [...] aus Duldung von Abweichungen einen Freundschaftsdienst machen, der zu Dank verpflichtet und bei Gelegenheit entgolten werden muß." (Luhmann 1995, 310)

Der Ökonom Günther Ortmann charakterisiert Gruppen als geradezu „wichtige soziale Orte der Moralverdrängung, und nirgends gibt es mehr und stabilere Gruppen – Arbeitsgruppen, informelle Gruppen, Crews und Teams – als in Organisationen." (Ortmann 2010, 97; vgl. 129) Auch wenn man diese pointierte Einschätzung nicht teilt: Der durch Organisationen unweigerlich erzeugte Konformitätsdruck und das ihnen durch ihre Mitglieder ebenso unweigerlich entgegengebrachte Konformitätsverlangen sind deshalb nicht harmlos, weil dadurch Dritte zu Schaden kommen (die von den Soziologen Gresham

Sykes und David Matzka an jugendlichen Delinquenten beschriebenen Neutralisierungstechniken – Leugnung der eigenen Verantwortung, Leugnung des eingetretenen Schadens, Leugnung der Opferschaft des Geschädigten, Verdammung der Verdammer und die Berufung auf höhere Autoritäten – sind ebenso in organisationalen Kontexten zu finden; vgl. Sykes/Matzka 1957). Hinzu kommt, dass die Übergänge zu Extremfällen fließend sind.

Solche Extremfälle zeichnen sich durch äußerst brutale Auswirkungen aus, wie Christopher R. Browning mit seiner Studie über die ‚ganz normalen Männer' des Hamburger Reserve-Polizeibataillons 101 gezeigt hat, die im deutsch besetzten Polen während der Naziherrschaft Massaker verübten und von denen nur ein Bruchteil den Dienst verweigerte, obwohl man ihnen zuvor die Möglichkeit dazu eingeräumt hatte: „Many policemen admitted responding to the pressure of conformity." (Browning 1992, 174) „Conformity assumes a more central role than authority." (Ebd. 175) „To break ranks and step out, to adopt overtly nonconformist behavior, was simply beyond most of the men. It was easier for them to shoot." (Ebd. 184)

Und zwar deshalb einfacher, weil, wie Browning analysiert, die Abweichler sich als illoyal gegenüber ihren schießenden Kameraden präsentiert hätten und soziale Isolation hätten fürchten müssen. Die beunruhigende, da auf persistente Struktureigenschaften von Organisationen zielende Schlussfrage, zu der Browning gelangt, ist die nach dem bleibenden Gefahrenpotential jener Bereitschaft zur Erfüllung ‚formaler Erwartungen', wie Luhmann es nennt, ohne die weder moderne Gesellschaften noch die Organisationen, deren Vorkommen diese Gesellschaften prägen, denkbar sind und die zugleich für die einzigartigen Gewaltexzesse des 20. Jahrhunderts möglicherweise entscheidend verantwortlich sind:

„The collective behavior of Police Battalion 101 has deeply disturbing implications. [...] Everywhere society conditions people to respect and defer to authority, and indeed could scarcely function otherwise. Everywhere people seek career advancement. In every modern society, the complexity of life and the resulting bureaucratization and specialization attenuate the sense of personal responsibility of those implementing official policy. Within virtually every social collective, the peer group exerts tremendous pressures on behavior and sets moral norms. If the men of Reserve Battalion could become killers under such circumstances, what group of men cannot?" (Ebd. 188 f)

Hierarchiebildung

Organisationen sind hierarchische Gebilde. Im deutschen Protestantismus manifestieren solche Hierarchien, unbeschadet synodaler Strukturen, sich in Gestalt von Kirchenverwaltungen mit ranghöheren und rangniedrigeren Mitarbeiter/inne/n, mit Leitungsgremien bzw. Führungsämtern und untergeordneten bzw. ausführenden Positionen, und, auf gemeindlicher Ebene, in Gestalt des Pfarramts, dessen Inhaber/innen als Vorgesetzte des Gemeindepersonals (Erzieher/innen, Sekretäre/innen etc.) fungieren, sowie schließlich in Gestalt unterschiedlicher Besoldungsgruppen.

Hierarchien dienen nicht nur dazu, Arbeitsteilung und Kooperation zu organisieren sowie Entscheidungsprozesse zu lenken und zu beschleunigen, sondern auch dazu, Distanz gegenüber Angehörigen von Gruppen anderen, geringeren Ranges zu schaffen: Die Innen-Außen-Unterscheidung, die Organisationen nach Luhmann zu Systemen machen, wird auf diese Weise innerhalb der Organisation wiederholt. Eine der Folgen einer solchen Distanzschaffung ist die Intransparenz dessen, was auf den ranghöheren Ebenen entschieden wird, für die rangniedrigeren Mitglieder.

Eine weitere, moralisch relevantere Folge besteht in der Erleichterung von Regelverstößen ranghöherer Organisationsmitglieder, dies nicht zuletzt gegenüber den rangniedrigeren Personen, sowie in der unterschiedlichen Ahndung solcher Regelverstöße, abhängig vom Status des Regelverletzers, mit anderen Worten: in der Beförderung von Ungerechtigkeit. Luhmann hat darauf hingewiesen, dass ‚persönlicher Kredit' „es schwierig macht", sich den so Reputierten gegenüber „auf Regeln zu berufen" (Luhmann 1995, 310). Wer seinerseits von einer Machtposition aus aktiv Regelverstöße begeht, verfügt über diverse und durchaus privilegierte Möglichkeiten, dieselben zu verschleiern: Man „kann die Abweichung verstecken. Man kann sie gleichsam unbeabsichtigt vollziehen oder sie nicht erkennen. Man kann sie mit Hinweisen auf eine durchaus rechtstreue Grundeinstellung verzieren oder mit Zeichen großzügiger Weitsichtigkeit, der es auf solche Bagatellen nicht ankommt. Man kann sie als Symbol für den hohen Status im System verwenden; oder man kann die Gründe der Abweichung, die ihr eine übersehbare Begrenzung geben, durchsichtig machen." (Ebd. 311)

Luhmann fügt hinzu, dass, „wer in diesem Sinne abweicht oder Abweichungen toleriert, [...] gut tun [wird], sich die symbolische Tragweite seines Handelns [...] bewußt zu machen [...]. Jede Abweichung stellt die Norm [...] radikal in Frage." (Ebd. 310; vgl. 313) Hierarchiebildung gibt darüber hinaus einem Prozess Nahrung, den der Soziologe Thomas O'Dea als eines von fünf Dilemmata der Institutionalisierung spezifisch von Religionen beschrieben hat: der Entwicklung gemischter Motivationen bei den Organsiationsmitgliedern. Mit der Einführung von Rollen und Statusunterschieden wächst das Erfordernis, über die Aufnahme in die Organisation und den Aufstieg innerhalb derselben Leistungskriterien anstatt religiöse Motivation entscheiden zu lassen (die in den letzten zwei Jahrzehnten eingeführten Assessment Centers in den evangelischen Landeskirchen lassen sich hier als geeignetes Beispiel anführen), so dass die Organisationsmitglieder gewisse Karriereinteressen werden entwickeln müssen, um ihr eigenes Wohlergehen in der Institution zu sichern.

Auf einen ähnlichen Gesichtspunkt hat Goffman aufmerkam gemacht: Die ‚Darsteller' des ‚Ensembles' entscheiden über die Neuaufnahme weiterer Ensemblemitglieder nach Maßgabe dessen, inwieweit diese die Fähigkeit erkennen lassen, die ‚Darstellung' nicht zu stören, sondern sich im Gegenteil in das Spiel einzupassen (vgl. Goffman 2003, 85). Wenn das empfindliche Gleichgewicht aus, wie O'Dea es nennt, ‚Desinteresse' und ‚Selbstinteresse' der Organisationsmitglieder aus der Balance gerät, dann nimmt der Karrierismus überhand, mit der Gefahr, dass die Organisation immer anfälliger für Korruption wird und/oder in Lethargie verfällt (vgl. O'Dea 1970, 244f).

Unabhängig von derlei schädlichen Auswirkungen auf den Zustand der Organisation insgesamt oder von Gerechtigkeitsfragen prinzipieller Natur haben jüngere Studien Hinweise auf eine weitere, äußerst problematische Folge von Hierarchiebildungen ergeben: Das Vermögen ranghöherer und damit mächtigerer Organisationsmitglieder, die Perspektiven Rangniedrigerer einzunehmen – ihre Wahrnehmungsfelder korrekt einzuschätzen, den Stand ihres Vorwissens zu rekonstruieren, von körperlichen Signalen wie Gestik und Mimik auf ihren emotionalen Zustand zu schließen und ihnen gegenüber Empathie zu entwickeln – ist signifikant schlechter ausgeprägt als unter Rangniedrigeren. „We found", resümiert ein Team um den Sozialpsychologen Adam Galinsky, „that power was associated with a reduced tendency to comprehend how other individuals see the world, think about the world, and feel about the world. Priming power led participants to be less likely to spontaneously adopt another person's visual perspective, less likely to take into account that another person did not possess their privileged knowledge, and less accurate in detecting the emotional states of other people. This inverse relationship between power and perspective taking emerged across multiple forms of perspective taking [...]. We believe that power leads not to a conscious decision to ignore other individuals' perspectives, but rather to a psychological state that makes perspective taking less likely." (Galinsky et al. 2006, 1072)

Die Autoren weisen auf zwei bedenkliche Folgen dieses Unvermögens hin. Ranghöhere Organisationsmitglieder tendieren gegenüber rangniedrigeren zu Stereotypisierungen: „There is an integrated relationship among power, perspective taking and stereotyping: Perspective taking decreases stereotyping [...], power increases stereotyping [...], and power decreases perspective taking." (Ebd.) Und sie sind geneigt, andere als Mittel für die eigenen Zwecke einzusetzen: „Power can lead to objectification [...], the tendency to view other people only in terms of qualities that serve one's personal goals and interests, while failing to consider those features of others that define their humanity." (Ebd.) „For power holders", so dasselbe Team in einer Studie zum Machtverhalten von MBA-Studierenden, „the world is viewed through an instrumental lens, and approach is directed towards those individuals who populate the useful parts of the landscape." (Gruenfeld et al. 2008, 125) Auf diese Weise können Hierarchien letztlich dehumanisierende Wirkungen entfalten.

Darstellungsdisziplin nach außen

Organisationen sind auf Selbstdarstellung gegenüber einer Öffentlichkeit aus und verlangen darum von ihren Mitgliedern ein Verhalten, das diese Selbstdarstellung stützt oder zumindest nicht in Frage stellt. Diese „Darstellungsdisziplin", wie Luhmann es nennt, „[muß] von allen Beteiligten durchgehalten werden [...]. Jede [...] Entgleisung in den Ausdrucksmitteln, jeder Verrat von Geheimnissen zerstört die gemeinsame Prätension, entlarvt nicht nur den falsch Handelnden, sondern alle Beteiligten: Ihrer bisherigen Rollenauffassung wird der Boden entzogen, ihre Glaubwürdigkeit wird diskreditiert. Gegen solche Mißgriffe ist man empfindlich, weil sie auch persönlich treffen. Sie werden daher nicht nur mit den Mitteln formaler Organisation, sondern in aller Regel auch durch die feineren gesellschaftlichen Mittel der informalen Mißbilligung, der wortlosen Entrüstung, der Lächerlichkeit oder des Achtungsverlustes scharf sanktioniert." (Luhmann 1995, 316) Die Furcht vor öffentlicher Diskreditierung ist es, die dafür sorgt, dass, wie eine US-amerikanische Studie aus dem Jahre 1989 über 161 Fälle ergab, Whistleblower in den weitaus meisten Fällen Opfer von „harassment" (vgl. Jos/Tompkins/Hays 1989, 554) werden, anstatt in den Genuss von Schutzmaßnahmen zu kommen.

Goffman, der in seiner so vergnüglichen wie instruktiven Studie „Wir alle spielen Theater" die These entfaltet, soziale Interaktionen seien von den Selbstdarstellungen der Beteiligten gegenüber den je Anderen geprägt, so dass gesellschaftliche Einrichtungen „erfolgreich unter dem Aspekt der Eindrucksmanipulation untersucht werden" (Goffman 2003, 227; vgl. 44f) könnten, weist auf die mögliche „Kluft zwischen scheinbarer und wirklicher Tätigkeit" (ebd. 42) bereits des ‚Einzeldarstellers' hin:

> „Wenn jemand mehreren Idealen gerecht werden muß und für ihn gleichzeitig eine geglückte Selbstdarstellung wichtig ist, wird er einige dieser Ideale nur durch den geheimen Verzicht auf andere vor der Öffentlichkeit aufrechterhalten können. Meist wird der Darsteller natürlich auf diejenigen Ideale verzichten, deren Fehler zu verbergen ist." (Ebd. 42f; vgl. ebd. 60)

In gesteigertem Maße gilt dies für ein ganzes ‚Ensemble', das seine Mitglieder auf eine „Parteilinie" (ebd. 80) verpflichten muss, anstatt eine „vielseitige Situationsbestimmung" (ebd.) zuzulassen, um die Darstellung nicht zu gefährden. Die Mitglieder „dürfen die Geheimnisse des Ensembles außerhalb der Darstellung nicht verraten" (ebd. 193); sie müssen Distanz zum Publikum wahren (ebd. 194), um „die Gefahr von Gefühlsbindungen zwischen Darstellern und Zuschauern zu bannen" (ebd. 195; vgl. ebd. 196) – „ein Kollege, der sich von Außenstehenden, Besuchern, Kunden, Antragstellern emotional einfangen läßt, ist eine Gefahrenquelle, ein potentielles Leck im System" (Luhmann 1995, 316), sekundiert Luhmann –; und sie müssen „eine geschlossene soziale Gemeinschaft bilden", um sich gegen Loyalitätsverluste Einzelner zu schützen.

Zu dieser Aufrechterhaltung der Fassade, auf die sich die ‚Ensemblemitglieder' verpflichten, gehört auch jenes ‚institutionelle Vergessen', das Ortmann „als notwendig für die Wahrung moralischer Konsistenz und Kohärenz eines bestimmten [...] korporativen Akteurs" (Ortmann 2010, 102) beschreibt. Ob ein solches institutionelles Vergessen zu Lasten der Opfer nun „einzelne moralische Gesichtspunkte betreffen [mag]", „moralisch relevante Konsequenzen des Handelns" oder „tatsächlich begangene Taten", immer kommt es nach Ortmann dadurch zustande, dass unter dem „Dach" der Organisation „sich kognitive communities mit organisationsweit institutionalisiertem Denken [bilden], und was sich dem nicht fügt, ist in großer Gefahr, einem ‚organisationsinstitutionellen' Vergessen zum Opfer zu fallen." (Ortmann 2010, 101)

Anpassung an die Umgebung

Organisationen tendieren dazu, sich ihren Umgebungen anzupassen, und zwar sowohl im Blick auf Methoden als auch im Blick auf Zwecke. Für die Kirchen sind solche Anpassungstendenzen aus zwei Gründen gefährlich. Im Blick auf die als geglückt erscheinenden Fälle mag sich die unfreundliche Frage stellen, weshalb die Kirchen nicht schon früher tätig geworden seien. So etwa haben die evangelischen Landeskirchen die Einführung kirchlicher Segnungen für homosexuelle Partnerschaften mit (wie ich meine: berechtigten) theologischen Begründungen bzw. Rechtfertigungen versehen, doch zugleich erfolgte diese Neuerung durchgängig erst im Nachgang zur Beschließung des Lebenspartnerschaftsgesetzes durch den Bundestag 2000.

Als missglückt hingegen müssen Fälle gelten, in denen die vorgenommenen Anpassungen zu schwerwiegenden Inkonsistenzen führen: Biblisch betrachtet, stehen Christen unter dem Auftrag, das ‚Salz der Welt' und insofern zwar ‚in der Welt', aber nicht ‚von der Welt' zu sein, doch sind mit diesem Auftrag die Folgen des genannten Mechanismus zumindest nicht in jedem Falle vereinbar. Folgt man dem US-amerikanischen Soziologen John Milton Yinger, so liegt die Wurzel des Konfliktes zwischen genuin „religious functions" einerseits und „secular methods" sowie „secular interests" (Yinger 1961, 25) andererseits bereits im schieren Selbstbehauptungsinteresse der Kirchen; der

Kirchen als Organisationen 85

Konflikt hätte also prinzipiellen Charakter: „Christianity formed into a church tends to succumb to egocentric powers." (Ebd. 27)

Ein prominentes Beispiel für einen missglückten Anpassungsprozess stellt in meinen Augen das durch die Diakonie betriebene und (zu Recht) in die Kritik geratene Outsourcing dar (wie weit oder gering das Ausmaß desselben auch sein mag), das zu einem Lohn-Dumping bei den solcherart Beschäftigten führt und von einer theologisch durchaus schwer begründ- bzw. rechtfertigbaren kirchlichen Bereitschaft zeugt, straffe Ökonomisierungsmaßnahmen zu Lasten von Hierarchieschwächeren durchzuführen: dies schlicht deswegen, um sich als Unternehmen auf einem schwierigen Markt behaupten zu können.

Dieselbe Bereitschaft kommt in der Studie der EKD-Kammer für soziale Ordnung aus dem Jahr 2002 zum Ausdruck, deren Titelvokabular bereits so klingt, als handele es sich um eine Eigenwerbung der Agentur für Arbeit: „Soziale Dienste als Chance. Dienste am Menschen aufbauen, Menschen aktivieren, Menschen Arbeit geben." Unverhohlen empfiehlt die Studie in den Punkten 62 bis 65 die Entwicklung eines kircheneigenen Entgeltsystems, das sich von den Tarifstrukturen des öffentlichen Dienstes lösen und die Vergütung nicht mehr an die Qualifikation (sondern, wie man verstehen darf, an die Nachfrage seitens der Arbeitgeber) binden sowie altersunabhängig gestalten und nach Grund- und Leistungskomponenten aufgliedern solle (angesichts der zu erwartenden Altersarmut breiter Bevölkerungsteile aufgrund von Einkommensschwund und Rentenkürzung eine so kurzsichtige wie zynische Position); solange dies nicht erreicht sei, gehe es (nämlich: ersatzweise) darum, die Reform des öffentlichen Tarifsystems voranzutreiben (in der Tat wurde nur wenige Jahre später vom BAT auf den insgesamt erheblich ungünstigeren TVöD umgestellt, der beispielsweise Erzieher/innen kurz danach in einen erbitterten Streik um bessere Löhne treiben sollte).

Vorgänge und Forderungen wie diese illustrieren, dass Organisationen, darauf hat abermals Niklas Luhmann hingewiesen, Werte durch Zwecke ersetzen und dass auch die Kirchen – in deren Falle es sich eben um ein moralisches Problem handelt – solche Substitutionsprozesse voranzutreiben pflegen. Als Beispiel für zu vermeidende Fehlentwicklungen in der Lohngestaltung nennt die EKD-Studie übrigens unter anderem die Lehrerschaft. Umso auffälliger bleibt, dass in dem gesamten Text von den zumindest in Westdeutschland im allgemeinen analog bezahlten und quasi-verbeamteten Pfarrer/inne/n nicht die Rede ist: auch dies ein Beispiel für das unter Nr. 2 angesprochene Problem der von Hierarchien erzeugten Distanznahmen privilegierter bzw. ranghöherer Organisationsangehöriger gegenüber Rangniedrigeren?

Mit einer in besonderem Maße umgebungskonformen Rolle haben offenbar weder die EKD noch die Deutsche Bischofskonferenz Schwierigkeiten grundsätzlicher Art: mit der Rolle der kirchlichen Sozialeinrichtungen als Marktteilnehmer bzw. -konkurrenten. Das zeigt das gemeinsame Sozialwort des Rates der Evangelischen Kirche in Deutschland und der Deutschen Bischofskonferenz, wie es unter dem Titel „Gemeinsame Verantwortung für eine gerechte Gesellschaft" am 28. Februar 2014 veröffentlicht wurde: „Die Marktwirtschaft hat sich als das bestmögliche System herausgestellt, um unter den notorischen Knappheitsbedingungen des irdischen Lebens den Bereich der materiellen Bedarfsdeckung zu organisieren." (Gemeinsame Verantwortung 2014, 57 f) Auf diese Weise wird ein genuin ökonomisches Argument umstandslos als ein theologisches verwendet. Ein analoger Vorgang zeigte sich in den Debatten, die um den in dem Apostolischen Schreiben Evangelii gaudium geäußerten Wunsch des neu gewählten Papst Franziskus nach „eine[r] arme[n] Kirche für die Armen" (Evangelii gaudium 2013, 179) losbrachen. Katholische[3] wie evangelische Theologen und kirchliche Amtsträger reagierten in verblüffender Einhelligkeit: nämlich ablehnend. „Wir müssen", so formulierte es der EKD-Ratsvorsitzende Nikolaus Schneider in einem Interview, „als Kirche aber nicht verarmen, um an der Seite der Armen zu stehen."[4]

Den Kirchen können Anpassungstendenzen gefährlicher als anderen Organisationen werden, weil sie nicht nur faktisch dementsprechend handeln, sondern auch dazu tendieren, ihr Handeln darüber hinaus grundsätzlich, nämlich weltanschaulich, zu rechtfertigen, so dass, sobald dieses Kritik auf sich zieht, die geltend gemachte Weltan-

---

3 Vgl. die am 6. Dezember 2013 ausgestrahlte Hörfunksendung des Deutschlandfunks in der Reihe „Tag für Tag" unter dem Titel „Überfordert Papst Franziskus seine Kirche?" mit den Theologieprofessoren Helmut Hoping und Hans-Joachim Höhn sowie dem Generalsekretär des Zentralkomitees der deutschen Katholiken Stefan Vesper.
4 Vgl. das Interview der Stuttgarter Zeitung mit Nikolaus Schneider vom 12. November 2013 15.30 Uhr unter dem Titel „Die Selbstverständlichkeit der Kirche hat abgenommen."

schauung und damit das ‚Kapital', von dem die Kirchen zehren, mit diskreditiert wird. Beispiele dafür finden sich zuhauf: Die sog. schwarze Pädagogik, die in den diakonischen Kinderheimen der Nachkriegszeit bis in den Beginn der 1970er Jahre hinein praktiziert wurde, mit teils schlimmen Folgen für die Betroffenen, war theologisch legitimiert. Für die Unterordnung der Frau unter den Mann finden sich in theologischen Ethiken der 50er Jahre Begründungen, die heute teils lächerlich, teils ärgerlich erscheinen. Skepsis gegenüber der Trennung von Staat und Kirche, wie sie 1919 durchgesetzt wurde, und gegenüber jener demokratischen Verfassung, zu der sich die evangelische Kirche heute emphatisch bekennt, gehörten zu Beginn des 20. Jahrhunderts zu den theologischen Üblichkeiten.

Beide großen Kirchen in Deutschland haben sich, so lässt sich zusammenfassend sagen, in eine Position begeben, deren Voraussetzungen ihre Organisationsförmigkeit darstellt und die sich mit Milton Yinger so beschreiben lässt:

„The more inclusive the scope of the institution, the more non-religious interests it is likely to enclose. Faced with [...] powers it cannot simply dismiss or overcome, the religious group has to make some adjustment. Either it has to accept their legitimacy and therefore to compromise their own demands when they are in conflict with the prevailing secular claims, or it must be ready to accept a limited sphere of influence. The former is in a sense an optimistic reaction. It is likely to be the adjustment of groups who fare relatively well in the distribution of power and goods in their society and therefore think that the compromises are in any event not crucial, since they naturally believe that there is nothing basically evil about a society which has treated them so well." (Yinger 1961, 25f)

Den mit ihrer Organisationsförmigkeit zusammenhängenden und hier nur teilweise geschilderten strukturellen Problemen sind die Kirchen in der Vergangenheit nicht entkommen, und sie werden ihnen auch in Zukunft nicht entkommen, denn so O'Dea, „religion both needs most and suffers most from institutionalization." (O'Dea 1970, 244) Was jedoch die Kirchen tun könnten, das wäre, methodisch kontrolliert, also: in einem zu institutionalisierenden Prozess der Selbstreflexion, hin und wieder einen gewissen Teil ihrer Aufmerksamkeit darauf zu lenken.

Literatur

Asch, Solomon E.: Opinions and Social Pressure, in: Scientific American 193 (1955), 31–35.
Browning, Christopher R.: Ordinary Men. Reserve Police Battalion 101 and the Final Solution in Poland, New York 1992.
Evangelii gaudium. Apostolisches Schreiben Evangelii gaudium des Heiligen Vaters Papst Franziskus, hrsg. vom Sekretariat der Deutschen Bischofskonferenz, Bonn 2013.
Galinsky, Adam D./Magee, Joe C./Inesi, M. Ena/Gruenfeld, Deborah D.: Power and Perspectives Not Taken, in: Psychological Science 17 (2006), 1068–1074.
Gemeinsame Verantwortung für eine gerechte Gesellschaft. Initiative des Rates der Evangelischen Kirche in Deutschland und der Deutschen Bischofskonferenz für eine erneuerte Wirtschafts- und Sozialordnung [Gemeinsame Texte 22], Bonn/Hannover 2014.
Goffman, Erving: Wir alle spielen Theater. Die Selbstdarstellung im Alltag, München/Zürich 2003 (1983).
Gruenfeld, Deborah H./Inesi, M. Ena/Magee, Joe C./Galinsky, Adam D.: Power and the Objectification of Social Targets, in: Journal of Personality and Social Psychology 95 (2008), 111–126.
Jos, Philip H./Tompkins, Mark E./Hays, Steven W.: In Praise of Difficult People. A Portrait of the Committed Whistleblower, in: Public Administration Review 49/6 (1989), 552–561.
Kaufmann, Franz-Xaver: Moralische Lethargie in der Kirche, in: Goertz, Stephan/Ulonska, Herbert (Hrsg.): Sexuelle Gewalt. Fragen an Kirche und Theologie, Berlin 2010, 11–16.
Kaufmann, Franz-Xaver: Was ist katholisch, was ist „römischer Geist"?, in: Christ in der Gegenwart 63 (2011), 421.
Kemper, Theodore D.: Status, Power and Ritual Interaction. A Relational Reading of Durkheim, Goffman and Collins, Farnham/Burlington 2011.
Kühl, Stefan: Ganz normale Organisationen. Organisationssoziologische Interpretationen simulierter Brutalitäten, in: Zeitschrift für Soziologie 34 (2005), 90–111.
Luhmann, Niklas: Funktionen und Folgen formaler Organisation. Mit einem Epilog 1994, Berlin ⁴1995 (1964).
O'Dea, Thomas F.: Sociology and the Study of Religion. Theory, Research, Interpretation, New York/London 1970.
Ortmann, Günther: Organisation und Moral. Die dunkle Seite, Weilerswist 2010.
Rowse, Glenwood L./Gustafson, David H./Ludke, Robert: Comparison of Rules for Aggregating Subjective Likelihood Ratios, in: Organizational Behavior and Human Performance 12 (1974), 274–285.
Sykes, Gresham M./Matzka, David: Techniques of Neutralization. A Theory of Delinquency, in: American Sociological Review 22 (1957), 664–670.
Yinger, John Milton: Religion in the Struggle for Power. A Study in the Sociology of Religion, New York 1961.

Religion und Kirche heute – ist die Zukunft schon vergangen?

Reinhard Marx

Gibt es in Deutschland eine zukunftsoptimistische Weiterentwicklung von Religion im umfassenden Sinn und von Kirche, die die Kluft überwinden kann zwischen Religiosität und Institution? Auf diese Frage ließe sich das Anliegen dieses Sammelbandes vielleicht zuspitzen, in dem ich die Aufgabe habe, aus institutioneller Perspektive eine Antwort zu geben. Damit bin ich im Grunde schon mitten in den scheinbar so unüberwindbaren Graben hineingestellt. Und just dieser Graben, den – so eine der Ausgangsthesen dieses Bandes – viele Menschen genau so empfinden, lässt sich niemals nur von einer Seite her überwinden. Diese Ausgangsbasis könnte durchaus nahelegen, vor der Aufgabe zu kapitulieren, in der Annahme, sie doch nicht bewältigen zu können.

Vor dieser Herausforderung stehe ich als Bischof fast täglich, insbesondere dann, wenn Religion und Kirche öffentlich und medienwirksam diskutiert werden. Es ist eine zu einfache Reaktion, sich von Kritik und Problematisierungen angegriffen zu fühlen, vielleicht sogar persönlich, und damit den Dialog nicht wirklich zu suchen, sondern sich aus diversen Motiven zu entziehen. Dieser Versuchung nachzugehen, hieße im Letzten sogar, die Religion zu verraten. Es wäre der Versuch, Religion und die Bindung an Kirche auf ein rein subjektives Verhältnis zu reduzieren und damit die transzendierende Kraft der Religion zu leugnen.

Papst Franziskus nennt das in seinem Apostolischen Schreiben „Evangelii Gaudium" von 2013 die Versuchung zur „spirituellen Weltlichkeit", von der er eine deutliche Abkehr formuliert und fordert. Ich zitiere eine längere Passage aus dem Kapitel, das sich an die in der Seelsorge Tätigen richtet. Dieser Abschnitt beschreibt die Situation, in der jeder und jede Gläubige steht (und zwar nicht nur die Hauptamtlichen in der Kirche), wenn man weder der vereinfachenden Trennung von Welt und Religion noch der Indifferenz (im Sinne einer falsch verstandenen Pluralität) zustimmen will. Dann ist diese Situation eine wirkliche Herausforderung:

> „Die spirituelle Weltlichkeit, die sich hinter dem Anschein der Religiosität und sogar der Liebe zur Kirche verbirgt, besteht darin, anstatt die Ehre des Herrn die menschliche Ehre und das persönliche Wohlergehen zu suchen. Es ist das, was der Herr den Pharisäern vorwarf: ‚Wie könnt ihr zum Glauben kommen, wenn ihr eure Ehre voneinander empfangt, nicht aber die Ehre sucht, die von dem einen Gott kommt?' (Joh 5,44). Es handelt sich um eine subtile Art, ‚den eigenen Vorteil, nicht die Sache Jesu Christi' zu suchen (Phil 2,21). Sie nimmt viele Formen an, je nach dem Naturell des Menschen und der Lage, in die sie eindringt. Da sie an die Suche des Anscheins gebunden ist, geht sie nicht immer mit öffentlichen Sünden einher, und äußerlich erscheint alles korrekt. Doch wenn diese Mentalität auf die Kirche übergreifen würde, ‚wäre das unendlich viel verheerender als jede andere bloß moralische Weltlichkeit' (Lubac 1968, 321).
>
> Diese Weltlichkeit kann besonders aus zwei zutiefst miteinander verbundenen Quellen gespeist werden. Die eine ist die Faszination des Gnostizismus, eines im Subjektivismus eingeschlossenen Glaubens, bei dem einzig eine bestimmte Erfahrung oder eine Reihe von Argumentationen und Kenntnissen interessiert, von denen man meint, sie könnten Trost und Licht bringen, wo aber das Subjekt letztlich in der Immanenz seiner eigenen Vernunft oder seiner Gefühle eingeschlossen bleibt. Die andere ist der selbstbezogene und prometheische Neu-Pelagianismus derer, die sich letztlich einzig auf die eigenen Kräfte verlassen und sich den anderen überlegen fühlen, weil sie bestimmte Normen einhalten oder weil sie einem gewissen katholischen Stil der Vergangenheit unerschütterlich treu sind.
>
> Es ist eine vermeintliche doktrinelle oder disziplinarische Sicherheit, die Anlass gibt zu einem narzisstischen und autoritären Elitebewusstsein, wo man, anstatt die anderen zu evangelisieren, sie analysiert und bewertet und, anstatt den Zugang zur Gnade zu erleichtern, die Energien im Kontrollieren verbraucht. In beiden Fällen existiert weder für Jesus Christus noch für die Menschen ein wirkliches Interesse. Es sind Erscheinungen eines anthropozentrischen Immanentismus. Es ist nicht vorstellbar, dass aus diesen schmälernden Formen von Christentum eine echte Evangelisierungsdynamik hervorgehen könnte." (EG 93 f)

Dieser Gedankengang führt bei Papst Franziskus schließlich zum Ausruf: „Gott befreie uns von einer weltlichen Kirche unter spirituellen und pastoralen Drapierungen!" (EG 97) Es geht ihm keineswegs um eine Kirche, die sich aus der Welt herausnimmt, die gar eine Sonderwelt bilden würde. Ebenso wenig wie es Papst Benedikt XVI. in seiner vielzitierten Freiburger Rede aus dem Jahr 2011 darum ging, als er über „Entweltlichung" gesprochen hat. Aber es geht durchaus darum, dass Kirche als Verkünderin des Evangeliums den Gottesbezug für den Menschen offenhält, und diese wesentliche Aufgabe nicht überdeckt durch eine indifferente und undifferenzierte Anpassung an ihre jeweilige Umgebung.

Zwischen Abgesang und Präludium

Seit einiger Zeit beobachte ich, dass es etliche Neuerscheinungen gibt, die sich der Frage nach Gegenwart und Zukunft von Religion und Kirchen in unserer Gesellschaft widmen und die jeweils verschiedene Aspekte und Perspektiven in den Vordergrund stellen und auch verschiedene Antwortmöglichkeiten präsentieren. Um nur einige Titel zu nennen: Franz-Xaver Kaufmann „Kirchenkrise. Wie überlebt das Christentum?", Friedrich-Wilhelm Graf „Götter global. Wie die Welt zum Supermarkt der Religionen wird", Ulrich Beck „Der eigene Gott", Hans Joas „Glaube als Option", Frido Mann „Das Versagen der Religion", Kurt Flasch „Warum ich kein Christ bin", Thomas Großbölting „Der verlorene Himmel".

Zudem gibt es Bücher, deren Anliegen es ist, die Vielfalt und Vielgestaltigkeit erlebter Religions-, Glaubens- und Weltanschauungsformen aufzuzeigen. So etwa bei Bernhard Uhde „Warum sie glauben, was sie glauben. Weltreligionen für Andersgläubige und Nachdenkende" oder in einem Sammelband der Redaktion Religion und Kirche des Bayerischen Rundfunks unter dem Titel „Was glaubt Bayern? Weltanschauungen von A–Z". Zweifelsohne könnte man noch wesentlich mehr Titel aufzählen und dabei sind Berichte in anderen Medien noch gar nicht einbezogen. Ist also Religion, Glaube, Kirche in aller Munde – und somit dann doch alles gut? Vielleicht sogar nach dem Motto „besser ein negativer Bericht, als gar keine Wahrnehmung"?

Das Thema „Krise der Kirche und/oder Krise der Religion" ist seit vielen Jahren ein gängiger Topos. Besonders im westeuropäischen Kontext wird seit dem Zweiten Vatikanischen Konzil von Krisenphänomenen im Bereich der Kirche gesprochen. Das soziologisch erkennbare deutlich veränderte Verhalten vieler Menschen im Blick auf die institutionelle Religion ist unübersehbar. Ganz deutlich hat sich das auch gezeigt bei der Beantwortung des vatikanischen Fragebogens zur Vorbereitung der Außerordentlichen Bischofssynode 2014 zum Thema „Die pastoralen Herausforderungen der Familie im Kontext der Evangelisierung".

Zwei Grundthesen zu diesem Auseinanderklaffen von individueller Religiosität und institutioneller Religion haben sich dennoch meines Erachtens bisher nicht bewahrheitet: So ist die alte Säkularisierungsthese weitgehend überwunden, die besagt, dass Gesellschaften im Zuge zunehmender Modernisierung „religionsloser" geworden seien und dass sich Religion in der Sonne der Aufklärung auflöse wie Schnee.

Diese Annahme hat sich nicht erfüllt. Religion bleibt präsent, wenngleich sich die Erwartungen an Form und Inhalt wandeln. Das darf jedoch nicht vorschnell zur zweiten vermeintlich beruhigenden These verleiten, die sich vor einigen Jahren verstärkt zeigte und von einer umfassenden Wiederkehr der Religionen ausging.

Es bleibt die Erfahrung, dass die katholische Kirche, die ja stark als Institution wahrgenommen wird, in einer Krise ist, obwohl die Erwartungen der Menschen an Religion nicht verschwunden sind. Die Versuchung läge nahe, zur Lösung dieser Krise Religion und Institution getrennt zu behandeln, aber dieses gedankliche Projekt müsste scheitern oder die anthropologische Grundannahme der christlichen Theologie begründet und allgemeingültig widerlegen können. Denn der Begriff der Person bedeutet immer „Selbstand im Gegenüberstand", das heißt die soziale und gesellschaftliche Dimension wird ursprünglich mitbedacht.

Zum ganzheitlichen Verständnis des Menschen gehört die gesellschaftliche und damit auch institutionell verfasste Dimension dazu. Menschsein kann ohne Institution nicht in der Fülle gelingen, die erste Institution ist die Familie. Dieser enge Zusammenhang gilt nicht nur für das Sozialgebilde der Kirche, sondern auch für alle anderen gesellschaftlichen Institutionen, weshalb es genau genommen nicht nur um die Zukunft der Religion, sondern auch um die der anderen Institutionen geht. Die Pastoralkonstitution „Gaudium et Spes" des Zweiten Vatikanischen Konzils hat diese Wechselseitigkeit hervorgehoben:

„Wurzelgrund nämlich, Träger und Ziel aller gesellschaftlichen Institutionen ist und muss auch sein die menschliche Person, die ja von ihrem Wesen selbst her des gesellschaftlichen Lebens durchaus bedarf." (GS 25)

Die Faszination an Religion und auch an institutionell gefasster Religion zeigt sich vielleicht ganz deutlich bei der starken Resonanz auf einige päpstliche Ereignisse in den vergangenen Jahren: Sowohl das fast öffentliche Sterben und der Tod von Papst Johannes Paul II., als auch der überraschende Rücktritt von Papst Benedikt XVI. und das unkonventionelle und symbolstarke Auftreten von Papst Franziskus riefen und rufen große Resonanz hervor, die aber nicht veranlassen darf, vom Ende der Kritik oder der Krise zu sprechen.

Ulrich Beck spricht in Bezug auf das Pontifikat Papst Benedikts XVI. vom „Benedikt-Phänomen", das ein Zeichen für die „Massenmedialisierung von Religion" sei, und das

„keine Kirchen [füllt], den Mitgliederschwund nicht auf[hält]. Aber es ist ein ‚kosmopolitisches Ereignis', das die kulturell Anderen – Religiöse und Nichtreligiöse, Getaufte und Nichtgetaufte, Häretiker, Atheisten, Fundamentalisten usw. – einbezieht, und zwar nicht durch Zwang, sondern freiwillig, aufgrund eines Bedürfnisses nach Spiritualität. [...] Der Katholizismus zelebriert eine Kultur des Auges. Deren massenmediale Globalisierung ermöglicht ein weltumspannendes Anwesendsein, eine Anteilnahme ohne verpflichtende Mitgliedschaft, die freiflukturierende Religiosität – wenigstens eine Weltsekunde lang – zu binden vermag." (Beck 2008, 56f)

Selbstverständlich bezieht sich die verhältnismäßig hohe mediale Aufmerksamkeit für kirchliche Themen nicht nur auf das Faszinierende, sondern mindestens ebenso stark auf das Irritierende, die negativen Schlagzeilen, die etwa durch römische Entscheidungen, durch Aussagen und Verhalten einzelner Hauptamtlicher oder auch bestimmter Gruppierungen innerhalb der Kirche ausgelöst werden können.

Ein Ende der Kritik zu fordern, wäre falsch und fatal. Ein Ende der Krise zu fordern, würde sogar die Notwendigkeit und die Chance zur Veränderung verneinen, die jedoch für eine Kirche wesentlich ist, die sich als „ecclesia semper reformanda" versteht. Der Religionswissenschaftler Bernhard Uhde hat in einem Interview Ende 2013 auf die Frage, wie die Weitergabe von Religion in unserer Gesellschaft gelingen könnte, geantwortet:

„Das liegt an der Qualität der Weitergabe. Man muss zeigen, dass Religion nicht eine Skurrilität aus vergangenen Jahrhunderten ist. Sondern: dass man so denken kann und welchen Effekt es hat. Die Religionen sind Daseinsstrategien. Das könnte man heute jederzeit vermitteln." Diese Vermittlungsleistung ist meines Erachtens eine der Kernanforderungen an das Christentum in unserer Gesellschaft. Papst Franziskus leistet das, indem er handelt wie er spricht – und spricht, wie er handelt. Damit erreicht er eine hohe Glaubwürdigkeit, die viele Menschen überrascht und die ihn zu einem wirklichen Zeugen für den christlichen Glauben macht, der in der Gegenwart lebt, ohne sich anzupassen, und zugleich ein starkes katholisches Profil hat. Es geht um Kommunikation. Das Christentum ist eine Religion, in deren Zentrum die Kommunikation steht, und zwar das Gespräch zwischen Gott und Mensch. Man könnte theologisch sogar sagen, dass die Menschwerdung eine unüberbietbare Form von Kommunikation ist, nämlich die Selbstmitteilung Gottes.

Für eine Kirche, die aus dem Geist des Evangeliums lebt, ist es deshalb unverzichtbar, sich in einer offenen, differenzierten und diskutierenden Gesellschaft in die Debatte hineinzubegeben und sich mit anderen Positionen intensiv vertraut zu machen. Kirche muss in einem „Wettbewerb der Weltanschauungen" zugleich zuhören als auch profiliert mitreden. Dabei darf sie sich nicht mit der Apologetik zufrieden geben, sondern gemäß ihrem eigenen Wesen und ihrer Sendung muss sie das Zutrauen zum eigenen Glauben je erneuern, darf dabei den Wahrheitsanspruch nicht verleugnen und muss über sich selbst hinausgehen, um die Freude des Evangeliums allen Menschen vermitteln zu wollen.

In diesen Zusammenhang gehört auch das Bemühen um Gesprächsforen, geistliche Prozesse, synodale Foren und Dialogbemühungen. Beispielhaft sei die Veranstaltungsreihe „Vorhof der Völker" genannt, die der Päpstliche Rat für die Kultur etwa im November 2013 in Berlin angeboten hat als ausdrückliches Diskussions- und Begegnungsforum für einen Dialog zwischen Glaubenden und Nichtglaubenden, Zweifelnden und Überzeugten, Suchenden und Findenden. Eine andere Form ist etwa auch der Gesprächsprozess „Im Heute glauben", den die Deutsche Bischofskonferenz seit 2011 unternimmt, und in dem es um eine Klärung und um eine Vergewisserung geht in Bezug auf das Verhältnis der Kirche in der Welt und ihre Sendung zu den Menschen. Ziel ist eine Vergewisserung und ein Impuls über „Zukunft der Kirche – Kirche für die Zukunft", so wie es der Vorsitzende der

Deutschen Bischofskonferenz, Erzbischof Robert Zollitsch, 2010 in seinem Eröffnungsreferat bei der Herbstvollversammlung der Deutschen Bischöfe formuliert hat. Dass die Kirche immer beides ist – menschliche Gemeinschaft und Leib Christi –, Göttliches und Menschliches also zusammenkommen in einer „komplexen Wirklichkeit" (Lumen Gentium 8), ist die Voraussetzung für einen Dialog über die Zukunft der Kirche. Das ist kein Argument, um sich gegen Kritik zu immunisieren, sondern es formuliert den Anspruch der Gemeinschaft, der Communio.

Es geht im Dialog um die Einmütigkeit nicht nur der jeweils an einem bestimmten Ort Versammelten, sondern um die Communio der Kirche aller Zeiten. Denn die ganze Glaubensgeschichte der Kirche gehört in das Bemühen um Selbstvergewisserung hinein, und die Einheit mit Papst und Bischof gehört zur Substanz katholischen Glaubens. Aber der Weg der Verständigung, des Hörens, des Lernens, des Austausches ist nicht linear und einseitig von „oben" nach „unten" gestaltbar, sondern ein wechselseitiger und zum Teil auch weit verzweigter, vielleicht sogar zuweilen notwendig mäandernder Kommunikationsprozess, der auch eine geistliche Dimension hat. Wir müssen innerhalb der Kirche lernen, offen und verbunden über den Glauben miteinander zu sprechen. Denn auch daraus entsteht eine notwendige und notwendende Sprachfähigkeit, um den Anfragen der Menschen gerecht werden zu können.

Ist der Himmel längst aufgegeben?

Thomas Großbölting hat seine kritische Bestandsaufnahme zur Situation des Glaubens in Deutschland unter den Titel gestellt „Der verlorene Himmel". Er attestiert nicht nur einen Verlust institutionell gebundener Religiosität, sondern einen zumindest teilweisen Verlust des Transzendenzbezuges. Großbölting schließt dieses Buch mit folgenden Worten:

> „Um in der gesellschaftlichen Selbstverständigungsdebatte produktiv mitmischen zu können, müssen die Religionsgemeinschaften ihrerseits der Versuchung widerstehen, in eine fundamentalistische Selbstbeschränkung abzugleiten. Stattdessen sollten sie auf einen selbstreflexiven Glauben setzen und ein hohes Maß an Offenheit und Dialogfähigkeit gegenüber der

Gesellschaft wie auch anderen Religionen entwickeln. Eine solche Haltung eröffnete ihnen beste Chancen dafür, ein wichtiger Bezugspunkt für die so vielfältigen religiösen Bedürfnisse der Menschen zu sein wie auch weiterhin einen wichtigen Beitrag zum Zusammenhalt und zur Gestaltung der Gesellschaft zu leisten." (Großbölting 2013, 271)

Dieser Analyse würde Papst Franziskus meines Erachtens nicht grundlegend widersprechen, denn er sieht und fordert ganz klar eine Welt- und eine Lebensrelevanz des Glaubens, die sich im Evangelium selbst begründen. So ist sein berühmt gewordener Appell aus dem Vor-Konklave 2013, an die Peripherie zu gehen, in einem sehr umfassenden Sinn zu verstehen. Papst Franziskus fordert dazu auf, „hinauszugehen aus der eigenen Bequemlichkeit und den Mut zu haben, alle Randgebiete zu erreichen, die das Licht des Evangeliums brauchen." (EG 20) Eine Kirche, die selbstreferentiell, narzisstisch und in engen, ängstlichen Grenzen bleibt, kann keine Dynamik entfalten, kann der Welt nicht dienen.

Dieser Anspruch ist nicht neu, aber in seiner unmittelbaren Prägnanz stellt er eine erneuerte Herausforderung insbesondere für die katholische Kirche in Westeuropa dar. Franz-Xaver Kaufmann kommt in seiner Analyse der Kirchenkrise zu einer ähnlichen Schlussfolgerung, wenn er festhält:

„In einer pragmatischen, im Alltag utilitaristisch geprägten Kultur fehlt es an Motiven und Anlässen, sich auf einen Weg des Glaubens einzulassen. [...] Es fehlt auch an exemplarischen Leistungen der Christen oder der Einrichtungen christlicher Kirchen hierzulande, welche einen Glauben, der Berge versetzen kann, plausibel machen könnten. Das scheint mir die wahre Verlegenheit der Kirchen in einer saturierten Kultur zu sein." (Kaufmann 2011, 179)

Nachdem Religion nun also „durch die Feuertaufe der Säkularisierung gegangen ist" (Beck 2008, 42), ist dann die aktuelle Feuertaufe die Individualisierung und der Utilitarismus? Schmilzt nun also – um die alte Säkularisierungsthese sprachlich etwas abzuwandeln –, Religion in der Sonne der Individualisierung und des Utilitarismus wie Schnee? Diese Frage ist nicht abschließend zu beantworten, sondern sie ist Teil des Prozesses, in dem wir uns in unserer Zeit befinden und mit dem wir umgehen müssen, ohne klar absehen zu können, welches Ergebnis wir erreichen werden.

Für mich ist es – neben vielen anderen Aspekten – auch bedeutsam, wie wir das ambivalente Verhältnis von Religion und Gesellschaft wechselseitig bestimmen. Ich möchte dazu nur ein paar Schlagworte nennen, ohne damit einen Anspruch an die umfassende Behandlung dieser hoch komplexen Fragestellung erheben zu können.

In der Diskussion um die angemessene Benennung der Bedeutung des Christentums in der Europäischen Verfassung war es mir immer wichtig, auf einen entscheidenden Punkt hinzuweisen. Es würde völlig ausreichen, wenn in der Verfassung stehen würde: „Wir sind nicht Gott!" Denn diese Differenzierung ist der ursprüngliche Grund des ambivalenten Verhältnisses von Religion und Welt. Festzuhalten, dass wir nicht Gott sind, bedeutet, sich einem Totalitarismus zu versagen, der den Glauben an die unbegrenzte Macht des Menschen als Individuum und als soziales Wesen absolut setzt. Es bedeutet eine grundsätzliche Anerkenntnis der Grenzen des „homo faber", eine Öffnung von Immanenz auf Transzendenz hin. So wie die Säkularisierung der Religion das Wissen um die „Notwendigkeit der Selbstbegrenzung" (Beck 2008, 42) gebracht hat, sehe ich in analoger Weise auch eine umgekehrt notwendige Selbstbegrenzung.

Es wäre noch einmal ein ganz eigenes Thema, das rechte Verhältnis von Kirche und Staat zu beleuchten und auch in dieser Verhältnisbestimmung nach der Zukunft von Religion und Kirche zu fragen. Das kann ich hier nicht weiter ausführen, möchte aber in diesem Zusammenhang zumindest festhalten, dass es wichtig ist, dass der Staat Staat bleibt – und die Kirche Kirche bleibt. Diese Forderung entspringt dem Blick auf den Adressaten des kirchlichen Handelns in der Welt, nämlich den Menschen. Seine Lebenslage, seine Bedürfnisse stehen im Zentrum des kirchlichen Engagements in der Welt.

Papst Johannes Paul II. hat diese Relation in seiner ersten Enzyklika „Redemptor hominis" mit der ausdrucksvollen Formulierung „Der Mensch ist der Weg der Kirche" (RH 14) auf den Punkt gebracht. Da aber auch der Staat dem Menschen und seinen Bedürfnissen verpflichtet ist, wird hier sowohl eine gemeinsame Brücke zwischen dem Handeln der Kirche und dem Tun des Staates deutlich, und zugleich werden die unterschiedlichen Bestimmungen des Menschen in Staat und Kirche offenbar. Diese Relation von Nähe und Distanz, die in Bezug auf den Menschen und seine Verortung in Staat und Kirche deutlich wird, ist eine zentrale Vorgabe für die Gestaltung des Verhältnisses von Staat und Kirche. Weder die Option einer Kongruenz beider Bereiche erscheint diesbezüglich geeignet, wie dies im System einer

Staatsreligion gegeben wäre, noch die Option, eine strikte Trennung von Staat und Kirche zu präferieren. Richtig ist, Staat und Kirche sind unterschiedlich und müssen deshalb getrennt sein. Deshalb ist auch ein säkularer Staat unerlässlich.

Es geht in der Frage um die Zukunft von Religion und Kirche nicht um die Aufrechterhaltung der Kirche für sich selbst, sondern um die unbedingte und biblisch begründete Orientierung allen kirchlichen Handelns am Menschen, also um die Zukunft des Christentums selbst. Und dabei geht es um nichts Geringeres als um das Heil des Menschen, und zwar jedes Menschen, das ihm von Gott, als Schöpfer und Erlöser, zugesagt ist. Das Heil ist die zentrale Kategorie sowohl der alttestamentlichen Verkündigung als auch des Evangeliums. Der Maßstab für das kirchliche Engagement in der Welt ist das Reich Gottes, so wie es Jesus Christus verkündigt hat und das in der Spannung des „schon" und „noch nicht" steht, die die Dynamik zur Veränderung ja in sich trägt.

Das Bewusstsein, dass die Welt, wie sie konkret ist, der Veränderung bedarf, dass man sich nicht mit den heillosen Zuständen zufrieden geben darf, ist der zentrale Impuls von Christen für ihr Weltengagement, für ihre Liebe zur Welt, für ihre Liebe zum Nächsten. Aus der Erfahrung des „noch nicht" ziehen sie die Verpflichtung, die Welt zu verwandeln, sie dem Reich Gottes ein Stück näher zu bringen. Auch das unterstreicht Papst Franziskus in „Evangelii gaudium":

> „Folglich kann niemand von uns verlangen, dass wir die Religion in das vertrauliche Innenleben der Menschen verbannen, ohne jeglichen Einfluss auf das soziale und nationale Geschehen, ohne uns um das Wohl der Institutionen der menschlichen Gemeinschaft zu kümmern, ohne uns zu den Ereignissen zu äußern, die die Bürger angehen. [...] Ein authentischer Glaube – der niemals bequem und individualistisch ist – schließt immer den tiefen Wunsch ein, die Welt zu verändern, Werte zu übermitteln, nach unserer Erdenwanderung etwas Besseres zu hinterlassen." (EG 183)

Die zentrale Kategorie ist das Heil, und nicht eine auf Gebote und Verbote reduzierte Moral oder Ethik. Das greift zu kurz und kann nicht wirklich die Sinnfragen der Menschen beantworten und ihnen zur Lebens- und Todesbewältigung dienen. Es gibt keinen Exklusivitätsanspruch einer abgegrenzten, nur unter bestimmten Bedingungen gewährten Heilszusage, wenn man wirklich ernst nimmt, dass der Mensch als Abbild Gottes zur Freiheit geschaffen ist. In bestimmter

Hinsicht würde ich sagen, dass die Schöpfung der Beginn der Säkularisierung ist. Dass die Kirche nicht immer die erste Bewahrerin der Freiheit war in der langen Geschichte, braucht nicht eigens unterstrichen zu werden. Und dass die Kirche lange gebraucht hat, und in Teilen leider auch noch bis in unsere Tage hinein braucht, um die menschliche Freiheit als Kern der Ebenbildlichkeit Gottes zu sehen, ist ebenso wahr. Die Freiheit schließt aber notwendig Veränderung mit ein und auch an diesem Punkt kristallisiert sich häufig eine Kritik an Kirche und Religion, die aber entscheidend ist für ihre Zukunftsfähigkeit. Thomas Großbölting konstatiert klar:

> Der Transformationsprozess der Kirche in Deutschland nach 1945 bis heute „war aber nicht nur die Voraussetzung für die bleibende Relevanz, sondern brachte auch Kosten mit sich. Da monotheistische Religionen auf einem absoluten Wahrheitsanspruch gründen, ist jede Veränderung schwer zu vermitteln, sowohl nach innen wie nach außen. Hinzu kommt, dass gerade die ‚Sperrigkeit' und Unangepasstheit des von den Kirchen repräsentierten religiösen Lebens gegenüber den Entwicklungen in der Gesellschaft einen Teil ihrer Attraktivität ausmacht. Religiöse Gemeinschaften repräsentieren damit ein Modell, das der ‚Welt' substanziell entgegengesetzt ist und für viele Gläubige gerade mit dieser Eigenschaft einen besonderen Anziehungspunkt darstellt. Innerhalb der Religionsgemeinschaften ist daher heiß umkämpft, ob Veränderungen möglich, notwendig oder erlaubt sind und wenn ja, in welchem Ausmaß." (Großbölting 2013, 242)

Für die eingangs gestellte Frage der Kluft zwischen Religiosität und Institution wird es zentral entscheidend sein für die Zukunft von christlicher Religion und Kirche, ob sie in der Lage ist, besonders dann, wenn Menschen in ihrem Leben mit Brüchen, mit Scheitern, mit existentiellen Fragen umgehen müssen, diese Fragen in aller Weite nicht nur auszuhalten, sondern sogar zu sehen und zu stellen und gemeinsam mit den Menschen nach lebensrelevanten Antworten zu suchen, die sich aus dem Glauben speisen. Dann ist die Welt nicht aufgegeben und der Himmel nicht verloren.

Literatur

Papst Franziskus: Apostolisches Schreiben „Evangelii Gaudium" über die Verkündigung des Evangeliums in der Welt von heute, 24. November 2013 (*zitiert mit: EG*).

Gaudium et Spes. Pastoralkonstitution des 2. Vatikanischen Konzils, in: Karl Rahner/ Herbert Vorgrimmler (Hrsg.): Kleines Konzilskompendium, Freiburg ^{35}2008, 449–552 (*zitiert mit: GS*).

Papst Johannes Paul II.: Enzyklika „Redemptoris hominis", 4. März 1979 (*zitiert mit: RH*).

Beck, Ulrich: Der eigene Gott. Friedensfähigkeit und Gewaltpotential der Religionen, Frankfurt/Leipzig 2008.

Flasch, Kurt: Warum ich kein Christ bin. Bericht und Argumentation, München 2013.

Graf, Friedrich Wilhelm: Götter global. Wie die Welt zum Supermarkt der Religionen wird, München 2014.

Großbölting, Thomas: Der verlorene Himmel. Glaube in Deutschland seit 1945, Göttingen 2013.

Joas, Hans: Glaube als Option. Zukunftsmöglichkeiten des Christentums, Freiburg 2012.

Kaufmann, Franz-Xaver: Kirchenkrise. Wie überlebt das Christentum, Freiburg 2011.

Lubac, Henry de: Méditation sur l'Église, Paris 1953/Éditions Montaigne, Lyon 1968.

Mann, Frido: Das Versagen der Religion. Betrachtungen eines Gläubigen, München 2013.

Morgenroth, Matthias (Hrsg.): Was glaubt Bayern? Weltanschauungen von A–Z, Würzburg 2013.

Uhde, Bernhard: Warum sie glauben, was sie glauben. Weltreligionen für Andersgläubige und Nachdenkende, Freiburg 2013.

— im Interview mit Johannes Adam: „Religionen sind Daseinsstrategien", in: Badische Zeitung vom 26. November 2013.

Zollitsch, Robert: Zukunft der Kirche – Kirche für die Zukunft. Plädoyer für eine pilgernde, hörende und dienende Kirche. Referat zur Eröffnung der Herbst-Vollversammlung der Deutschen Bischofskonferenz, Pressemitteilung der Deutschen Bischofskonferenz vom 20. September 2010.

Der Limburger „Turmbau zu Babel"
Ein Gleichnis vom Versagen der Kirche

Christa Nickels

Wer hätte das gedacht: Säkularisierung hin, Pluralisierung her – im Herbst 2013 ist ganz Deutschland im katholischen Bischofsfieber! Was keine päpstliche Verlautbarung und kein Hirtenwort der katholischen Bischofskonferenz in den letzten Jahrzehnten jemals erreicht hat, das schafft der von den Medien zum „Bischof Bling Bling" und „Protzbischof von Limburg" ausgerufene Franz-Peter Tebartz-van Elst scheinbar aus dem Stand. Mit nur einem Flug 1. Klasse zu den Armen Indiens und dem Neubau seines Bischofssitzes – über dessen Kostenexplosion er die Öffentlichkeit absichtsvoll mit einem Gespinst aus Falsch- und Desinformation zu täuschen versuchte – trat er eine mediale Lawine los. Wochenlang beherrschte das Gebaren des bischöflichen Bauherrn von Limburg die Leitartikel und Leserbriefspalten der Zeitungen, die Top-Themen der Fernsehnachrichten und Talk-Shows. Selbst die bischöfliche Badewanne schaffte es in die Schlagzeilen – welch ein Schauspiel!

Statt sich selbst beherzt an die Spitze der Aufklärer zu stellen, griff der kirchenleitende Klerus zunächst zur üblichen Strategie des Schönredens, Abwehrens und der Gegenangriffe auf die vorgeblich „kirchenfeindlichen Medien" und eine „gottvergessene Gesellschaft" und lädierte damit das bereits ramponierte Ansehen von Bischof Tebartz -van Elst und das der katholischen Hierarchie noch mehr.

Doch auch die Reformkatholiken kamen aus dem Staunen nicht heraus. Was Jahrzehnte langes Engagement von Basisinitiativen, Kirchenvolksbegehren und Memoranden nicht zuwege gebracht hatten, das setzte nun das bischöflich Fehlverhalten und dessen Aufklärung durch investigative Journalisten in Gang: eine Kettenreaktion der Selbstaufklärung von Kirche und Gesellschaft über das Staatskirchenrecht, über den Besitz und die Finanzierungsquellen der Religionsgemeinschaften im Allgemeinen und das intransparente Finanzgebaren der katholischen Bischöfe im Besonderen. Auch wenn „der Stein des Anstoßes" für diesen Selbstaufklärungsprozess das Fehlverhalten eines katholischen Bischofs gewesen ist und die evangelische Kirche der katholischen in Bezug auf Leitungsstrukturen und Beteiligungsrechten von Gemeindemitgliedern – Männern *und* Frauen – Lichtjahre voraus ist, so wird auch sie von dieser Debatte mit erfasst. Was selbst den meisten Christen bislang verborgen geblieben war, das pfeifen nun die Spatzen von den Dächern, dass z. B. die Bischöfe in Deutschland wie Staatssekretäre bezahlt werden und dass sie Gehalt und Pensionen vom Staat beziehen. So exotische Sachverhalte wie die Begriffe ‚Dotationen' und ‚Reichsdeputationshauptschluss' werden selbst in Massenblättern erklärt. Staatsleistungen und Subventionen für die Kirchen stehen im Fokus. Und – oh Wunder – die ersten katholischen Diözesen legen ihre Gesamtfinanzen offen.

Die Grundlagen und Spielregeln der demokratischen Zivilgesellschaft mit ihrer freien Presse zwingen die kirchenleitenden Oberhirten dazu, die eigenen Versäumnisse und Abgründe endlich selbst in Augenschein zu nehmen und auszuloten. Christen glauben: Der Heilige Geist weht, wo er will. Aber das Wirken des Heiligen Geistes in Gestalt von penibel recherchierenden Journalisten – das hat alle überrumpelt!

Die „Causa Tebartz-van Elst" als Gleichnis vom Versagen der Kirche als Institution

Doch wie kann die „Causa Tebartz-van Elst" solche Dimensionen annehmen, wenn doch Lügen, Verschleierungsmanöver und Kostenexplosionen in Politik, Wirtschaft und Gesellschaft gang und gäbe sind? Der „Fall Limburg" funktioniert wie ein modernes Gleichnis. An ihm lassen sich im Kleinen und ganz anschaulich wesentliche Aspekte dessen besichtigen und verstehen, woran die Institution Kirche krankt: der klaffende Riss zwischen Anspruch und Wirklichkeit in der Amtsausübung der kirchenleitenden Männer, die tiefe Kluft zwischen der Alltagserfahrung der modernen Menschen und der verkündeten Glaubenslehre, die fehlenden Beteiligungsmöglichkeiten von Laien und Frauen in der Leitung der katholischen Kirche und ein überholtes Selbstverständnis der Bischöfe, das immer noch Maß nimmt an der Figur eines fürstbischöflichen Regenten aus der Zeit des Absolutismus, und das die Errungenschaften der demokratischen Zivilgesellschaft in Bezug auf den innerkirchlichen Raum verachtet. Damit muss Schluss gemacht werden, soll Glauben in der Institution Kirche weiter Heimat und Zukunft haben.

Natürlich sind Glaubensfragen eine Sache der Hierarchie – aber gleichwohl immer eine ungeheuer individuelle und persönliche Angelegenheit. Institutionen müssen dieses individuelle Nachspüren nicht bloß dulden, sondern aktiv ermöglichen. Menschen bringen Institutionen vor die Wahrheitsfrage. Offener Dialog kann Vorgefundenes bestätigen, aber auch in Frage stellen. Ein solcher Dialog kann produktiv werden, wenn er als Austausch auf Augenhöhe mit allen Beteiligten angelegt ist. Denn: „Die Ordination rechtfertigt nicht die Subordination der Gläubigen unter das, was man selber denkt." (Fuchs 2009, 60) Für alle Themen muss trennscharf herausgearbeitet werden, was biblisch begründet ist und was der Tradition und dem Lehramt folgend in der Kirche entstanden ist. Auch das, was vom Lehramt bereits geklärt, aber nicht biblisch begründet ist, muss im Lichte der „Zeichen der Zeit" auf den Prüfstand gestellt und verändert werden können. Die „Einheit der Gläubigen" darf nicht als Dialogbremse missbraucht werden. Denn es gibt Regelungsmöglichkeiten, die kontextuell unterschiedlich sein können.

Gleichzeitig müssen Aufbrüche institutionell abgesichert werden, sollen sie positiv in Glaubensgemeinschaften und Gesellschaft wirksam werden und nicht in Zersplitterung enden oder versanden.

Staatskirchenrechtliche Möglichkeiten für ein „Aggiornamento" der Kirchen

Das Finanzdebakel, in das sich Bischof Tebartz-van Elst verstrickt hat, ist ein eindrucksvoller Beleg dafür, dass transparente Finanzierungsregeln und demokratisch legitimierte Kontrollgremien auch die Institution Kirche glaubwürdiger und fehlerfreundlicher machen können. Die öffentliche Aufklärung über die Finanzierung der Kirchen setzt die Defizite und Versäumnisse im Bereich der Staats-Kirchenrechtsbestimmungen mit neuer Dringlichkeit auf die kirchenpolitische Agenda: Während die Gesellschaft von zunehmender Säkularisierung und Pluralisierung geprägt ist und die großen christlichen Kirchen in Deutschland in den letzten Jahrzehnten – beschleunigt seit der Wiedervereinigung 1990 – ihren volkskirchlichen Charakter verlieren, ist das Vertragsstaatskirchenrecht von einer geradezu sagenhaften Dauerhaftigkeit:

Die in der der Weimarer Reichsverfassung vom 11. August 1919 aufgeführten Artikel 136–141 und die in das Grundgesetz im Artikel 140 so übernommenen Bestimmungen zum Recht der Religionsgemeinschaften gelten nach wie vor.

Der bereits 1919 in Artikel 138 Absatz 1 Weimarer Reichsverfassung verankerte und in Artikel 140 Grundgesetz übernommen Auftrag zur Ablösung der historischen – u. a. durch Enteignungen durch den Reichsdeputationshauptschluss von 1803 begründeten – Staatsleistungen an die Kirche durch die Landesgesetzgebung ist immer noch nicht eingelöst. Im Gegenteil: Aus dem Ablösungsgebot ist unter der Hand eine Status-Quo-Garantie der bestehenden Staatsleistungen geworden, weil das zur Ablösung notwendige Ablösegrundsätzegesetz bis heute nicht erlassen worden ist.

Die mit Bezug auf Artikel 140 GG entstandenen Gesetze, Verträge und Rechtsbeziehungen zwischen Staat und Kirche spiegeln nach wie vor volkskirchliche Verhältnisse wider, in denen 90 % der deutschen Bevölkerung einer der beiden großen christlichen Kirchen angehörten. Diese Zeiten gehören der Vergangenheit an. Tatsächlich bietet unser Grundgesetz mit dem Modell einer „hinkenden Trennung" von Kirche und Staat – was sowohl eine Staatskirche, als auch eine strikte Laizität ausschließt – aber genug Möglichkeiten der rechtlichen Neufassung eines „Aggiornamento", also einer Kirchengestalt von heute, die in der Moderne angekommen ist. Bereits nach dem Zweiten Vatikanischen Konzil und der darauf folgenden Aufbruchbewegung in der Katholischen Kirche mit der Würzburger Synode in der Bundesrepublik und der Dresdener Pastoralsynode in der früheren DDR und den sich anschließenden zahlreichen Bistumssynoden hätte die Chance für eine Modernisierung des Staatskirchenrechts bestanden. Diese Chance hat der kirchenleitende Klerus nicht ergreifen wollen.

Eine weitere Chance für eine breite innerkirchliche und gesellschaftliche Debatte über die Konstituierung eines zukunftsfähigen, modernen Staatskirchenrechts bestand mit dem deutsch-deutschen Vereinigungsprozess nach dem Fall der Mauer 1989. Aber auch damals waren die Kirchen nicht mutig und vorausschauend genug, von sich aus die seit Jahren in verschiedenen Kreisen von Kirchen und Gesellschaft intensiv diskutierten Themen zur Modernisierung des Staatskirchenrechtes in Deutschland auf die kirchenpolitische Agenda zu setzen – wohl weil sie auch geistlich spirituell überkommenen Strukturen verhaftet blieben.

So wurde leider die Chance für eine begeisterte gesellschaftliche Verfassungsdebatte nicht nur von der Politik, sondern auch von den Kirchen in Deutschland vertan: Alle neuen Bundesländer schlossen Verträge mit den evangelischen Landeskirchen und mit der katholischen Kirche – dem „Heiligen Stuhl" – ab, und es blieb im Wesentlichen alles beim Alten.

Die erzwungene Debatte über die Reform der Institution Kirche

Und so kommt es, dass jetzt der „Fall Tebartz-van Elst" den Kirchen die Debatte über die ganze Themenpalette von außen mit Wucht aufzwingt, über

- rechtliche Grundlagen des Religionsverfassungsrechts: Verfassungsprinzipien der Säkularität, der Neutralität und der Parität;
- vertragliche Grundlagen des Religionsverfassungsrechts: Konkordate und Staatsverträge;
- den Begriff der – anerkennungsfähigen – Religionsgemeinschaft: Abgrenzung zur Weltanschauungsgemeinschaft, Definitionskompetenz;
- Körperschaftsstatus und Binnenstruktur: Sind demokratische Prinzipien erzwingbar? Einflussnahme auf Binnenstrukturen?;
- kirchliches Arbeitsrecht: individuelles (Antidiskriminierung), kollektives (Loyalitäten und Dienstgemeinschaft, „Dritter Weg");
- öffentliche Präsenz von Religionsgemeinschaften: u. a. Verwendung religiöser Symbole im politischen Bereich (Zivilreligion);
- kirchliche Präsenz in staatlichen bzw. öffentlichen Einrichtungen: Schulen (z. B. Religionsunterricht, LER), Hochschulen (theologi-

sche Lehrstühle, Konkordatslehrstühle), Anstaltsseelsorge (Strafanstalten, Krankenhäuser, Militär), Mitwirkung in Rundfunkräten;
- anlassbezogene Präsenz: Notfalleinsätze, Seelsorgebeistand bei Katastrophen, Ethikbeiräte;
- Finanzierung religiöser Einrichtungen: Staatsleistungen und Subventionen; Kirchensteuer und Mitgliedsbeiträge, Spenden, „Kultursteuer"; indirekte Finanzierung durch steuerliche Vergünstigungen;
- Kollision religiöser Gebote mit Rechtsgütern (u. a. Körperintegrität, Erziehung, Familie, Kindeswohl).

Jetzt rächt sich, dass die Kirchen in Deutschland diese Themen nur dann offensiv und öffentlich angegangen sind, wenn sie sich in Einzelthemen Chancen ausrechnen konnten, Mehrheiten zugunsten der eigenen Auffassung zu erreichen – so z.B. im „Kruzifixstreit" in Bayern – aber alle ihnen nicht genehmen Diskurse zu diskreditieren oder in klandestine Gesprächskreise zu verschieben versuchten. Zwei offensichtliche Beispiele dafür sind die Kirchensteuer und das kirchliche Arbeitsrecht:

Als sich 1990 im Zusammenhang mit der Wiedervereinigung in Deutschland die Frage nach einer der Realität in allen 16 Bundesländern angemessenen Kirchensteuerregelung stellte, wurde die in der Bundesrepublik geltende Regelung als bestmögliche Lösung verteidigt. Befürworter anderer Modelle – z.B. einer „Kultursteuer" – wurden als Kirchenfeinde oder weltfremde Spinner abgetan. Mit dem Tunnelblick der engstirnigen Besitzstandswahrung übersah man geflissentlich die Risiken und Zumutungen des geltenden Kirchensteuerrechts. Man blendete die Tatsache aus, dass man sich über das System Kirchensteuer von den steuerrechtlichen Regelungen des Staates und der Konjunktur abhängig machte. Man ignorierte, dass in den neuen Bundesländern nur 7–20 % der Bevölkerung den beiden großen christlichen Kirchen angehörten.

Offenbar war den Kirchenmännern die Zumutung egal, dass eine der ersten Glaubenserfahrungen der Diasporachristen im wiedervereinigten Deutschland die war, dass sich ihre Zugehörigkeit zur Gemeinschaft der Gläubigen am zwangsweisen Kirchensteuerzahlen festmacht. Man wollte sich nicht vorstellen, dass dieser Tatbestand auch in den „alten Bundesländern" nicht wenige Christen dazu motivieren könnte, das „Steuersparmodell Kirchenaustritt" zu wählen. Und erst recht konnte man sich nicht vorstellen, dass auch nicht konfessionell Gebundene aus Wertschätzung für beispielhafte Leistungen der Christen in Caritas, Erziehung, Kranken- und Altenpflege, Kultus, Lehre und Kultur womöglich gerne ihre Kultursteuer den christlichen Kirchen widmen könnten.

1990 wäre die Einführung einer Kultursteuer anstelle der Kirchensteuer möglich und ein Signal für die Modernisierung des Staatskirchenrechts gewesen. Dem Glauben wäre endlich der gebührende Vorrang gegenüber dem Kirchensteuerzahlen als Kriterium der Zugehörigkeit zur eigenen Religionsgemeinschaft eingeräumt worden. Heute, fast ein Viertel Jahrhundert später und mit einer stetig ansteigenden Zahl nicht konfessionell Gebundener würde die Einführung einer Kultursteuer erheblich mehr Überzeugungsarbeit kosten, damit sie von diesen nicht als unverschämte Steuererhöhung abgelehnt werden würde.

Ähnliches gilt für das kirchliche Arbeitsrecht überkommenen Zuschnitts, das doch eigentlich nur kompatibel mit einer auch im alltäglichen Glaubensleben homogenen volkskirchlichen Zivilgesellschaft oder einer kleinen, „rechtgläubig" sich auf den „heiligen Rest" zurückziehenden Kirche ist. Bei der Wiedervereinigung nahmen die beiden großen christlichen Kirchen keine Rücksicht darauf, was die Anwendung des kirchlichen Arbeitsrechtes in Anbetracht der massiven Ausweitung ihres caritativen und diakonischen Einsatzes in den neuen Bundesländern für die vielen nicht getauften Mitarbeitenden bedeuten würde, die sie dafür rekrutieren mussten.

Damit verschärften sie selbst eine Problematik, die in den alten Bundesländern bereits seit den 1980er Jahren viel Staub aufgewirbelt und zu gerichtlichen Auseinandersetzungen geführt hatte: Die Frage nämlich, ob Konfessionszugehörigkeit und ein dem kirchlichen Lehramt entsprechender Lebenswandel Mitarbeitenden nicht lediglich in Arbeitsbereichen der „engeren Verkündigung" zwingend abverlangt werden darf und für die übrigen Loyalität, Kenntnis über und Wertschätzung gegenüber dem christlichen Glauben ausreichen. Während sich in den neuen Bundesländern die kirchlichen Arbeitgeber fragen mussten, ob z. B. konfessionslose Krankenschwestern sich irgendwann taufen lassen müssen, um ihren Arbeitsplatz behalten zu können, wurde diese Frage in den alten Bundesländern dadurch zunehmend virulent, dass immer mehr Menschen konfessionslos sind. Das Versäumnis der Kirchen, aus eigenem Antrieb zukunftstaugliche Reformen des kirchlichen Arbeitsrechts in Angriff zu nehmen, rächt sich nun. Wenn sich daran nichts ändert, werden Gerichtsurteile eine Novellierung in Gang bringen. Es sei denn, die Apologeten des „heiligen Restes" setzten sich durch – und die Kirchen würden nur noch in dem Maße in Bereichen wie Betreuung, Erziehung und Lehre, Diakonie und Caritas tätig, in dem sie alle benötigten Arbeitsplätze mit solchen getauften Mitarbeitenden besetzen können, die bereit sind in vollem Einklang mit allen lehramtlichen Grundsätzen ihrer Kirche ihr berufliches und privates Leben zu gestalten. Eine solche Entwicklung würde fast zwangsläufig in die Sackgasse von Sektierertum und Fundamentalismus führen und den Auftrag Jesu verraten, seine Frohe Botschaft in Wort und Tat zu allen Menschen, besonders den „Mühseligen und Beladenen", hinzutragen.

„Herr, wohin sollen wir gehen?" (Joh 6,68)

Wutwellen, Spott und Hohn, die nun öffentlich über den Bischof von Limburg niedergehen und die damit zusammenhängenden hartnäckigen Fragen nach der Gestalt der Institution Kirche fordern die katholische Kirche – aber auch die anderen Kirchen und Religionsgemeinschaften in Deutschland – zur öffentlichen Selbstauskunft und Standortbestimmung heraus: Wie haltet ihr es mit den Errungenschaften der Moderne, den allgemeinen Menschenrechten, Glaubens- und Gewissensfreiheit, der Gleichberechtigung von Mann und Frau...? Wie ist euer Verhältnis zu Gewalt? Nach welchen Grundsätzen gestaltet ihr euer institutionelles Binnenverhältnis, eure Leitungsstrukturen, euren Umgang mit Finanzen, Mitarbeitern, euch Anvertrauten? Wie geht ihr mit Kritik und abweichenden Meinungen im Binnen- und Außenverhältnis um? Wie setzt ihr euch in Beziehung zu anderen Weltanschauungen und Religionsgemeinschaften, zu Politik, Wissenschaft, Wirtschaft und Gesellschaft insgesamt?

Kirchen und Religionsgemeinschaften müssen ihre Glaubenssätze hermeneutisch auf die Höhe der Moderne bringen. In unserer Gesellschaft wird oft herablassend darüber geredet, wie notwendig der Islam eine Entwicklung brauche, um in der Moderne anzukommen. Aber auch die katholische Kirche hat hier noch erhebliche Anstrengungen vor sich. Dazu muss sie die in ihrer Mitte zu Wort kommen lassen, denen sie den Mund verboten hat oder denen sie nicht richtig zuhört. Menschen sehnen sich nach Sinn und Gemeinschaft. In globalen wie in persönlichen Auf- und Umbrüchen suchen sie nach einem „letzten Grund". Aber wie wollen Glaubensgemeinschaften diese Sehnsucht stillen und solche Fragen aufgreifen, wenn sie nicht einmal gelernt haben, in einer Art und Weise zu sprechen, die moderne Menschen erreicht?

In allen Religionsgemeinschaften in Europa gibt es den von den geistlichen Autoritäten unterschätzten, wenig ernst genommenen Durchschnittsgläubigen – den säkular gesonnenen, dem sein Glaube Heimat, aber nicht der allein selig machende Maßstab für ein gelingendes Leben ist. Diese Menschen müssen bei religionspolitischen Debatten und Entscheidungen mit einbezogen werden. Und: Kirchen und Religionsgemeinschaften sollten aus eigenem Antrieb gut in die säkulare Welt hinein hören. Selbst in der schrillen Kritik derjenigen, die in allen Glaubensgemeinschaften einen Nährboden für Intoleranz und Fundamentalismus wittern, steckt viel Wahres. Erst durch richtiges Hinhören können kirchenleitende Autoritäten lernen, selbst richtig zu sprechen und die Herzen und Köpfe der Menschen zu erreichen.

2 000 Jahre Christentum haben Europa und unser Land maßgeblich mit gestaltet. Sakralbauten prägen seit Jahrhunderten das Bild von Städten und Dörfern. Als steinerne Zeugen geben sie Auskunft über entscheidende Wurzeln unserer Kultur. Musik, Literatur, bildende Kunst – die weltweit bewunderte europäische Kultur insgesamt – wären ohne Kenntnis der biblischen Geschichten nicht zu verstehen. Christliche Barmherzigkeit war und ist grundlegend für die Fürsorge gegenüber Armen, Kranken und Benachteiligten. Die sozial und caritativ engagierte Zivilgesellschaft verdankt sich maßgeblich christlich motiviertem Engagement und Einsatz. Aber die christlichen Kirchen sind auch Ursache und Auslöser katastrophalen Unrechts in der Europäischen Geschichte gewesen und haben im Hitlerfaschismus kläglich versagt. Sie sind in Europa durch das Feuer von Religionskriegen, Reformation und Aufklärung gegangen und bekennen sich heute zu Glaubens- und Gewissensfreiheit und den allgemeinen Menschenrechten.

So sind sie – trotz aller Fehler und aller Arroganz der Macht – zu einem weltweit ausstrahlenden Leuchtfeuer eines aufgeklärten und menschenfreundlichen Gottesglaubens geworden. Das sollten sie nicht mutwillig durch Lähmung, Reformunfähigkeit und selbstgerechten Rückzug auf einen „heiligen Rest" angeblich Rechtgläubiger auslöschen. Sie würden damit nicht nur die eigene Fortexistenz riskieren, sondern das Feld des Glaubens religiösen Sektierern und Fundamentalisten überlassen und eine der tragenden Säule des „christlichen Abendlandes" eigenhändig zerstören.

Literatur

Fuchs, Ottmar: Im Innersten gefährdet. Für ein neues Verhältnis von Kirchenvolk und Kirchenamt, Innsbruck 2009.
Mückl, Stefan: Das Verhältnis von Staat und Kirche in Deutschland, Gutachten für die Bertelsmann Stiftung, abrufbar unter www.bertelsmann-stiftung.de.
Nickels, Christa: Christentum und Menschenrechte. Aktuelle Herausforderungen, in: Albus, Michael/Herkert, Thomas (Hrsg.): Macht und Gewissen. Christentum und Menschenrechte in Europa, Freiburg 2008, 61–80.
—: Was erwartet die Gesellschaft von der Kirche, in: Pesch, Otto Hermann (Hrsg.): Gottes Kirche für die Menschen. Erwartungen, Forderungen, Träume, Kevelaer 2011, 11–28.
—: Gesellschaft im Aufbruch. Grüne Kirchenpolitik 1994–2005, hrsg. v. Grüne Bundestagsfraktion, 2007.
Staatsleistungen an Religionsgesellschaften: Ein Relikt aus der Vormoderne? Reformforderungen aus christlich-grüner Sicht. Diskussionspapier der Bundesarbeitsgemeinschaft „Christinnen und Christen bei den Grünen".

Sinn für unlösbare Fragen

Isolde Karle

Wenn wir über Kirche nachdenken, ist es wichtig, sich den Wandel der Gesellschaft vom Mittelalter hin zur Moderne vor Augen zu führen. Denn das, was wir heute gerne als Krise der Kirche bezeichnen, hat wesentlich mit der Umstellung der Gesellschaftsstruktur zu tun. Die mittelalterliche Gesellschaft war nach Schichten differenziert, d. h., nicht *was* jemand sagte, sondern *wer* etwas sagte, war von entscheidender Bedeutung. Die Gesellschaft war hierarchisch strukturiert. Das Religionssystem bildete dabei das Dach der Gesellschaft. Das Christentum stellte eine Metaerzählung zur Verfügung, die jedem seinen Ort in der Gesellschaft zuwies.

Seit dem 16. Jahrhundert entwickelten sich dann langsam funktionale Differenzierungsformen, die sich im 18. und 19. Jahrhundert schließlich als primäre gesellschaftliche Struktur durchsetzten. D. h., Religion und Politik oder auch Religion und Recht bilden nun kein Amalgam mehr, sondern differenzieren sich gegeneinander aus und bilden eigenständige Funktionssysteme, die unabhängig voneinander operieren. Für das Religionssystem brachte dieser Wandel deutliche Einbußen im Hinblick auf Macht und Einfluss mit sich. So konnten die Kirchen nicht länger den Zugang zu anderen Teilsystemen regulieren. Durch die Einführung der Zivilstandsregister wurde Ende des 19. Jahrhunderts auch die Beurkundung von Eheschließungen, Geburten und Todesfällen unabhängig von der Kirche. Das hatte teilweise gravierende Auswirkungen auf die Teilnahme an kirchlichen Amtshandlungen. Die Religion wurde zunehmend auf sich allein gestellt.

Bemerkenswerterweise gab es vor allem innerhalb des Protestantismus von Anfang an Theologen, die diese Entwicklung hin zu mehr Freiheit von und zugleich für Religion nicht bekämpften, sondern als Chance für die Kirche begriffen. Zunächst ist hier an Martin Luther zu erinnern, der mit seiner Lehre vom allgemeinen Priestertum eine hierarchische Unterscheidung nach Ständen zurückwies und es ablehnte, den geistlichen Stand als dem weltlichen überlegen zu betrachten. Für Luther ist elementar, dass das, was Christen tun, sich lediglich im Hinblick auf ihr Werk, ihre Funktion unterscheidet, nicht aber durch ihren Stand. Durch die Taufe sind alle Christen gleich und haben dieselbe Würde vor Gott. Mit seiner Zweiregimentenlehre unterstreicht Luther diese funktionale Perspektive auf die Welt. Er weist Kirche und Staat unterschiedliche Zuständigkeitsbereiche und Rationalitäten zu.

Blieb Martin Luther insgesamt noch in der mittelalterlichen Welt und Denkweise gefangen, erkannte und begrüßte Friedrich Schleiermacher am Ende des 19. Jahrhunderts schon sehr viel klarer die funktionale Differenzierung der Gesellschaft. Zeit seines Lebens setzte er sich für die Trennung von Staat und Kirche ein. Für ihn war es elementar, dass sich der Staat nicht in Religionsfragen einmischen darf und dass die Religion erst dann gedeihen kann, wenn sie in ihrer eigenen ganz spezifischen Wesensart erkannt und kommuniziert und nicht für andere Zwecke missbraucht wird.

Aus der Sicht von Luther und Schleiermacher ist die funktionale Differenzierung der Gesellschaft insofern nicht als Funktionsverlust für die Religion zu beklagen, vielmehr befreit sie den Staat von religiösen Ansprüchen und die Kirche von politischer Macht. Dass für die Kirche damit tatsächlich Gewinne einhergehen, wird unter anderem daran deutlich, dass das Ansehen von Pastorinnen und Pastoren heute sehr viel besser ist als ehedem. Die Menschen schätzen es, dass Pfarrer nicht mehr über sie herrschen, dass sie ihnen keine Vorschriften mehr für ihre Lebensführung machen, dass sie vielmehr zu einfühlsamen seelsorgerlichen Lebensbegleitern geworden sind. Die Kirche hat dadurch an Glaubwürdigkeit gewonnen.

Zugleich ist nicht zu verkennen, dass die Religion durch die funktionale Differenzierung der Gesellschaft strukturell geschwächt wurde. Die Indifferenz gegenüber Religion hat mit der Pluralisierung der Gesellschaft zugenommen. Das wirkt sich auch auf die Stellung der Kirchen aus. Man kann erstens auch ohne Kirche religiös kommunizieren und zweitens auf Religion auch ganz verzichten. Es ist heute kein Problem mehr, als konfessionsloser Mensch Karriere zu machen oder gesellschaftliche Anerkennung zu finden. Anders ist das bei Bildung und Wirtschaft. So besteht beispielsweise Schulpflicht, bis heute ist das homeschooling hierzulande verboten; und ohne Geld, dem Medium des Wirtschaftssystems, kann sich niemand an Gesellschaft beteiligen. Aus der Kirche kann man austreten, aus dem Steuersystem nicht. Umgekehrt bedeutet dieser Befund wiederum, dass eine Kirchenmitgliedschaft und vor allem die aktive Beteiligung am kirchlichen Leben heute sehr viel voraussetzungsreicher und unwahrscheinlicher und deshalb auch sehr viel höher einzuschätzen sind als früher. Religion ist gänzlich freiwillig – nichts zwingt mehr dazu, sich mit Religion zu befassen. Deshalb schätzen es viele Volkskirchenchristen auch, dass sie Religion aus der Distanz heraus unterstützen und sich dazugehörig fühlen können, ohne mit allzu vielen Interaktionserwartungen und Verpflichtungen konfrontiert zu werden.

Zwischen Reformstau und Reformstress

Entgegen des von der Kirche zuweilen propagierten Eifers in Sachen Mission und Marketing impliziert diese Analyse, dass die Kirche nicht allzu viel an der derzeitigen Lage ändern kann und dass es gleichzeitig viel Grund gibt, die Lage der Kirche nicht so negativ und alarmistisch zu beurteilen wie das häufig geschieht. Die Kirche kann unter den gegenwärtigen gesellschaftlichen Bedingungen schwerlich „gegen den Trend wachsen", sie kann nicht plötzlich wieder zum Dach der Gesellschaft oder zur allgemeinen Bundeswerteagentur werden.

Das heißt keineswegs, dass es keinen Reform- oder Verbesserungsbedarf in der Kirche gibt oder dass die Kirche die Hände in den Schoß legen sollte. Aber es heißt sehr wohl, realistisch und gelassen die Grenzen *organisatorischer* Steuerungsmöglichkeiten in den Blick zu nehmen. Sehr vieles, was für die Kirchen wichtig ist, ist ihrem Einfluss entzogen. Die evangelische Kirche neigt in der Gegenwart dazu, diese Unverfügbarkeit oder Nichtsteuerbarkeit zu unterschätzen und sich selbst zu stark unter dem Gesichtspunkt der Gestaltbarkeit wahrzunehmen. Die Volkskirche wird künftig kleiner werden. Dieser Prozess ist unter den Bedingungen der funktional differenzierten Gesellschaft kaum aufzuhalten – jedenfalls nicht durch schnöde Strukturreformen, wie sie gegenwärtig allerorten durchgeführt werden.

Allerdings gilt es bei allen Parallelen der beiden Großkirchen signifikante konfessionelle Unterschiede zu beachten. Während die protestantische Kirche alle wesentlichen Institutionsfragen im Sinne einer Modernisierung ihrer Gestalt bereits entschieden hat, befindet sich die katholische Kirche derzeit in einem lähmenden Reformstau: Hier werden bislang viele wesentlichen Reformschritte dogmatisch blockiert. Die als dringend empfundenen Reformvorhaben, die nicht nur eine Frage der Modernität, sondern der Glaubwürdigkeit der Kirche geworden sind, liegen dabei seit Jahrzehnten auf dem Tisch und werden von vielen katholischen Christen angemahnt: Es geht um die Stellung von Frauen und Homosexuellen, um eine realistischere (barmherzigere) Sexual- und Ehemoral, um die Zulassung zur Eucharistie für Wiederverheiratete, aber auch um den Zölibat als Voraussetzung für das Priesteramt, der nicht nur für viel Leid, sondern auch für eine problematische Selektion des Priesternachwuchses in Deutschland sorgt. Neben diesen Lebensführungsfragen geht es *last but not least* auch um eine demokratischere Struktur der Kirche und damit um effizientere Kontroll- und Mitbestimmungsmöglichkeiten durch entsprechend legitimierte Gremien.

Nun ist der Einwand nicht unberechtigt, dass die evangelische Kirche nicht sonderlich davon profitieren konnte und kann, dass sie diese Fragen mittlerweile weitgehend geklärt und entschieden hat. Doch kann man davon ausgehen, dass beide Kirchen nicht unwesentlich an Glaubwürdigkeit und damit an Zustimmung gewännen, wenn die katholische Kirche sich in der Lage sähe, hier behutsame Veränderungen und Öffnungen vorzunehmen. Zum einen träten die Kirchen dann ökumenischer auf, zum andern hätte die evangelische Kirche nicht so sehr unter den Folgen dessen zu leiden, was in der katholischen Kirche aufgrund der fehlenden Reformen schief läuft. So treten immer wieder Menschen aus der evangelischen Kirche aufgrund von Ereignissen in der katholischen Kirche aus – in jüngster Zeit war dies bei den Unstimmigkeiten um den Limburger Bischof der Fall. Viele der Vorkommnisse, die von den Medien sicherlich überzeichnet dargestellt und inszeniert werden, gehen auf mangelnde Reformen in den genannten Bereichen zurück und zerstören Vertrauen – in beiden Kirchen.

Die evangelische Kirche wiederum, die sich als Kirche *semper reformanda* versteht und die Reformfreudigkeit ihrer Mitglieder zuweilen überstrapaziert, sieht sich aufgrund zurückgehender Mitgliederzahlen und des demographischen Wandels seit einiger Zeit zu grundlegenden Struktur- und Organisationsreformen herausgefordert. Diese werden allerdings nicht nüchtern als ökonomisch bedingte Notwendigkeiten, sondern geistlich verbrämt als Fortschritt und Verlebendigung der Kirche interpretiert und kommuniziert.

Während die katholische Kirche unter einem *Reformstau* leidet, leidet die evangelische Kirche unter einem *Reformstress* und manövriert sich dabei in zahlreiche konflikthafte, zeit- und kraftraubende Fusionen und Strukturreformen hinein. Ich will mich hier nicht mit der Qualität der Reformen im Einzelnen befassen, sondern nur grundsätzlich anmerken, dass dabei Erwartungen geweckt werden, die nicht zu erfüllen sind und in Erschöpfung und Enttäuschung münden werden (ausführlich Karle 2011). Die Kirche wird dadurch im besten Fall ein paar verwaltungstechnische Verbesserungen erreichen, aber nicht grundsätzlich attraktiver werden und ganz sicher keine neuen Mitglieder gewinnen.

Die Kirche lebt zentral von Prozessen, die nicht organisierbar sind: von klugen und glaubwürdigen Pfarrerinnen und Pfarrern, von guten und inspirierenden Begegnungen, von begabten und engagierten Menschen, von Kirchengebäuden, an denen kulturelle und biographische Erinnerungen haften, von sich bildenden Gemeinschaften und spontanen Sozialbeziehungen etc. In solchen Zusammenhängen und Interaktionen wird der Glaube geweckt, belebt und gestärkt. Diese sind aber nicht gezielt herbeiführbar. Dass sich der Glaube jeder Planbarkeit entzieht, liegt ohnehin auf der Hand. Insofern: Die kirchlichen Strukturen mögen sich vergleichsweise leicht über Entscheidung verändern lassen, nicht aber die religiöse Praxis. Das wird bei so mancher Missionsstrategie verkannt. In aller Regel ereignet sich das Überraschende und Innovative jenseits des Organisier- und Planbaren. Die evangelische Kirche tut deshalb gut daran, nicht das Unentscheidbare entscheiden zu wollen. Die paradoxen Effekte eines solchen Vorgehens lassen nicht auf sich warten.

Perspektiven

Entgegen den Reformprogrammen beider Großkirchen, die Leuchttürme und überregionale Einheiten als zukunftsweisend betrachten, kommt es darauf an, soweit wie möglich in der Fläche präsent zu bleiben. Die große Stärke der Kirche war immer ihre Präsenz vor Ort, ihre Vernetzung in die nachbarschaftlichen und lokalen Strukturen hinein, ihr dezentes Operieren am Nerv der Zeit. Menschen brauchen die Vertrautheit von Zeiten, Orten und Gesichtern. Die konkrete Begegnung von Menschen, die Präsenz des Pfarrers und der Pfarrerin und das ehrenamtliche und zivilgesellschaftliche Engagement der vielen vor Ort sind deshalb unschätzbar, auch und nicht zuletzt im Hinblick auf die vielen zufälligen Begegnungen und Kontakte, die dadurch ermöglicht werden. In den Gemeinden entstehen bei aller Fragilität und mangelnden Exzellenz lebenslange Loyalitäten und religiöse Bindungen. Mehr als alles andere braucht die Kirche „Gelegenheiten für Begegnungen unter Leuten" (Lehmann 2008, 125). Nur hier entsteht das Vertrauen, das so elementar ist für die Kirche und ihre Ausstrahlungskraft. Deshalb sollte die Kirche nicht vorschnell ihre dezentralen Strukturen abbauen, sondern sehr behutsam, vorsichtig und lernbereit notwendige Strukturveränderungen vornehmen.

Mit der Umstellung der Gesellschaftsstruktur haben sich neue kulturelle Semantiken wie „Selbstbestimmung" und „Selbstverwirklichung" eingespielt. Diese erweisen sich zwar bei näherem Hinsehen als Korrelat der Struktur funktionaler Differenzierung, weil diese Individuen voraussetzen muss, die in der Lage sind, ihre ständig wechselnde Teilnahme an den Funktionssystemen selbst zu organisieren – anders als in der ständischen Gesellschaft, in der man mit Haut und Haaren einer Schicht zugeordnet war. Doch wird die Wunschliste der Individualität „den Individuen so vorgelegt, als ob sie deren eigene, innerste Hoffnungen enthielte" (Luhmann 1995, 132). Zugleich macht gerade die Semantik der Individualisierung und Selbstbestimmung der Kirche die Anpassung an die Moderne so schwer, weil diese von der Tradition lebt, von der Orientierung am Überlieferten, von der Vergegenwärtigung eines kulturellen Gedächtnisses.

Eine biblische Erzählung, die 2 000 Jahre alt ist, ist nicht so eingängig und unmittelbar anschlussfähig an aktuelle Denk- und Sprachgewohnheiten wie es Sport- oder Medienereignisse sind. Und doch liegt gerade hier das große Potential der Kirche. Die Kirche ermöglicht durch die *Ungleichzeitigkeit* der Religion, durch das Eintauchen in längst vergangene Erfahrungen, durch das Gewahrwerden von Stimmen und Deutungen einer ganz anderen Zeit eine Distanz zur Gegenwart. Sie verfremdet unseren Alltag und unsere Lebensgewohnheiten. Erst im Vergleich zu anderen Zeiten und Erfahrungen können wir diese überhaupt als kontingent reflektieren und wahrnehmen. Die Kirche pflegt das kulturelle Gedächtnis dabei über vielfältige, teilweise recht unscheinbare Praktiken: Durch das Läuten der Glocken, durch Kirchengebäude, durch die Struktur des Kirchenjahres, durch das Feiern von Gottesdiensten am Sonntagmorgen und an den Wendepunkten des Lebens, durch Gebete, Lieder, Predigten, durch das Erzählen von biblischen Geschichten und ihre Deutung im Religionsunterricht usw. usf. Die Kirche hält damit das christliche kulturelle Gedächtnis lebendig und pflegt zugleich ein Ethos, das sich keineswegs von selbst versteht.

Die große Herausforderung für die Kirche und die Pfarrerinnen und Pfarrer ist dabei, einerseits eine jahrtausendealte Tradition zu plausibilisieren und in die gegenwärtige Lebenswelt hinein zu übersetzen – seit über 200 Jahren arbeitet sich die wissenschaftliche Theologie an der Aufklärung ab. Andererseits gilt es darauf zu achten, dass sich religiöse Einsichten nicht komplett und verlustfrei in eine säkulare Sprache transformieren lassen. Religionen sind Rationalitätsspeicher eigener Art, sie pflegen eine eigene Vernunft, sie haben sich etwas Widerständiges gegen die alltäglichen Routinen und Plausibilitäten bewahrt. Die Kirche darf deshalb weder ritualistisch-orthodox vermeintlich „richtige Wahrheiten" zeitlos verkündigen, noch sich durch eine säkularisierende und sich anbiedernde Sprache selbst marginalisieren.

Ein Beispiel: In dem Bemühen, den Menschen entgegen zu kommen, neigen evangelische Pfarrerinnen und Pfarrer manchmal dazu, die Rechtfertigungslehre von Martin Luther stark zu trivialisieren und damit die Menschen in ihrer Schuld- und Irrtumsfähigkeit nicht wirklich ernst zu nehmen. Die Menschen wollen aber nicht ständig getröstet werden, sie wollen nicht immer wieder gesagt bekommen, dass das, was sie tun oder nicht tun, keinen Unterschied macht, weil Gott sie in jedem Fall bedingungslos liebt. Sie wollen ernst genommen werden in ihrem Willen, ihr Leben sinnvoll zu führen, sind aber auch erwachsen genug, den Schmerz auszuhalten, wenn eine Entscheidung sich im Nachhinein als falsch erweist oder sie geirrt haben – mit all den Konsequenzen, die dann zu tragen sind. Deshalb ist auch das Versprechen vor dem Altar „bis dass der Tod euch scheidet" bei einer Trauung ganz und gar ernst zu nehmen. Jeder und jede, der dieses Versprechen heute einem anderen gibt, weiß um die hohe Scheidungsquote und damit darum, dass er damit ein nicht geringes Risiko eingeht. Das ändert aber nichts an der Ernsthaftigkeit dieser Formel. Sie ist eine Bekräftigung dessen, was das Paar vor Gott will, ein Versprechen, das das Paar auch in schweren Zeiten hindurchtragen soll. Alle „Ermäßigungen" sind deshalb mutlos und trauen den religiösen Subjekten zu wenig zu. Diesen steht in der Regel klar vor Augen, dass sie an dem damit verbundenen Anspruch auch scheitern können. Eine entscheidende Herausforderung scheint mir deshalb zu sein, so über christliches Leben zu sprechen, dass es unter Verzicht auf eine moralisch-besserwisserische Haltung zu einer ethischen Orientierung kommt, mit der man sich auseinandersetzen kann.

Auf einer Konferenz meinte neulich der anglikanische Bischof Nicholas Baines: „The church was a mess, is a mess and will be a mess – let's get over it". Der Zustand der Kirche als „mess" ist nicht weiter beklagenswert, sondern in gewissen Grenzen normal. Statt zu viel Ordnung suchen und die Kirche nach einem Masterplan von oben nach unten reformieren und standardisieren zu wollen, gilt es die Möglichkeiten, die da sind, kreativ und zugleich gelassen zu nutzen, auf die Menschen vor Ort zu hören und nicht falschen Effizienz- und Erfolgsvorstellungen hinterher zu jagen. Die Kirche lebt davon, das Unbeobachtbare in der beobachtbaren Welt präsent zu halten, ihre Aufgabe ist es, unlösbare Fragen zu stellen und wach zu halten.

Die Kirchen stehen als Institutionen für das Unverfügbare und Transzendente. Sie sind Orte der Mehrdeutigkeit und der Widerspruchsbewältigung. Sie thematisieren die Endlichkeit des Menschen, sie bieten einen Resonanzraum für den Schmerz und das Leid, aber auch für die Dankbarkeit für das unwahrscheinliche Glück des Lebens. Pfarrerinnen und Pfarrer sind als Experten für das brüchige Leben besonders dazu herausgefordert für diejenigen da zu sein, die in der Leistungsgesellschaft unter die Räder kommen oder schlicht: die mit den ganz normalen Riskanzen und Brüchen eines spätmodernen Lebens zurecht kommen müssen. Glaube, Liebe und Hoffnung – das ist die Trias, der sich die Kirche verschrieben hat. Wenn sich die Kirche mit gediegenem Selbstbewusstsein auf diese Botschaft konzentriert, wenn sie dabei weder rückwärts orientiert, noch selbstvergessen vorgeht, wird sie weiterhin unschätzbar für eine humane Kultur und Gesellschaft sein. Dann wird sie ihre Akteure an vielen unterschiedlichen Orten und unter unterschiedlichen Bedingungen ermutigen, Freiräume für Innovationen auszuloten und – ohne die traditionellen Wege zu unterschätzen – neue Wege des Glaubens zu gehen.

Literatur

Karle, Isolde: Kirche im Reformstress, Gütersloh ²2011.
Lehmann, Maren: Leutemangel. Mitgliedschaft und Begegnung als Formen der Kirche, in: Hermelink, Jan/Wegner, Gerhard (Hrsg.): Paradoxien kirchlicher Organisation. Niklas Luhmanns frühe Kirchensoziologie und die aktuelle Reform der evangelischen Kirche, Würzburg 2008, 123–144.
Luhmann, Niklas: Die gesellschaftliche Differenzierung und das Individuum, in: Ders. (Hrsg.): Soziologische Aufklärung Bd. 6. Die Soziologie und der Mensch, Opladen 1995, 125–141.

Neues Selbstbewusstsein
Judentum in Deutschland

Olaf Glöckner

Ob das Judentum sich zuallererst als Religion oder als Nation versteht, darüber streiten sich die Geister seit der Antike. Allerdings kennt die Geschichte des jüdischen Volkes kaum Momente, in denen Religion und Tradition ihre Bedeutung gänzlich verloren hätten. Das gilt auch für die Gegenwart, wenngleich die Diskussion über individuelles und kollektives Selbstverständnis aus unterschiedlichsten Blickwinkeln geführt wird.

Jüdische Kontinuität ergab sich über Tausende von Jahren durch das Studium von Tora und Talmud, die tradierte Sakralsprache (Hebräisch), gemeinsam gepflegte Riten und eine ausgeprägte Solidargemeinschaft. Fernab von Eretz Israel, dem Land der Väter, blieben starke Diaspora-Zentren erhalten, nicht zuletzt auch in „Aschkenas", wie die mittelalterliche rabbinische Literatur den deutschsprachigen Raum bezeichnete. Hier existierten jüdische Ansiedlungen bereits seit dem 4. Jahrhundert, mit eigenen Synagogen und Schulen unter anderem im Rheingebiet. Sie strahlten auch auf andere Gemeinden in Mitteleuropa aus, bevor periodische Pogrome und eine sukzessive rechtliche Benachteiligung entweder Vertreibung, Isolierung oder auch Ghettoisierung nach sich zogen. Dennoch blieb ein Großteil der in „Aschkenas" lebenden Juden der Tradition ihrer Väter treu und verweigerte den Weg der Assimilation.

Neue Chancen der Selbstfindung und der Emanzipation ergaben sich durch die Ideen der europäischen Aufklärung, die bald auch die gebildeten jüdischen Eliten erreichten. Eine ganz wesentliche Bedeutung sollte dabei die jüdische Aufklärungsbewegung, die „Haskalah", gewinnen, die untrennbar mit dem Philosophen Moses Mendelssohn (1729–1786) und dem Unternehmer und Publizisten David Friedländer (1750–1834) verbunden war. Mendelssohn übersetzte als erster die fünf Bücher Mose aus dem Hebräischen ins Hochdeutsche (1783) und verhalf damit zahlreichen Juden dazu, ihre eigene Integration in das deutschsprachige Umfeld zu beschleunigen. Strittig blieb aber von Anfang an die Frage, wie weit die kulturelle Integration der Juden in die nichtjüdische, deutschsprachige, christliche Mehrheitsgesellschaft gehen könne und solle. Auch dies beeinflusste die Herausbildung jener drei religiösen Strömungen, die auch für das heutige Judentum weltweit prägend sind: der liberalen, der konservativen und der (modern) orthodoxen.

Zu einer zentralen Figur der liberalen Bewegung entwickelte sich der aus Frankfurt am Main stammende Rabbiner Abraham Geiger (1810–1874). Er plädierte für die Anpassung der tradierten jüdischen Religionsgesetze an moderne, westliche Gegebenheiten und für den Gebrauch der deutschen Sprache in der jüdischen Liturgie. Einem Großteil der jüdischen Speisegesetze (Kaschrut) stand er ebenfalls kritisch gegenüber. Geiger setzte sich auch – allerdings vergeblich – für die Einrichtung jüdischer theologischer Lehrstühle an deutschen Universitäten ein. Gemeinsam mit einigen seiner Mitstreiter gründete er 1872 in Berlin die Hochschule für die Wissenschaft des Judentums. Das sich formierende liberale Judentum wurde rasch in ganz Deutschland populär, und eine deutliche Mehrheit der lokalen Gemeinden fühlte sich davon angezogen.

Parallel zu den innerjüdischen Reformbewegungen entwickelte sich aber auch eine starke Neo-Orthodoxie, die sich mit eigenen „Austrittsgemeinden" mehr oder weniger entschieden von den liberalen Gemeinden abgrenzte und für die Persönlichkeiten wie Rabbi Esriel Hildesheimer (1820–1899) und Rabbi Samson Raphael Hirsch (1808–1888) standen. Anfang der 1870er Jahre wurde Hildesheimer in Berlin nicht nur Rabbiner der orthodoxen Gemeinde „Adass Jisroel", sondern gründete auch ein orthodoxes Seminar, das bald zur bedeutendsten Ausbildungsstätte für Rabbiner aus ganz Europa werden sollte.

Auch für das konservative bzw. Masorti-Judentum („Traditions-Judentum"), das später vor allem im amerikanischen Judentum aufblühte, wurden die geistigen Grundlagen zunächst im deutschsprachigen Raum gelegt. Als ihr Mentor gilt Zacharias Frankel (1801–1875), der 1854 zum ersten Direktor des gerade eröffneten Jüdisch-theologischen Rabbinerseminars in Breslau berufen wurde und dort seine eigenen theologischen Visionen entwickelte. Allein anhand der im 19. Jahrhundert entstandenen Rabbinerschulen lässt sich so ablesen, wie komplex und facettenreich sich jüdisches Leben in Deutschland vor 1933 gestaltete und entwickelte.

Um die jüdischen Gemeinden herum entwickelte sich zudem ein vitales Netz von Religions-, Sport-, Bildungs-, Kultur- und Wohlfahrtsvereinen, während jüdische Kindergärten, Schulen und Lehrhäuser ebenfalls an Attraktivität gewannen. In welcher Form sich die jeweiligen Strömungen im deutschen Judentum im 20. Jahrhundert weiterentwickelt hätten, darüber kann nur gemutmaßt werden. Denn während der nationalsozialistischen Diktatur von 1933 bis 1945 wurden nicht nur rund 170000 deutsche Juden ermordet und fast alle anderen vertrieben. Jüdische Gemeinden, Bildungseinrichtungen, Vereine hatten schlichtweg aufgehört zu existieren. Im Mai 1945 befanden sich kaum noch 15000 deutsche Juden auf dem Territorium des Landes, sie standen vor dem Nichts.

Das Judentum in Deutschland nach 1945

Als in den folgenden Monaten die Dimension des Holocaust – des millionenfachen Mordes an den europäischen Juden – bekannt und bewusst wurde, erschien eine Weiterexistenz jüdischen Lebens im Land der Täter kaum vorstellbar. Stellvertretend für viele formulierte der letzte amtierende Oberrabbiner Deutschlands, Leo Baeck, Ende 1945 aus dem Londoner Exil, die Ära der Geschichte der Juden in Deutschland sei ein für allemal vorbei.

In der Tat war die Infrastruktur der jüdischen Gemeinden mehr oder weniger komplett zerstört worden. Nur eine Handvoll der mehr als 1000 Synagogen und Gotteshäuser hatte die Pogromnacht vom 9. November 1938 überstanden. Zahlreiche jüdische Friedhöfe waren verwüstet und eingeebnet, etliche Gebäude enteignet oder zweckentfremdet worden.

An einen Neuaufbau von jüdischen Bildungseinrichtungen, Kindergärten, Vereinen und karitativen Einrichtungen war aber allein schon deshalb nicht mehr zu denken, weil die Menschen dafür fehlten. Rabbiner, Kantoren, Religionslehrer waren vertrieben oder ermordet. Dort, wo sich bald nach Kriegsende dann doch wieder jüdische Gemeinden gründeten – wie beispielsweise in Berlin, Frankfurt und Köln –, galten sie als temporäre und provisorische Einrichtungen, die sich vor allem um kranke, alte und andere hilfsbedürftige Shoah-Überlebende kümmerten, bei der Vorbereitung der Emigration halfen oder für persönliche Nachlässe Sorge trugen.

Im Jahre 1948 forderte der Jüdische Weltkongress (WJC) ganz offiziell, dass künftig kein Jude mehr deutsches Territorium betreten solle. Allerdings war zu diesem Zeitpunkt schon deutlich zu erkennen, dass manche jüdische Männer, Frauen und Kindern dauerhaft im Land der Täter bleiben würden – nicht wenige von ihnen waren zu alt und schwach für eine nochmalige Emigration, ihre Kinder und Enkel ließen sie nicht im Stich. Ebenso klar war, dass ein Teil der bleibenden Juden auch weiterhin in lokalen jüdischen Gemeinden organisiert sein wollte.

1950 formierte sich der „Zentralrat der Juden in Deutschland", der als politische Dachorganisation den verbleibenden lokalen jüdischen Gemeinden den Rücken stärken sollte. 1951 kam es zudem zur Neugründung der Zentralwohlfahrtsstelle der Juden in Deutschland (ZWST), die sich vorrangig um soziale Belange, später auch zunehmend um Bildungsbelange kümmerte. Staatliche Stellen signalisierten logistische und materielle Unterstützung beim Wiederaufbau jüdischer Gemeindezentren. Vor Ort blieb die Neugestaltung des Gemeindelebens gleichwohl eine höchst komplizierte Angelegenheit. Es fehlte an Fach-Personal, an Räumlichkeiten, Kultgegenständen, Gebetbüchern – und an Familien.

Nach 1945 setzte sich in den jüdischen Gemeinden fast überall der orthodoxe Ritus durch, bedingt durch eine relative Mehrheit von polnischen Shoah-Überlebenden, die nach Kriegsende nicht in ihr Heimatland zurückkehren wollten oder auf Grund neuer Verfolgungswellen und antisemitischer Vorfälle gerade von dort flohen. Entsprechend beriefen die lokalen Gemeinden nun auch vorrangig orthodoxe Rabbiner – ein fundamentaler Unterschied zu den Gegebenheiten vor 1933. Neu war zudem, dass sich die unterschiedlichen jüdischen Gruppierungen und Fraktionen nun, unbesehen vorhandener Glaubens- und Mentalitätsunterschiede, in so genannten Einheitsgemeinden zusammenschlossen – schlichtweg die einzige Möglichkeit, um eine gewisse Chance auf dauerhaften organisatorischen Bestand zu wahren.

Zum relativen Erstaunen vieler Beobachter pegelte sich ab den 1950er Jahren eine relativ konstante Zahl an jüdischen Gemeindemitgliedern in Deutschland ein, die bis zum Ende der 1980er Jahre zwischen 20 000 und 30 000 Personen betrug. Verluste durch Gemeindeaustritte, Todesfälle und Auswanderungen konnten vor allem durch Neueintritte von immigrierenden Juden aus Ostblockstaaten wie Ungarn und (wiederum) Polen, Juden aus dem Iran und eine bestimmte Anzahl von Konvertiten kompensiert werden.

Dennoch zeichnete sich spätestens in den 1980er Jahren ab, dass viele Gemeinden sich vor allem wegen der ungünstigen Altersstruktur nicht mehr lange würden über Wasser halten können. Im ostdeutschen SED-Staat, der „Deutschen Demokratischen Republik", war die Gesamtzahl der registrierten jüdischen Gemeindemitglieder bereits auf wenige Hundert gesunken, fest angestellte Rabbiner und Kantoren gab es dort schon seit den 1960er Jahren nicht mehr. Gemeindemitglieder, Sympathisanten und Beobachter waren sich in der Einschätzung für ganz Deutschland einig: Nur ein Wunder konnte das Ende der bestehenden jüdischen Gemeinschaft – und damit einen „späten Sieg der Nazis" – noch verhindern.

Zuwanderung nach dem Ende des Kalten Krieges

Nach dem Ende des Kalten Krieges und dem Fall der Berliner Mauer ließ das erhoffte Wunder tatsächlich nicht lange auf sich warten. Dass zahlreiche Juden aus der ökonomisch maroden, von ersten Bürgerkriegen und neuem Antisemitismus geschüttelten Sowjetunion zu emigrieren gedachten, verwunderte Anfang der 1990er Jahre wenig. Überraschend war hingegen, dass eine bemerkenswerte Zahl von ihnen dem wiedervereinigten Deutschland den Vorzug gegenüber den „klassischen Aufnahmeländern" Israel und USA geben wollte.

Die Bundesrepublik reagierte aufgeschlossen und sensibel: Eine von der Konferenz der deutschen Innenminister verabschiedete „Kontingentflüchtlingsregelung" garantierte zuwanderungswilligen Juden aus der UdSSR und ihren Nachfolgestaaten ab 1991 unbefristeten Aufenthalt, insofern sie ihre jüdische Abstammung dokumentarisch einwandfrei belegen konnten. Auch von den Medien wurde die russisch-jüdische Zuwanderung – zumindest in ihrer Anfangsphase während der 1990er Jahre – weitgehend begrüßt. Andererseits war bald zu erkennen, dass die relativ kleinen lokalen jüdischen Gemeinden, mit ihren häufig sehr begrenzten materiellen und personellen Ressourcen, umfassende Hilfe und Unterstützung benötigen würden, um die jüdischen Neuzuwanderer erfolgreich in das Gemeindeleben vor Ort zu integrieren. Länder und Kommunen stellten nun ihrerseits Mittel bereit, damit neue Gemeindezentren und Synagogen gebaut werden konnten, so beispielsweise in Chemnitz, Dresden und Duisburg.

Bevor die „Kontingentsflüchtlingsregelung" 15 Jahre später durch wesentlich restriktivere Bestimmungen ersetzt wurde, hatten mehr als 200 000 russischsprachige Juden – einschließlich nichtjüdischer Familienmitglieder – Deutschland zu ihrer neuen Heimat gemacht. Nicht alle von ihnen konnten oder wollten den lokalen jüdischen Gemeinden beitreten, deren Gesamtmitgliederzahl hatte sich trotzdem bald um mehr als das Dreifache vergrößert – auf deutlich über 100 000. Durch den unerwarteten osteuropäischen Zuzug wuchs die jüdische Gemeinschaft in Deutschland sogar wieder zur drittgrößten in Westeuropa – hinter jenen in Frankreich und Großbritannien – heran.

Historisch betrachtet, bleibt dies noch immer nur ein Bruchteil jener Mitgliedszahlen, über die das deutsche Judentum mit seinen vielfältigen und selbstbewussten Gemeinden vor 1933 verfügte. Dennoch hat die Einwanderung eine spürbare demographische Stabilisierung vieler lokaler Gemeinden bewirkt, mancherorts zu Neugründungen geführt – und in Ostdeutschland hat sie das Fortbestehen der Gemeinden buchstäblich in letzter Sekunde gerettet.

Auf diesem Wege hat das Judentum in Deutschland in den letzten beiden Jahrzehnten viel an Farbe und Vitalität gewonnen und die eigene Infrastruktur deutlich verbessert. So sind an verschiedenen Orten, an denen wieder jüdische Familien in größerer Zahl leben, neue jüdische Kindergärten und Schulen entstanden. In Berlin konnte 1993 zudem das erste jüdische Nachkriegsgymnasium seine Pforten öffnen. Unter dem Dach der jüdischen Gemeinden – und teilweise auch in Eigenregie – haben sich jüdische Jugendzentren und studentische Initiativen gebildet, die sich mit Religion, Geschichte und Tradition, mit hebräischer Sprache und jüdischer Kunst beschäftigen und natürlich auch Reisen und Exkursionen nach Israel organisieren.

All diese Dynamik blieb auch dem Ausland nicht verborgen, und schon während der 1990er Jahre wuchs spürbar die Akzeptanz für den jüdischen Neubeginn im einstigen Land der Nazi-Täter. Bereits 1998 eröffnete das American Jewish Committee, eine der traditionsreichsten jüdischen Organisationen, ein internationales Büro in Berlin-Mitte. Andere renommierte Organisationen wie das „American Joint Distribution Committee" (JDC), United Jewish Appeal (UJA) und der L. A. Pincus Fund reagierten ebenfalls positiv und fördern seither Bildungs- und Jugendprojekte vor Ort sowie überregionale Initiativen wie das jährliche Limmud-Lern-Festival.

Für die lokalen, verhältnismäßig kleinen Gemeinden ergaben sich unbesehen der Freude über das rapide eigene Wachstum nun auch gänzlich neue Herausforderungen. Bald zeigte sich beispielsweise, dass viele der Neuzuwanderer aus der einstigen UdSSR nur über geringe oder gar keine Kenntnisse der jüdischen Religion und Tradition mehr verfügten – eine leidige Folge von 70 Jahren totalitärer sowjetkommunistischer Repressionspolitik gegen sämtliche Formen von Religion. Nur die wenigsten Juden hatten im Sowjetstaat regelmäßig synagogale Gottesdienste besuchen oder sich koscher ernähren können, geschweige denn die Möglichkeit besessen, ihre Hochzeit nach jüdischer Tradition mit rabbinischer Begleitung zu feiern. Talmud- und Tora-Kenntnisse waren vielen sowjetischen Juden oft ebenso fremd wie Feiertagsriten und Liturgie.[1]

Der rapide wachsende Bedarf an religiöser Bildung wurde rasch erkannt und rief nun auch religiöse Organisationen auf den Plan, die ihre wesentlichen Standbeine bisher in Nordamerika oder in Israel hatten. Aus dem liberalen jüdischen Spektrum engagierte sich ab Ende der 1990er Jahre die „World Union for Progressive Judaism" (WUPJ), welche seither einen unverzichtbaren Rückhalt für die im Jahre 2002 gegründete „Union Progressiver Juden in Deutschland" (UPJ) darstellt. Mit der UPJ gewinnt auch das liberale Judentum in Deutschland wieder an Statur, allerdings zählen ihre rund 20 eigenständigen Ge-

---

1 Allerdings waren nicht alle sowjetischen Juden von der jüdischen Religion entfremdet. Eine Minderheit von ihnen hatte auch unter staatskommunistischen Bedingungen daran festgehalten, so gut wie möglich nach der jüdischen Tradition zu leben, und dabei auch restriktive Verfolgungen in Kauf genommen. Auch über diese Erfahrungen berichten jüdische Immigranten, die nach Deutschland gekommen sind.

meinden bisher kaum mehr als 5 000 Mitglieder. Die meisten der UPJ-Gemeinden befinden sich in den alten Bundesländern, bemerkenswert groß ist hier der Anteil von Frauen in den Führungspositionen. Eng an die UPJ angelehnt ist auch die zionistische Bewegung „Arzenu" und die Jugendbewegung „Jung und jüdisch".

Zu den viel beachteten Erfolgen der Union gehörten 1999 die Etablierung des Abraham Geiger Kollegs (AGK), einer liberalen Rabbinerschule in Potsdam, sowie 2009 die Eröffnung einer internationalen Kantoren-Schule, die ebenfalls an das AGK angeschlossen ist. 2006 hat das Kolleg seine ersten Ordinationen vornehmen können – zum ersten Mal fanden damit wieder *in Deutschland* ausgebildete Rabbiner ihren Weg in unterschiedliche lokale Gemeinden. Ganz wesentlich auf Aktivitäten der UPJ und des AGK geht auch die Etablierung des Institutes für Jüdische Theologie an der Universität Potsdam im Herbst 2013 zurück. Hier konnte – wenn auch nach langem Warten – der einstige Traum von Rabbi Abraham Geiger realisiert werden, jüdische Theologie als eigenständiges Ausbildungs- und Lehrfach an einer staatlichen Universität zu etablieren.

Das Potsdamer Institut für jüdische Theologie bildet in der Tat ein historisches Novum für ganz Europa, es lädt ausdrücklich auch nichtjüdische Interessenten zum Studium ein und hat sich ebenso der Vertiefung des interreligiösen Gesprächs in Deutschland verschrieben. AGK-Direktor Rabbiner Walter Homolka hatte schon im Vorfeld der Eröffnung des Instituts für Jüdische Theologie resümiert:

„Es besteht somit die Chance, ein historisches Unrecht wieder gut zu machen und der Jüdischen Theologie endlich Gleichberechtigung in Deutschland zu gewähren. Seit Abraham Geigers Plädoyer ist die Etablierung des Faches Jüdische Theologie ein bedeutender Maßstab für die Vollendung der jüdischen Emanzipation."

Auch im orthodoxen jüdischen Spektrum hat sich in Deutschland seit Mitte der 1990er Jahre viel durch externe Hilfe bewegt. Ein besonders starkes Engagement legt hier die chassidische Bewegung Chabad Lubawitsch an den Tag, die ihren eigentlichen Ursprung im späten 18. Jahrhundert in Russland nahm und deren heutiges Zentrum sich im New Yorker Stadtteil Brooklyn (Crown Heights) befindet. Chabad Lubawitsch sendet weltweit eigene Gesandte („Schlichim") aus, die dabei helfen, dass Jüdinnen und Juden zu ihren traditionellen Wurzeln zurückfinden.

Aktivisten von Chabad sind heute auch in mehr als zwölf deutschen Städten präsent, die von ihnen betriebenen Bildungs- und Sozialprojekte werden vorrangig durch private Spender finanziert. Das im September 2007 in Berlin-Wilmersdorf eröffnete „Jüdische Bildungs- und Familienzentrum" ist das größte seiner Art in Europa und beherbergt neben der Synagoge unter anderem eine Yeshiva (Talmudschule), Bibliothek, Mikwe, Studienräume, Computerkabinett, koscheres Restaurant und moderne Veranstaltungsräume. Während der 1990er Jahre stellten einzelne lokale jüdische Gemeinden – u. a. in Berlin und München – Chabad-Rabbiner auch direkt an. Chabad kommt insbesondere bei russischsprachigen Zuwanderern gut an, doch wird die Bewegung von manchen Juden in Deutschland mittlerweile auch sehr kritisch betrachtet. Aus theologischer Sicht wird ihr teilweise ein sektiererischer Messianismus vorgeworfen, gleichzeitig besteht die Befürchtung, Chabad baue eigene Strukturen auf Kosten anderer jüdischer Einrichtungen in Deutschland auf.

Von erstaunlichem Erfolg zeugt im orthodoxen Spektrum auch die Arbeit der Ronald S. Lauder Foundation. Ronald Stephen Lauder, Mitglied der bekannten amerikanischen Kosmetik-Unternehmerfamilie und Philanthrop, gründete die Stiftung im Jahre 1987, mit dem dezidierten Ziel, Juden im post-kommunistischen Osteuropa über spezifische Angebote wieder mit der eigenen Tradition vertraut zu machen. Die Stiftung fördert inzwischen jüdische Bildungseinrichtungen in 16 Ländern Ost- und Mitteleuropas, insbesondere für Kinder und Jugendliche.

Ähnlich wie Chabad, setzt auch die Lauder Foundation den Schwerpunkt der Arbeit bisher in Großstädten, wie beispielsweise Berlin, Hamburg, Köln, Frankfurt am Main und Würzburg. In Berlin-Mitte wurde Ende der 1990er Jahre die Yeshiva „Beis Zion" eröffnet. In Frankfurt am Main kam eine Midrascha (Religionsschule für erwachsene Frauen) hinzu, welche später ebenfalls in die Hauptstadt umgezogen ist. Das im Jahre 2005 gleichfalls an der Spree eröffnete Rabbiner-Seminar zu Berlin knüpft bewusst an die Tradition der erwähnten Rabbinerschule von Esriel Hildesheimer an.

Im Umfeld der genannten Einrichtungen hat sich ein vitales Netzwerk junger, traditionsbewusster jüdischer Familien entwickelt („Lauder Yeshurun"), die fast alle in den Stadtbezirken Berlin-Mitte und Prenzlauer Berg wohnen. Die Berliner Lauder Yeshurun Community besitzt ausgezeichnete Kontakte zu ähnlichen Zentren in Antwerpen und Zürich. Im sächsischen Leipzig wurde zudem ein „Tora-Zentrum" etabliert, das jüdische Jugendliche aus dem gesamten Freistaat anzieht. In der deutschen Hauptstadt hat sich die Vielfalt religiösen jüdischen Lebens außerdem erweitert durch das Engagement von Masorti – jener besagten konservativen Bewegung, die auf Ideen und theologische Konzepte von Rabbiner Zacharias Frankel zurückgeht, in den USA im 20. Jahrhundert eine regelrechte Blütezeit erlebte und mit dem „Jewish Theological Seminary of America" in New York City eine der weltweit bedeutendsten Rabbiner- und Kantorenschulen besitzt. In Berlin wurde im Jahre 2002 die erste Masorti-Gemeinde für Deutschland gegründet, sie wird seit 2007 von Rabbinerin Gesa Ederberg geleitet. 2003 eröffnete Masorti Berlin ein eigenes Lehrhaus, und im Jahre 2004 einen eigenen Kindergarten. Obwohl hierzulande als eigenständige Bewegung noch relativ klein, könnte Masorti langfristig eine wichtige Verbindung zwischen neuem liberalem Judentum und moderner Orthodoxie herstellen.

Neue Herausforderungen

Unverkennbar gibt es einen Wettstreit zwischen den verschiedenen Strömungen, religiös interessierte Juden in Deutschland mit den eigenen Angeboten und Vorstellungen zu erreichen und für eine dauerhafte, engagierte Mitarbeit zu gewinnen. Gleichzeitig verfolgen die Gruppierungen aber auch einen realistischen Kurs der Kooperation im Rahmen dessen, was das eigene Selbstverständnis hergibt und zulässt. An dieser Stelle ist zudem der Zentralrat der Juden bemüht, eine konstruktiv-vermittelnde Rolle zu spielen.

So arbeiten die 2003 gegründete Orthodoxe Rabbinerkonferenz (ORD) und die 2005 entstandene, liberal orientierte Allgemeine Rabbinerkonferenz (ARK) zwar mit jeweiligem Fokus auf „ihre" Gemeinden hin –, sind aber zugleich durch die Deutsche Rabbinerkonferenz (DRK) unter dem Dach des Zentralrats organisatorisch miteinander verklammert.

Durch die starke jüdische Immigration aus Osteuropa und die mannigfaltigen jüdischen Initiativen von inner- und außerhalb hat sich eine starke Dynamik im jüdischen Gemeinschaftsleben entwickelt, die Pluralismus fördert und die Chance auf neue religiöse Vielfalt eröffnet. Wesentlicher „Katalysator" für den neuen Pluralismus sind und bleiben die russisch-jüdischen Zuwanderer, auch wenn sie in Führungspositionen der Gemeinden bisher fast gar keine Rolle spielen und die erste Generation noch immer damit ringt, zu den Ursprüngen der jüdischen Tradition zurückzufinden.

Kombinierte Umfragen unter den Zuwanderern wie gleichzeitig auch unter „alteingesessenen" Juden – wie sie beispielsweise in der Synagogengemeinde Köln (1997) und in der Jüdischen Gemeinde Berlin (2002) betreffs Religiosität vorgenommen wurden –, geben zwar wichtige Anhaltspunkte für bestimmte Trends und Einstellungen, bilden aber nur Momentaufnahmen ab und ergeben kein kohärentes Bild für die Gesamtsituation. Allgemein wird eingeschätzt, dass die erste Generation der russisch-jüdischen Zuwanderer nach 1990 graduell weniger religiös sei als die „alteingesessenen" Juden in den lokalen Gemeinden – ein Befund, der sich in der zweiten Generation aber bereits wieder umkehren kann.

So bemerkte beispielsweise Rabbiner Joshua Spinner, Mitgründer des neuen Hildesheimerschen Rabbinerseminars und führender Kopf der Lauder Yeshurun Community in Berlin, in einem Gespräch mit dem Autor dieses Beitrags von 2009:

„Wenn Sie unsere Gottesdienste in Hamburg, Berlin oder Leipzig besuchen werden, und Sie schauen sich einmal unter den Betern um, dann werden Sie so viele Menschen mit russischsprachigem Hintergrund finden, dass sich die Behauptung von den religiösen Unterschieden als schierer Nonsens entpuppt."

Russische Zuwanderer finden sich heute in allen größeren jüdischen Strömungen und Gemeinschaften in Deutschland. Die Mehrheit von ihnen legt sich laut den bisherigen Studien aber nicht konkret fest, einer bestimmten Richtung (orthodox, konservativ, liberal/Reform) den Vorzug geben zu wollen. In größeren Städten ist allerdings auffällig, dass Zuwanderer mit osteuropäischem Hintergrund, die eine *ganz bewusste* Hinwendung zur jüdischen Religion vollziehen (hebräisch: „Chasara be Tschuwa"), dies überwiegend im orthodoxen Spektrum tun.

Mancherorts treten sie damit in Widerspruch zu den „alteingesessenen" deutschen Juden, die sich auf Grund der demographischen Transformation plötzlich in einer Minderheitenposition wiederfinden und so bisweilen auch einen Wechsel der religiösen und traditionellen Gegebenheiten hinnehmen müssen. So konstatierte der ehemalige Vorsitzende der Israelitischen Religionsgemeinde zu Leipzig, Rolf Isaacsohn, in einem Gespräch von 2013:

> „Die neue, orthodoxe Ausrichtung in der Gemeinde, die sich auch schon rein optisch in der Trennung von Frauen und Männern durch eine Mechitza im Gottesdienst äußert –, das ist grundsätzlich nicht mein Ding. Das habe ich dem Rabbiner auch erklärt. Er kann mich in praktisch-organisatorischen Dingen jederzeit gern um Rat fragen. Ich bin natürlich zu Feiertagsgottesdiensten auch zur Stelle, an Rosh HaShana zum Beispiel, und an Yom Kippur, und ich komme gern auch an Chanukka. Aber sonst eben nicht, weil mir diese Art von Religion überhaupt nicht zusagt."

Statements wie das obige zeigen, dass der Prozess der Annäherung zwischen „Deutschen" und „Russen" in der ersten Generation noch immer nicht abgeschlossen ist. In der nachfolgenden Generation dürften sich die kulturellen und mentalen Differenzen zwischen den beiden Gruppierungen allerdings deutlich abschwächen. Offen bleibt allerdings, ob der neue jüdische Pluralismus, wie er sich während der letzten 20 Jahre entwickelt hat, auch genügend Berührungsfläche für ein künftig gemeinsames Agieren belässt. Einen spannenden Testfall für gelebte Gemeinsamkeit trotz Diversität bieten die jährlichen „Limmud-Festivals" am Berliner Werbellinsee.

Für jeweils drei Tage im Frühjahr treffen sich hier Juden unterschiedlichster Herkunft und Glaubensrichtungen zum kulturellen, intellektuellen und pädagogischen Austausch. Eine klassische Rollenverteilung zwischen Vortragenden und Zuhörern gibt es kaum, gegenseitiger Austausch steht explizit im Vordergrund. An den Morgen und Abenden werden parallel liberale und orthodoxe Gottesdienste angeboten. Toleranz für unterschiedliche Meinungen ist eines der wichtigsten Prinzipien bei den Limmud-Treffen, und sie werden ausschließlich durch ehrenamtliche Kräfte gestaltet. Das Berliner Limmud-Festival wird jährlich ergänzt durch verschiedene Limmud-Tage in anderen deutschen Großstädten wie München, Hamburg und Dortmund.

Während bei den Limmud-Tagen häufig eine euphorische Stimmung herrscht und von dort viel Inspiration und Toleranz mit nach Hause genommen wird, müssen die lokalen Gemeinden vor Ort – und hier insbesondere jene in der Peripherie – häufig mit einem schwierigen Alltag kämpfen, der nicht nur die Sicherung des Minjan[2] für den Gottesdienst, sondern auch das regelmäßige Einbinden von engagierten Freiwilligen betrifft.

Sicherung einer kritischen Masse

Gerade unter diesem Blickwinkel erscheint es eher problematisch, dass die so genannten „Vaterjuden", d. h. Zuwanderer mit jüdischen Vorfahren, aber nichtjüdischer Mütter, von sämtlichen jüdischen Kongregationen in Deutschland – anders als beispielsweise bei liberalen jüdischen Gemeinden in den USA – *nicht* als reguläre Mitglieder aufgenommen werden. Mit Verweis auf die Halacha[3] bekommen Interessenten mit „nur" jüdischem Vater nur dann eine volle Mitgliedschaft zuerkannt, wenn sie zusätzlich den religiösen Übertritt („Giur") nach vorherigem Besuch eines religiösen Kurses und bestandener Aufnahmeprüfung vor einer religiösen Kommission („Beit Din") vollzogen haben.

Viele Zuwanderer der ersten Generation betrachten diese Regelung als diskriminierend, zumal in der Sowjetunion häufig „Nationalität: Jude" in ihrem Inlands-Pass vermerkt war, sie klar erkennbar jüdische Namen trugen und umso häufiger angefeindet und diskriminiert wurden. Trotz dieser Erfahrung von teils jahrzehntelanger Verfolgung als Juden im Herkunftsland müssen sie heute beispielsweise damit rechnen, dass etwa ein deutscher Konvertit – möglicherweise sogar mit NS-vorbelasteten Vorfahren – ihnen bei der ersten Begegnung in der Gemeinde erklärt, was tatsächlich jüdisch sei und was nicht. Interviews aus verschiedenen Studien zur russisch-jüdischen Zuwanderung nach 1990 legen den Schluss nahe, dass sich viele hochmotivierte „Vaterjuden" auf Grund dieser Erfahrung von den Gemeinden abgewandt haben und letztere so ein enormes Potential an potentiellen Unterstützern verloren haben.

---

2 Benötigtes Minimum von zehn im religiösen Sinne mündigen Juden zur Abhaltung eines vollständigen jüdischen Gottesdienstes. In orthodoxen Gemeinden besteht dieser Minjan ausschließlich aus männlichen Juden.
3 Die „Halacha" bezeichnet das gesamte gesetzliche System des Judentums. Sie umfasst die Gebote und Verbote der mündlichen und schriftlichen Überlieferung.

Als ähnlich kontraproduktiv für die weitere Entwicklung des jüdischen Gemeinschaftslebens in Deutschland könnte es sich noch erweisen, dass die bereits erwähnten restriktiven Neuregelungen zur Zuwanderung jüdischer Bürger aus den Nachfolgestaaten der UdSSR von der Innenministerkonferenz der Bundesländer schon im Jahre 2005 eingeführt wurden. Als wesentlicher Gradmesser für die Befürwortung oder Ablehnung eines Antrages gilt seitdem ein spezielles Punktesystem, bei dem bestimmte (Plus-)Punkte u. a. für niedriges Alter, hohe Qualifikation, vorhandene Berufserfahrung, gute Deutschkenntnisse und die Wahrscheinlichkeit eines künftigen Engagements in einer jüdischen Gemeinde in Deutschland vergeben werden.

Zum Problem dieser radikalen Neuregelung des Zuwanderungsverfahrens meinte etwa der aus Moskau immigrierte Intellektuelle Dr. Evgueni Berkovitch, Gründer des weltweit gefragten russisch-jüdischen Webportals „Zametki po evreyskoy istorii" („Notizen zur jüdischen Geschichte"), skeptisch:

„Um eine stabile jüdische Gemeinschaft in einem Land wie Deutschland zu erreichen, benötigt man so etwas wie eine kritische Masse. In den USA wurde so eine kritische Masse vielleicht vor Hundert Jahren erreicht, aber in Deutschland während der letzten Jahre wohl nicht. Die neuen Regelungen kamen zu früh, und das ist schade und gefährlich. Wir können nun nicht voraussagen, ob es eine stabile Entwicklung der jüdischen Gemeinschaft geben wird oder nicht."[4]

Infolge der Zuwanderungsregelung von 2005 kommen nunmehr nur noch wenige Hundert Personen pro Jahr nach Deutschland – für die mittleren und kleineren Gemeinden eher ein Tropfen auf den heißen Stein. Denn trotz des kurzzeitig starken Wachstums der Gemeinden und des Zuzuges auch von jungen Familien ist die Altersstruktur der Communities eher schwierig geblieben. Sterbefälle bilden immer noch ein Vielfaches gegenüber den Neugeburten in den jüdischen Familien (vgl. Polian 2007).

Nach einem hypothetischen Modell des israelischen Soziologen und Demographen Sergio DellaPergola (Hebräische Universität Jerusalem) benötigt eine heutige jüdische Gemeinde in (West-)Europa

---

4 Interview des Autors mit Dr. Evgueni Berkovitch am 27. Mai 2009 in Hannover. Online unter: http://www.zwst.org/cms/documents/241/de_DE/PINCUS%20STUDIE%20DEUTSCH%20%20NOV%2016%202010.pdf (Seite 148, Zugriff vom 3. Januar 2014).

etwa 4 000 Mitglieder, um ihr Überleben langfristig sichern zu können – vorausgesetzt, vor Ort existieren auch die entsprechenden Bildungsstrukturen für Kinder und Jugendliche (jüdischer Kindergarten, jüdische Schule, jüdisches Jugendzentrum etc.). An diese „kritische Masse" kommen bisher nur sehr wenige der lokalen jüdischen Gemeinschaften in Deutschland heran.

Unklar ist bisher auch, inwiefern die zweite Generation der russisch-jüdischen Zuwanderer – jene jungen Menschen, die derzeit studieren oder dabei sind, sich eine berufliche Existenz aufzubauen und Familien zu gründen – in den kommenden Jahren ihren Platz in den lokalen jüdischen Gemeinschaften finden werden, oder auch nicht. Gerade von der zweiten Generation der Zuwanderer dürfte aber die Zukunft vieler kleiner und mittlerer Gemeinden ganz entscheidend abhängen.

In den Vorständen der Gemeinden finden sich mittlerweile junge Erwachsene mit osteuropäischem Background, dabei sowohl auf der liberalen wie auch auf der orthodoxen Seite. Engagierte junge Menschen aus den Zuwandererfamilien prägen heute auch zunehmend die Arbeit des Bundesverbandes jüdischer Studenten in Deutschland (BJSD) mit, und eine große Zahl von ihnen findet sich unter den Studenten und Studentinnen des Abraham Geiger Kollegs und des Hildesheimerschen Rabbinerseminars zu Berlin. Dies macht der jüdischen Gemeinschaft Hoffnung, und weitere ungewöhnliche Entwicklungen bahnen sich an: So wird heute selbst von offizieller Seite kaum bestritten, dass mittlerweile zwischen 15 000 und 20 000 Israelis permanent in Berlin leben – Tendenz steigend. Auch amerikanische Juden wählen deutsche Städte als ihren Lebensmittelpunkt, sei es als Wissenschaftler, Unternehmer oder Künstler. Zumindest ein Teil von ihnen findet Anschluss an die lokalen jüdischen Gemeinden und könnte deren Entwicklung langfristig kreativ mitprägen.

Eine weitere Gruppe, die quantitativ noch kaum ins Gewicht fällt, in verschiedenen Orten aber bereits eine wichtige Rolle im jüdischen Gemeindeleben spielt, bilden die deutschen Konvertiten. Mancherorts wird der Minjan gerade durch ihre Präsenz und ihr regelmäßiges Engagement gesichert. Auch einige der heute in Deutschland amtierenden Rabbiner haben zunächst durch Konversion zur jüdischen Gemeinschaft gefunden. Allerdings beschränkt sich dieses Phänomen weitgehend auf das liberale Spektrum.

Das heutige Judentum in Deutschland hat damit unzweifelhaft ein anderes Gesicht als vor 1933, aber auch ein deutlich anderes als vor 1989. Heute leben Juden in Deutschland kaum mehr auf „gepackten Koffern", obwohl sich antisemitische Tendenzen in Teilen der Gesellschaft zumindest in subtiler Weise bis heute gehalten haben, wie der Antisemitismusbericht des Deutschen Bundestages von 2011 belegt. Dank der Zuwanderung während der 1990er Jahre hat sich die jüdische Gemeinschaft in Deutschland spürbar stabilisieren können, und sie hat ein neues Selbstbewusstsein entwickelt. Interne Prozesse der kollektiven Selbstfindung dauern an und werden wohl erst in den kommenden Generationen abgeschlossen sein.

Dies betrifft auch und gerade das religiöse Selbstverständnis. Wie viele der heute mehr als 100 lokalen jüdischen Gemeinden – mit Mitgliederzahlen zwischen 50 und 10000 – eine langfristige Perspektive besitzen, scheint derzeit offen. Fest steht aber: Heute leben Juden wieder gern in Deutschland, in „Eretz Aschkenas", trotz des Schattens der Shoah und der Katastrophe des 20. Jahrhunderts. Es wird auch in Zukunft ganz sicher Orte geben, an denen die Synagoge das Zentrum aller jüdischen Aktivitäten bleibt – ein Haus des Gebetes und der Einkehr, für alle Menschen.

Literatur

Ben-Rafael, Eliezer/Glöckner, Olaf/Sternberg, Yitzhak: Jews and Jewish Education in Germany Today, Leiden/Boston 2011.
Bodemann, Y. Michal/Brumlik, Micha (Hrsg.): Juden in Deutschland – Deutschland in den Juden. Neue Perspektiven, Göttingen 2010.
Bodemann, Y. Michal (Hrsg.): The New German Jewry and the European Context, Toronto 2008.
Polian, Pavel: Der Schein trügt. Faktisch sinkt die Zahl der Mitglieder: Anmerkungen zur Mitgliederstatistik der jüdischen Gemeinden in Deutschland, in: Jüdische Zeitung August 2007.
Schoeps, Julius H. et al. (Hrsg.): Russische Juden und Transnationale Diaspora [Menora Jahrbuch für deutsch-jüdische Geschichte Bd. 15], Berlin/Wien 2005.

Im Prozess der Gleichstellung
Islam in Deutschland

Bekir Alboğa

Um die aktuelle Situation und Entwicklung des Islams in Deutschland nachzuvollziehen, sollten wir uns darauf einlassen, zunächst drei verschiedene Stränge von historischen Zusammenhängen zu skizzieren. Das sind auf der einen Seite die Begegnungen von Muslimen mit dem Westen im Kontext verschiedener Konfrontationsgeschichten, beispielsweise der Kolonialisierung. Der zweite historische Strang sind die Erfahrungen des Kalten Krieges, der Gegensatz zwischen Kommunismus vs. Kapitalismus, ein Konflikt, der sich positiv auflöste mit der deutschen Wiedervereinigung als einem Höhepunkt, die in Bezug auf Religion und deutsche Integrationspolitik ein einschneidendes Ereignis für Deutschland bedeutete. Der dritte Strang schließlich ist die jüngste Migrationsgeschichte Deutschlands an sich – und damit die eines Großteils der hiesigen Muslime.

Von einer umfassenden Freiheit zur Entfaltung des Religiösen für die Menschen muslimischen Glaubens kann man bis heute nicht überall sprechen. Auch die Kolonialisten nahmen einst mit ihren politischen Entscheidungen unter anderem Einfluss auf die religiöse Ausrichtung und Aspekte praktischer Religionsausübung in den islamisch geprägten Ländern. Die Folgen dieser Unterdrückung sind heute noch in Afrika und anderen islamisch geprägten Ländern der Erde sichtbar. Ein Beispiel ist das aktuell viel diskutierte Phänomen des „radikalen Islamismus" oder des „politischen Islams", dessen Entstehung ebenfalls nur mit dem Blick in die Geschichte des Kolonialismus verstanden werden kann. In einem Interview mit dem „Kölner Stadt-Anzeiger" im März 2014 stellt Pankaj Mishra fest:

> „Aber wenn wir den radikalen Islamismus verstehen wollen, müssen wir in das späte 19. Jahrhundert zurückgehen und unseren Blick auf die dama-

lige Geschichte von Europa und der muslimischen Welt richten und wie in diese islamische Welt durch britische und französische Imperialisten eingebrochen wurde und die Muslime sich als Verlierer fühlten."

Doch selbst Unterdrückung, Assimilation und Inkulturation durch die eingesetzten Regimes in den von westlichen Staaten kolonialisierten Ländern konnte der Islam überleben. Als die Religion der Hoffnung ist der Islam für diese unterdrückten Muslime und ihre Bemühungen um die Freiheit immer eine nährende Quelle spiritueller Kraft gewesen. Vieles deutet darauf hin, dass die Kraft und der Mut, die dem Wesen der Religionen innewohnen und für das materialistische Auge unvorstellbar und unfassbar sind, die Gläubigen niemals ganz verlassen. Zumal immer mehr Forschungsergebnisse diverser Studien der Religion eine heilende und vitalisierende Kraft zusprechen.

Unter den islamisch geprägten Staaten finden sich noch immer zahlreiche Schwellenländer. Ihnen mangelt es an realer Freiheit und wirtschaftlicher wie politischer Unabhängigkeit. Analphabetentum sowie politische und wirtschaftliche Instabilitäten sind überdurchschnittlich verbreitet. Im Prozess der Globalisierung erleben sie nun eine intensive Auseinandersetzung zwischen ihrem traditionell geprägten und nach eigener Wahrnehmung richtigen Islamverständnis bzw. vielfältiger Religionspraxis und den vom Westen exportierten Erscheinungen und Lebensformen der Modernität. Der Prozess „Arabischer Frühling" dauert an. Diese Auseinandersetzungen existieren partiell auch in Deutschland. In Deutschland setzen sich die Muslime für ihre Gleichbehandlung und für die Gleichstellung anderer Religionsgemeinschaften ein, um die in der deutschen Verfassung garantierten Rechte für freie Religionsausübung gänzlich in Anspruch nehmen zu dürfen und zu können.

Die Diskussionen in vielen westlichen Ländern in Bezug auf das Thema Islam und die islamisch geprägten Staaten verdeutlichen die Notwendigkeit einer historischen Einordnung. Denn, so Mishra:

„Es ist immer recht einfach, in Deutschland, Frankreich oder irgendwo sonst zu sitzen und die Muslime zu kritisieren. In Wahrheit handelt es sich um einen sehr komplizierten Gegenstand, den wir nur aus der Geschichte verstehen."

Dieses Zitat weist auf einen weiteren Aspekt hin. Der Blick in die Geschichte ist stets verbunden mit der Perspektive, aus welcher heraus historische Prozesse betrachtet werden. Wie unterschiedlich hierbei die Einschätzungen ausfallen können, zeigt sich beispielsweise in der westlich geprägten Auffassung, historische Errungenschaften wie die Aufklärung oder die Menschenrechte seien rein europäische Ideen. Hierzu wieder Mishra:

„Viele Menschen in Europa sind der Meinung, dass Menschenrechte oder Aufklärung einen rein europäischen Ursprung haben und die Ideen über individuelle Freiheit oder Würde eben nur dort diskutiert wurden. [...] Die Idee der Menschenrechte wurde in der Geschichte von allen geteilt. Es ist chauvinistisch, wenn man sie einzig für sich beansprucht."

Der Blick in die Geschichte ist genauso unabdingbar wie die kritische Reflexion der eigenen Perspektive auf die Geschichte. Wer die aktuelle Situation der – nach Judentum und Christentum – jüngsten Religionsgemeinschaft in Deutschland sowie die zukünftige Entfaltung des Islams innerhalb wie außerhalb Deutschlands begreifen möchte, ist auf dieses Hintergrundwissen angewiesen. Denn viele Muslime in Deutschland mit ihren Wurzeln und ihrer Mentalitätsvielfalt bringen die geschichtliche Erfahrung, positive wie negative, aus ihren Herkunftsländern nach Deutschland mit. Ohne dieses Wissen wird es kaum möglich sein, den jetzigen Zustand, in dem sich die Muslime befinden, zu erklären und zu verstehen. Auch jede Bemühung und jeder Einsatz um ein freiheitlich muslimisches Leben wird als Radikalismus diskreditiert.

Die schrittweise Anerkennung des Islams

Nach Schätzung der Organisation der Islamischen Konferenz (OIC) gibt es ca. 1,7 Milliarden Muslime auf der ganzen Welt und nach der Schätzung des Bundesamtes für Migration und Flüchtlinge 3,8–4,3 Millionen in der BRD. Die Öffentlichkeit hört und liest unterschiedliche bis widersprüchliche Darstellungen des Islams und der Muslime in Deutschland und weltweit. Es gibt jedoch weder einen monolithischen Block Islam in Deutschland noch auf der Welt. In Deutschland wie in der islamischen Welt herrscht eine übergreifende Diversität, die dem Wesen des Islams eigen ist, ähnlich wie der christlichen und jüdischen Partikularität und Gespaltenheit.

In Deutschland erlebt der Islam eine schrittweise Entwicklung und Anerkennung. Parallel zu diesem spannenden und strittigen bzw. offenen Prozess wurde wiederholt formuliert, dass der deutsche Staat die Genesis eines „deutschen Islams" („muslimische Gelehrsamkeit deutscher Prägung") befördern und gestalten wolle. Schon seit der Deutschen Islamkonferenz ab 2006 erweckten so manche Diskussionsbeiträge den Eindruck, die Muslime stünden vor der Wahl, entweder über die Werte der Deutschen Verfassung hinaus „die deutsche Werteordnung" anzuerkennen oder als „Integrationsverweigerer" öffentlich diskreditiert zu werden.

Zeitgleich wird die Darstellung und Akzeptanz des Islams als eine neue „deutsche Religion" ähnlich dem Christentum und Judentum kontrovers diskutiert. Während der ehemalige Bundespräsident Wulff die Überzeugung vertritt, dass neben dem Christentum und dem Judentum auch der Islam zu Deutschland gehöre, vertrat der ehemalige Bundesinnenminister Friedrich die Ansicht, dass nicht der Islam, aber die Anhänger dieser Religion, nämlich die Muslime, zu Deutschland gehörten. Diese paradoxe Betrachtung und die politische wie öffentliche Diskussion werden so lange andauern, bis in jedem Bundesland der Islam und muslimische Religionsgemeinschaften, die faktisch als Religionsgemeinschaft fungieren, den christlichen und jüdischen Religionsgemeinschaften gleichgestellt werden und eventuell auch darüber hinaus. Der Prozess der Gleichstellung hat bereits begonnen.

Bundesländer wie Hamburg, Bremen und Hessen haben mit einer verbindlichen Vereinbarung, ähnlich einem Staatsvertrag, den ersten Schritt getan und die Gleichstellung des Islams als Religionsgemeinschaft in die Wege geleitet, andere müssen noch nachziehen. Muslimische Schüler können nun die islamischen Feiertage des Ramadan- und Opferfestes feiern, ähnlich wie die christlichen Schüler Weihnachten oder Ostern. Des Bestehens der Deutschen Islamkonferenz zum Trotz erlangte bis heute allerdings keine der etablierten und deutschlandweit organisierten Religionsgemeinschaften muslimischer Gemeinden mit repräsentativer Mitgliedsstärke und Organisationsstruktur die juristische Anerkennung als Religionsgemeinschaft und den Status einer Körperschaft des öffentlichen Rechts.

Zu Beginn dieses Entfaltungsprozesses in einem immer pluralistischer werdenden Zeitgeist in Deutschland erleben Muslime gelegentlich glückliche Momente, kleine Meilensteine für die Gesamtgesellschaft und für die muslimische Religionsgemeinschaft hierzulande. Doch es bleibt ein Prozess mit gemischten Gefühlen.

Einerseits begrüßen Muslime die partielle Anerkennung bzw. Behandlung ihrer Religion als Religionsgemeinschaft auch auf der Ebene der vielfältigen deutschen Universitätslandschaft und in verschiedenen Alltagsbereichen. So hat etwa die DITIB (Türkisch Islamische Union der Anstalt für Religion e. V.), mitgliedsstärkste und in die erforderlichen Rahmenbedingungen passend organisierte Religionsgemeinschaft muslimischer Dachverbände, in Mannheim kürzlich einen muslimischen Kindergarten gegründet. Nordrhein-Westfalen ist einen wichtigen Schritt gegangen und hat sein Gesetz geändert, um islamkonforme Bestattungen zu ermöglichen; muslimische Friedhöfe sind vielerorts im Gespräch.

Parallel zu den Diskursen der muslimischen Verbände auf der Deutschen Islamkonferenz während der letzten sieben Jahre sowie zwischen der DITIB auf dem Nationalen Integrationsgipfel, wo sie in Vertretung der muslimischen Gemeinden als Ansprechpartner für den Staat fungierten und sich mit staatlichen Vertretern über die Zukunft Deutschlands und der Muslime austauschen, planen und bisweilen auch kontrovers diskutieren, kooperieren sie nun zusammen mit den Universitäten und zuständigen Landesministerien, um Zentren bzw. Lehrstühle für islamische Theologie einzuführen. Hiermit fühlen sie sich in ihrer Wahrnehmung einerseits bestätigt, dass sie als Religionsgemeinschaften gelten und fördern diesen neuen Schritt mit Rat und Tat; dies allerdings wohl wissend, dass seitens des Staates und der Landespolitik nicht ganz im Rahmen der gesetzlichen Vorgaben gehandelt wird, indem das vom Wissenschaftsrat empfohlene Beiratsmodell mit umgesetzt wird. Auch führt nicht jedes Bundesland dieses Modell ein. Dennoch sprechen die Muslime diesem Provisorium ihre Zustimmung aus, weil sie wissen und hoffen, dass es sich dabei um eine Übergangslösung handelt, obwohl selbige aus ihrer Sicht entbehrlich ist, da sie de facto eine Religionsgemeinschaft sind und naturgemäß als Partner wahrgenommen werden sollten. Andererseits verzögert sich mit diesem bedenklichen Provisorium die juristische Anerkennung als Religionsgemeinschaft weiter.

Keine Frage, dass dies die muslimischen Religionsgemeinschaften unglücklich macht. Nur um zwei plakative Beispiele zum Ausdruck zu bringen: Weder können Muslime ihre Kinder beim Standesamt als „muslimisch" eintragen lassen, noch können sie an der öffentlichen Meinungsbildung durch Medien partizipieren, da sie in kaum einem

Bundesland im Rundfunkrat sitzen. Die Folgen sind nur allzu bekannt: In Deutschland herrscht ein sehr negatives, vor allem medial geprägtes Bild von Islam und Muslimen. In Baden-Württemberg wurde die erste muslimische Vertreterin für den Landesrundfunkrat ernannt. Es bleibt zu hoffen, dass auch die restlichen Bundesländer diesem Pionierakt folgen. Aktuell hat aber das Land NRW, in dem rund 1,5 Millionen Muslime leben, entschieden, dass der Medienkommission der Landesanstalt für Medien Nordrhein-Westfalen (LfM) auch in näherer Zukunft kein Vertreter muslimischer Verbände angehören wird, da laut rot-grüne Landesregierung eine entsprechende Erweiterung des Gremiums momentan noch nicht sinnvoll sei.

Der Fortbestand der Religion im öffentlichen Raum: nicht nur ein islamisches Problem

Es geht bei diesem Prozess der Gleichstellung u. a. darum, dazu beizutragen, dass die im Säkularismus begründete Gleichstellung von religiösen und nicht religiösen Lebensformen in Deutschland auch für die Muslime voll und ganz gilt. Die gottgläubigen und religiösen Menschen haben auch in Deutschland ein berechtigtes Gefühl des Unbehagens und sind gegen eine Verdrängung der Religion aus dem öffentlichen Leben. So ist etwa die christliche Theologin Christiane Tietz, Professorin der Universität Zürich, der Meinung, dass es einer Privilegierung des Nichtreligiösen gleich käme, die Religion aus der Öffentlichkeit zu verbannen. Sie plädiert dafür, dass die Christen gegen eine derartige Säkularisierung gemeinsam mit Menschen anderer Religionen eintreten (zitiert nach Mattias Pesch im Kölner Stadt-Anzeiger vom 2. November 2013, 32).

Laut Zeithistoriker Thomas Großbölting finden in den letzten Jahren Debatten statt, die Stabilität und Bestand der Religionen in Deutschland tangieren, bei denen es um Religionen oder um ihren Platz im öffentlichen Leben geht. Seiner Ansicht nach wird der religionspolitische Status quo zunehmend infrage gestellt. Er begründet diese Entwicklung dadurch, dass der Anteil der nicht religiös Gebundenen zunehme. „Wenn in einer Schulklasse Religion überhaupt zum Thema wird, hat das meist mit dem Beispiel muslimischer Mitschüler und ihren Fragen zu tun." (Großbölting 2013, 501)

Es versteht sich, dass die evangelische und katholische Kirche die eigenen Vorrechte dadurch zusätzlich zu legitimieren versuchen, dass man ihre Ausdehnung auf die jüdische und jetzt auch die muslimische Religionsgemeinschaften ausdrücklich unterstützt. Aus dem gleichen Grund unterstützen die Kirchen konfessionsgebundenen Religionsunterricht anderer Religionsgemeinschaften an staatlichen Schulen und drängen sie auf die Gründung eines islamischen Wohlfahrtsverbandes (vgl. ebd.).

Wie die Zukunft des Islams in Deutschland aussehen wird, lässt sich schwerlich genau voraussehen. Inwieweit die zukünftigen Generationen der Muslime mit ähnlicher Ernsthaftigkeit, Opferbereitschaft, Religiosität und Volksfrömmigkeit wie die erste und zweite Generation ihre religiöse Identität, ihre islamische Gläubigkeit und ihr Muslimsein, ihre religiös geprägte Frömmigkeit und Kultur bewahren und entfalten werden, wird von nahen und mittelfristigen wie zukünftigen Entwicklungen und Umständen abhängen. Ihnen fehlt nicht die spirituelle Kraft der Religion des Islams in Theologie und Ethik, gestützt auf die theologischen und moralethischen Werte aus eigener Quelle und Dynamik der islamischen Religion, die die dauerhafte Existenz des Islams bis heute gewährleistet hat und auch in Zukunft gewährleisten wird. Die Frage ist: Bringt die bereits begonnene Etablierung der Institutionalisierung der muslimischen Religionsgemeinschaft die Kraft der Stabilität und Beständigkeit sowie gleichzeitig die dynamische und spirituelle Entfaltungskraft mit sich? Bei Großbölting lesen wir folgende Ansicht dazu:

> „Ob es der Königsweg ist, den Islam und die islamischen Gemeinschaften stärker kirchenförmig organisieren zu wollen, wage ich zu bezweifeln. Auf jeden Fall werden sich Staat und Gesellschaft dafür offen zeigen müssen, die Definition dessen zu verändern, was in unseren Verhältnissen Religion sein darf und das Staatskirchenrecht zu einem Religionsrecht zu erweitern." (Ebd. 505)

Die muslimischen Religionsgemeinschaften sehen die Anpassung an das Staatskirchenrecht als den einzigen Weg zur Anerkennung und machen die notwendigen Schritte. Die Mitgliedsgemeinden der DITIB haben schon mit einem Gemeinderegister begonnen, auch schreitet die Initiative der Gemeinden auf Länderebene voran, die ihre Landesreligionsgemeinschaften gegründet, ihre Landesfrauengemeinschaften, einen Bundesfrauenverband, Landesjugendverbände sowie einen Bundesjugendverband gegründet haben. DITIB wurde schon zum Modell auch für manch anderen muslimischen Verband. Auch staatliche Organe hatten im Rahmen der Deutschen Islamkonferenz die Rahmen und Voraussetzungen dieser Anpassung empfohlen. In diesem Rahmen beschloss die Innenministerkonferenz, in jedem Bundesland den Islamischen Religionsunterricht in staatlichen Schulen einzuführen. Ob dies zu einer nachhaltigen und zukunftsweisenden Bewahrung und Entfaltung der islamischen Religiosität und Frömmigkeit führen wird, kann keiner endgültig positiv beantworten. Großböltings Einschätzung hinsichtlich des christlichen Religionsunterrichtes dürfte die Muslime in Deutschland nachdenklich machen:

„Es wurde noch nie so viel, so gründlich vorbereitet, wissenschaftlich fundiert und so breit Religion unterrichtet wie in der Bundesrepublik Deutschland. Gleichzeitig ist zu beobachten, dass nicht nur das religiöse Wissen, sondern auch das religiöse Bekenntnis von Generation zu Generation nicht nur einfach abbröckelt, sondern dramatisch abnimmt. Das wirft auch die Frage auf, ob diese Form des rechtlich abgesicherten Einwirkens in die Gesellschaft im Sinn der Religionsgemeinschaften tatsächlich ihre Funktion erfüllt." (Ebd. 503)

Zu diesem Teil des Themenkomplexes könnte abschließend folgendes gesagt werden: Beide Kirchen handeln und argumentieren lehramtlich, die evangelische Kirche argumentiert grundsätzlich weniger lehramtlich als die katholische Kirche. Im Islam gibt es in der Tat keine Zwischeninstanz zwischen Gott und dem Individuum wie das Papsttum und Priesterschaft. Nach islamischer Vorstellung gibt es gemäß der islamischen Tradition nur eine Autorität: Das ist das Wissen bzw. die Wissenschaft. Allein „die Gelehrten sind die Erben der Propheten". So verlangt die prophetische Tradition islamischer Lehre. Umso wichtiger ist die Beteiligung muslimischer Religionsgemeinschaften im gesamten Prozess sowohl bei der Einrichtung bekenntnisgebundener muslimischer Zentren für Islamische Theologie als auch bei der Einführung des bekenntnisgebundenen Islamischen Religionsunterrichts, die den muslimischen Gelehrten, auch Hochschulgelehrten die organisatorische Basis gewährleisten.

Von ihrer Natur her könnte die Religion des Islams organisationsmäßig eher als eine zivil- und freigemeinschaftliche Religionsgemeinschaft und Gemeinde betrachtet werden. Ali Bardakoğlu, ehemaliger Präsidenten des Präsidiums für religiöse Angelegenheiten der Republik Türkei, hält dennoch realistisch fest, dass es schon seit der Gründungsphase des Islams eine spezielle Gruppe von Menschen und Gelehrten gegeben hat, die für religiöse Handlungen zuständig waren. Sie leiteten Gebete oder brachten anderen Menschen den Islam bei. Religiöse Dienste entstanden als Bestandteil des täglichen Lebens. Einige Personen wurden damit beauftragt, oder sie erklärten sich selbst dazu bereit, der Bevölkerung solche Dienste zu offerieren. Diese Entwicklung vollzog sich im Einklang mit den sozialen Strukturen und der politischen Situation der jeweiligen muslimischen Länder. Darüber hinaus wirkten kulturelle wie traditionelle Faktoren in der muslimischen Welt unterstützend bei der Entstehung von Institutionen, die die Verantwortung für die Leitung alltäglicher religiöser Belange und das Bereitstellen religiöser Dienstleistungen erhielten.

Vor diesem Hintergrund entstanden zivile, unabhängige, öffentliche und teilöffentliche Einrichtungen, die religiöse Angelegenheiten organisierten und verwalteten.

„Fundiertes Wissen ist hilfreich beim Kampf gegen Aberglaube, Ignoranz, Lüge, Missbrauch der Religion bzw. Gewalt im Namen der Religion. Wie die islamische Geschichte zeigt, übernahmen muslimische Gelehrte die Verantwortung dafür, Aberglaube, Engstirnigkeit und Fanatismus zu bekämpfen. Weil der Islam selbst es so vorschreibt." (Bardakoğlu 2008, 28)

Die theologische Unterrichtung sowie die Organisation religiöser Belange stellen also unerlässliche Aufgaben moderner Gesellschaften dar, gleichwohl gibt es, dem Säkularismus gemäß, keine staatliche Interpretation von Religion. Gleichzeitig gilt, dass es

„im Islam keinen Klerus, keine spezielle gesellschaftliche Gruppe [gibt], die für religiöse Belange zuständig ist. Was allerdings nicht einem Mangel an wissenschaftlicher Autorität gleichkommt. Wenn also im Islam kein Klerus vorhanden ist, worin liegen dann die Autorität, die Macht und das Ansehen muslimischer Gelehrter begründet? Sie entstammen dem Wissen und der Interpretation der Tradition, die beide wiederum mit den authentischen Quellen des Islam übereinstimmen." (Ebd.)

Ergo ist es unentbehrlich, dass die muslimischen Religionsgemeinschaften in Deutschland unter Berücksichtigung der sozialen, kulturellen und wissenschaftlichen Landschaft eine Form der Institutionalisierung finden, die auch Treue zu ihrer historisch-traditionellen Natur fördert.

Dabei spielt die juristische Gleichstellung eine große Rolle, ebenso wie die öffentliche Behandlung des Islams. Es scheint jedoch, dass das Wesen und der Inhalt der Islamischen Religion sowie ihre theologischen und universellen Moralwerte bei aktuellen Diskursen am wenigsten thematisiert werden. Vor allem seit dem 11. September 2001 liegt der Fokus bei Diskussionsbeiträgen und Veranstaltungen weltweit mehr auf dem Politischen, als auf Theologischem und Religiösem. Doch welches sind denn die Werte dieser universellen und himmlischen Religion, die sie seit dem Beginn der Offenbarung des heiligen al-Qur'an (Deutsch: Der Koran) im Jahre 610 n. Chr. und der Gemeindebildung der Muslime in Medina unmittelbar nach der Auswanderung der muslimischen Urgemeinschaft von Mekka nach Medina im Jahr 622 n. Chr. getragen haben und weiterhin tragen?

Theologie und Ethik

Die allumfassende Barmherzigkeit, der vorbehaltlose und befreiende Monotheismusglaube, die grundsätzliche Offenheit und Toleranz, die Diversität als eine auszeichnende Fähigkeit und Eigenschaft der Toleranz, beständige Hoffnung und heilkräftiger, tröstender und vitaler Optimismus, prägende Menschen-, Familien- und Gastfreundlichkeit, gute Nachbarschaftlichkeit, Respekt vor der Würde des Menschen als Statthalter Gottes auf der Erde, Gerechtigkeit für alle als Grundlage der Macht und Voraussetzung für eine friedliche Koexistenz bzw. den gesellschaftlichen Zusammenhalt sowie aufrichtiger Einsatz für Gerechtigkeit, Frieden und Glaube, Gottesliebe und die Liebe zu Seiner Schöpfung sind einige der prägenden Merkmale und Grundprinzipien des Islams.

Diese kurze Zusammenstellung trägt sicherlich auch dazu bei, zu verstehen, warum die Islamische Religion und die Muslime viele schmerzhafte Krisen anpassungs- und überlebensfähig überwunden haben und weiterhin überwinden könnten. Gerade diese und weitere Werte halten diese Religion der Barmherzigkeit mit einem allgnädigen und universellen Friedenskonzept für die ganze Menschheit vital und frisch. Das himmlische Rezept im gnadenreichen al-Qur'an dafür lautet, dass die Menschen an den einen Gott glauben, Gutes, d. h. rechtschaffene, friedensförderliche und versöhnende Werke tun, einander die Wahrheit und die Standhaftigkeit empfehlen (vgl. al-Qur'an 103: 1–3). Nach dem ehemaligen Großscheich der Azhar Universität M. Sayyid Tantawi, der sich 1997 in einem Spiegelgespräch äußerte, wäre es zu einfach und einfältig, die heutige Schieflage in der „Islamischen Welt", die nach dem brutalen Kolonialismus und der Enttäuschung der Muslime von Systemen westlichen Ursprungs entstanden ist, auf den Islam zurückführen: Man darf sie auf keinen Fall aus einer Intoleranz des Islams ableiten.

„Islam heißt Toleranz und Menschlichkeit. Unsere Religion ist keine barbarische Dämonenwelt, wie sie von manchen, aus welchen Gründen auch immer, dargestellt wird. Allah gibt jedem Menschen das Recht, sich für die Religion zu entscheiden, die ihm zusagt." (Tantawi 1997, 119 f)

Die Angst vor dem Islam

In einer Rede an der Universität Münster am 28. November 2013 begrüßte Bundespräsident Gauck die Verankerung der Islamischen Theologie an deutschen Hochschulen und nannte die Etablierung der Islamischen Theologie an deutschen Universitäten ein wichtiges Kapitel deutscher Gegenwartsgeschichte. Wichtig in dem Zusammenhang ist folgendes Zitat: „Wir geben der Religion Raum, so wie es echte Religionsfreiheit erfordert." Das Staatsoberhaupt verwies darauf, dass in der Bundesrepublik vier Millionen Muslime leben. Davon seien die Hälfte deutsche Staatsbürger. „Unsere gemeinsame Heimat ist Deutschland", so Gauck. In dieser Situation sei es ein „ganz pragmatischer Akt von Zukunftsgestaltung", wenn Hochschulen islamische Theologen ausbildeten, die in Schulen, Universitäten und Moscheen Orientierung geben für Glaubensfragen im Alltag.

Weiter betonte das Staatsoberhaupt, dass sich die Gesellschaft wandle, weil ihr immer mehr Muslime angehörten. Der Islam seinerseits entwickle sich im Kontakt mit der Gesellschaft. „Das birgt Zumutungen für beide Seiten – das gehört dazu", sagte Bundespräsident Gauck. Dennoch: Die auch in Deutschland systematisch verbreitete Angst vor dem Islam verhindert trotz all dieser oben erwähnten Entwicklungen und Botschaften politischer Verantwortungsträger die gleichberechtigte gesellschaftliche Partizipation der Muslime, stärkt Vorurteile und schafft zusätzliche Phobien. Nach letzten Statistiken haben mehr als 51 % der Deutschen Angst vor dem Islam. Die Wirkung der Vorstellungen des Bundespräsidenten „Wir geben der Religion Raum, so wie es echte Religionsfreiheit erfordert" und „Unsere gemeinsame Heimat ist Deutschland" bleibt äußerst relativ, wenn diese Angst vor dem Islam und die Diskriminierung der Muslime nicht systematisch seitens der Politik und Medien bekämpft werden. Es gibt große Aufgaben für diese zwei prägenden und entscheidenden Instanzen.

Der Staat und die Politik dürfen die Muslime nicht länger zu Fremden machen und marginalisieren. Rita Nikolaw stellt fest: „Immer noch wird viel zu oft in auswärtigen Kategorien gedacht." (Islamische Zeitung 11/2013, 13) Ebenso wie Bundespräsident Gauck stellt auch sie fest, dass die Hälfte der Muslime, die hier leben, Deutsche sind. Sie fügt jedoch die Beobachtung hinzu, dass sie dennoch vom Staat, von der Wissenschaft und Politik immer wieder mit Einwanderern und Ausländern gleichgesetzt werden. Sie weist auf die Praxis der Behörden hin, die offenbar sämtliche muslimischen Vereine auffordern, sich im Ausländervereinsregister anzumelden. Hier müsse auch Auskunft über die Staatsangehörigkeit aller Mitglieder gegeben werden. Laut Bundesverwaltungsamt diene die Erfassung der Gefahrenabwehr (vgl. ebd.). Diese Ungleichbehandlung seitens der Behörden stellen wir auch bei der Behandlung der Muslime hinsichtlich der Erlangung deutscher Staatsangehörigkeit, der Doppelstaatlichkeit und Ehegattenzusammenführung sowie bei der Registrierung ihrer in Deutschland geborenen Kinder fest: So kann man beim Standesamt nur als katholisch, evangelisch oder jüdisch, nicht aber als muslimisch eingetragen werden. Muslime werden unter der Rubrik „andere" oder „sonstige" registriert.

Daher ist die Zahl der Muslime in Deutschland nicht genau bezifferbar, selbst mehr als 50 Jahre nach ihrer Einwanderung nach Deutschland. Der geschätzte Wert liegt bei 3,8–4,2 Millionen. Genauso wird vermutet, dass sich 10 000–100 000 Muslime ohne Migrationshintergrund zum Islam bekennen (vgl. Islam-Archiv in Soest). Verlässliche Aussagen können immer noch nicht getroffen werden, da beide Gruppen statistisch nicht erfasst werden. Die Islamwissenschaftlerin Riem Spielhaus stellt in einem Gutachten fest, dass die größten Herkunftsregionen der Muslime die Türkei (2,5 Millionen), Südosteuropa (550 000) und der Nahe Osten (330 000) sind. Doch die Untersuchung zeigt auch auf, dass 45 % der in Deutschland lebenden Muslime deutsche Staatsangehörige sind – das entspricht rund 1,8 Millionen (vgl. Islamische Zeitung 11/2013, 13). „Deutschland ist ein Land, das historisch betrachtet durch vielfältige Migrationsformen und Migrationswellen geprägt ist", sagt die Politikwissenschaftlerin Kulaçatan. „Gegenwärtig werden Muslime mit deutscher Staatsbürgerschaft immer wieder ethnisiert und damit innerhalb der Mehrheitsgesellschaft marginalisiert." (Ebd. 14)

Der Staat fördert diese Marginalisierung, Diskriminierung und Ausgrenzung zudem durch § 28 Abs. 2 des Aufenthaltsgesetzes.

Die Rolle der Medien

Neben dem Staat haben auch die Medien die Aufgabe der Gleichbehandlung und Aufklärung. Das Islambild deutscher Medien ist spätestens mit der vielbeachteten Studie „Das Gewalt- und Konfliktbild des Islams bei ARD und ZDF" von Kai Hafez und Carola Richter aus dem Jahr 2007 in den Fokus der Öffentlichkeit gerückt (Zitate im Folgenden aus Hafez/Richter 2008). Hafez und Richter hatten darin untersucht, in welcher Form die öffentlich-rechtlichen Sender ARD und ZDF den Islam in ihren Beiträgen behandeln. Sie konnten eindrucksvoll nachweisen, dass dort über den Islam „erheblich negativer und konfliktorientierter berichtet wird als über viele andere Themen". „Ausgelöst durch die Islamische Revolution in Iran in den Jahren 1978/79, den Aufstieg des politischen Fundamentalismus und massiv verstärkt durch die Attentate des 11. September 2001 hat sich in vielen deutschen Medien eine Berichterstattungskultur etabliert, welche die komplexe Lebensrealität von weltweit etwa 1,2 Mrd. Muslimen – der zweitgrößten Religionsgemeinschaft der Welt – in hohem Maße mit Gewalt- und Konfliktthemen wie dem internationalen Terrorismus in Verbindung bringt", schrieben sie schon damals.

Drei zentrale Missstände zeigten Hafez und Richter auf. Das ist zum einen die generell negativ gefärbte Berichterstattung über den Islam in ARD und ZDF, die sich quer durch die Beiträge zieht. Sie kritisieren die „Ausblendung des Normalen, des Alltäglichen und des Positiven". Positiver gestaltete Nischenprogramme finden sie zumeist auf reichweitenschwächere Sendeplätze beschränkt.

Der zweite, subtilere Aspekt zeigt sich vorwiegend in den Auslandsmagazinen der Sender (Weltspiegel, Auslandsjournal, Europamagazin): die Kulturalisierung politischer Themen. „So thematisiert das Europamagazin ausgerechnet ‚den Islam' immer wieder im Zusammenhang mit der Türkei, obgleich dies ein Randthema der EU-Integration der Türkei ist", heißt es in dem oben genannten Artikel.

Der dritte Kritikpunkt betrifft die eurozentrische Sicht der Sender, die sich in der unausgewogenen Themenauswahl zeigt, die auf „Terrorismus" und „Kopftuch" fokussiert scheint. „Berichte über Menschenrechtsverletzungen und Gewalt autoritärer islamischer Staaten (Saudi-Arabien u. a.) tauchen [...] in der Regel allenfalls in Spezialmagazinen der Auslandsberichterstattung auf", analysieren die Wissenschaftler und kritisieren: „Dabei sind die Opfer von Gewalttaten mit Bezug zum Islam immer noch in der islamischen Welt selbst zu suchen." Doch von den Problemen in der islamischen Welt erfahre der Rezipient kaum etwas. „Viele der erörterten Probleme gerade im Bereich der strukturellen Gewalt in Familien und gegenüber Frauen haben ihre Ursachen nur zu einem Teil in Doktrinen und Institutionen des Islam und sie sind oft in weitaus älteren, patriarchalischen und komplexeren Gesellschaftspraktiken begründet. Auch der Terrorismus im Nahen Osten ist älter als der organisierte Islamismus", erläutern sie. Ihre Mahnung lautet: „Ein an Aufklärung orientierter Journalismus sollte sich bemühen, diese komplexen Hintergründe zu verstehen, statt einseitig ‚den Islam' ins Zentrum der öffentlichen Aufmerksamkeit zu rücken."

In der Tat müssen gesellschaftliche Konflikte, die sich um Integrations- und Wertefragen ranken, auch in den Medien ausgetragen werden, befinden Hafez und Richter; denn in der Sphäre des öffentlichen Raums werde lösungsorientiertes Handeln vorbereitet. Doch angesichts des „zugespitzten Gewalt- und Konfliktbilds" in ARD und ZDF, das den Islam weniger als Religion, vielmehr als eine politische Ideologie und einen gesellschaftlichen Wertekodex erscheinen lasse, die zudem mit den Moralvorstellungen des Westens kollidierten, warnen sie:

„Die Kulturalisierung politischer Themen und die Fokussierung auf Negativaspekte in der Berichterstattung zu Muslimen birgt ohne jeden Zweifel die Gefahr, eine sehr einseitige öffentliche Debatte und – in Analogie zur viel besprochenen ‚Politikverdrossenheit' – eine Art ‚Islamverdrossenheit' beim Publikum zu erzeugen." (Hafez/Richter 2008, 12)

Folglich forderten Hafez und Richter bereits 2007 einen „lebendigen und dynamischen" Journalismus, der ausgewogen alle Bereiche des muslimischen Lebens – politisch, sozial, kulturell, einschließe. Konstruktiv rieten sie unter anderem dazu, Muslime in die Aufsichtsgremien von ARD und ZDF zu berufen. Dies entspricht einem wiederholt – auch an die entsprechenden Intendanten – geäußerten Wunsch der DITIB. In Baden-Württemberg ist inzwischen die erste Muslimin in den Rundfunkrat gewählt worden und wartet immer noch auf ihre Ernennung.

Das jüngste Karlsruher Urteil zum ZDF-Staatsvertrag unterstrich noch einmal die seit vielen Jahren existierenden Missstände in der Zusammensetzung der Rundfunkräte. Denn die Struktur der Rundfunkräte berücksichtigt nicht die religiöse Pluralität der Muslime. So weist auch Tim Karis in einer Pressemitteilung des Exzellenzclusters „Religion und Politik" der Westfälischen Wilhelms-Universität Münster darauf hin, dass sich die Gremien der öffentlich-rechtlichen Sender auf dem Stand der Nachkriegszeit befänden. Die größte religiöse Minderheit in diesem Land – die Muslime – seien dabei in besonderem Maße die Leidtragenden.

Das Urteil bietet aber gleichzeitig auch eine große Chance für mehr Teilhabe von Muslimen in den Rundfunkräten. Es geht darum, die gesellschaftlichen Realitäten in den so wichtigen Gremien der öffentlich-rechtlichen Sender adäquat abzubilden. Medien beeinflussen mit dem „Setzen" bestimmter Themen, worüber Menschen nachdenken, besagt die Theorie des Agendasetting („Mainstream-Ansatz"). Die Brisanz hierin wird deutlich, wenn Hafez und Richter warnen: „Da die meisten Deutschen wenig direkten Kontakt zu Muslimen oder zur islamischen Welt pflegen, wird ihr Islambild nachhaltig von den Massenmedien geprägt." Sie vermuten daher, dass die Berichterstattung der öffentlich-rechtlichen Sender über den Islam „ein von Angst und Unbehagen geprägtes Bild" begünstige.

Das deckt sich auffallend mit aktuellen Studien über die Wahrnehmung des Islams in der Bevölkerung. So zeigt etwa der Religionsmonitor von 2013, dass der Islam vielfach als Bedrohung wahrgenommen wird (vgl. Pollack/Müller 2013, 36 f). Auf der anderen Seite werden Muslime in ihrer Identität auf ihre Religion reduziert und diese Religion als Haupthindernis für erfolgreiche Integrationsprozesse ausgemacht (vgl. Uslucan 2011, 74–76). Die Faktoren Religion und Migration werden dabei negativ verknüpft und es erfolgt eine quasi-Ethnisierung der Religion des Islams, sodass Integrationsprobleme auf die Religion bezogen und „Migranten" mit „Muslimen" gleichgesetzt werden. Diese Wahrnehmung bezieht sich laut Fouroutan auf sämtliche gesellschaftliche Teilbereiche wie Schule, Kultur, Arbeitsmarkt etc. (vgl. Foroutan 2012).

Interessant ist an dieser Stelle, welche Gründe sich für diese Prozesse ausmachen lassen. Zum einen kann die Reduktion von Muslimen auf ihre Religion und ihren Migrationshintergrund eine Sündenbockfunktion erfüllen. Wenn in gesellschaftlichen Debatten vor allen die Migranten und der Islam als Integrationshindernis dargestellt werden, scheint die Hauptschuld misslungener Integration automatisch bei der Minderheit zu liegen. Die Funktion für die Mehrheitsgesellschaft kann hier treffend als Selbstentlastung bezeichnet werden (vgl. Han 2010, 279). Der zweite Aspekt bezieht sich auf eine rationale Strategie, die sich bewusst der Ängste vor dem Islam bedient. Hier geht es ganz konkret um die Verhinderung bzw. Verweigerung von gleichberechtigten Zugängen zu Bereichen wie Arbeitsmarkt, Wohnungsmarkt, Bildung etc. Die Funktion ist somit die Vorenthaltung von realen „Privilegien", welche Angehörige der Mehrheitsgesellschaft genießen. Basierend auf einem angeblichen Ressourcenkonflikt (begrenzte Menge von Arbeit, Wohnung etc.) soll Minderheiten der gleichberechtigte Zugang vorenthalten werden (vgl. ebd. 277 f).

Ein Ausblick zum Schluss

Wir benötigen eine vitale und konstruktive Kultur des Willkommens und des Respekts. Die durch die Deutsche Islamkonferenz (DIK) und den Nationalen Integrationsgipfel (NIG) ausgesprochene Botschaft von 2006, „15 Millionen Menschen mit Migrationshintergrund sind herzlich Willkommen" und „Muslime sind ein Teil Deutschlands und Europas", müsste von der Mehrheitsgesellschaft, den Medien, der Politik und den Intellektuellen wahrgenommen, akzeptiert werden. Diese politische Aussage benennt den Idealfall, noch stellt sie eine partikulare Ansicht dar. Noch im Januar 2014 hielt es Arbeitgeberpräsident Kramer jedenfalls für notwendig, eine neue Willkommenskultur ausdrücklich einzufordern (vgl. Handelsblatt vom 9. Januar 2014, 1).

Die Grundsatzbotschaft des Islams für ein friedliches, gedeihliches und soziales Zusammenleben lautet gutes und respektvolles Miteinander der Menschen. Allah hat Seinen Propheten Muhammed zur Vollendung vornehmer Charaktereigenschaften gesandt, solche sind: Toleranz, Respekt, Barmherzigkeit, Empathie, Mitleid, Integrität, Liebe zu Gott, zu Mitmenschen und zur Schöpfung, feines Verhalten dem Nächsten gegenüber, Aufrichtigkeit, Nachsicht, Großzügigkeit, Freundlichkeit, Vertrauenswürdigkeit, Glaubwürdigkeit, Friedfertigkeit, Bereitschaft zur gegenseitigen Vergebung, verständnisvoller Umgang untereinander, Ehrfurcht vor Gott und Respekt vor dem Menschen, Bescheidenheit individuell, in der Familie und Gesellschaft sowie Gerechtigkeit und Optimismus; positive Einstellung anderen Mitmenschen gegenüber und dialogisches Miteinander in guter Nachbarschaft statt Lästern und übler Nachrede, wo jeder das Recht seines jeden Nächsten beachtet, achtet und respektiert, und kein Betrug im wirtschaftlichen, familiären und gesellschaftlich-politischen Leben; Solidarität unter reichen und bedürftigen Mitgliedern einer und derselben Gesellschaft.

Damit der Islam sich in Deutschland im Rahmen dieser vornehmen Charaktereigenschaften entfalten kann, ist die Förderung der Respektkultur und Begegnung auf gleicher Augenhöhe unentbehrlich. An Zentren und Hochschulen für Islamische Theologie sollte diese Glaubens- und Morallehre gelehrt werden. Es wäre die Aufgabe der zukünftigen Religionslehrerinnen und -lehrer, im Rahmen des islamischen Religionsunterrichtes den zukünftigen Generationen muslimischer Kinder und Jugendlicher diese Glaubens- und Morallehre zu lehren, zu repräsentieren und mustergültig vorzuleben. Parallel dazu müssen islamfeindliche Stimmung und antimuslimische Diskriminierung, die vor allem nach dem 11. September 2001 stark zugenommen haben, durch die gebührende respektvolle Behandlung des Islams und der Muslime ersetzt werden. So wird und kann der Islam in Deutschland als ein frischer und erfrischender Wind mit einer Botschaft der Barmherzigkeit und Hoffnung den gesellschaftlichen, akademischen und intellektuellen Austausch sowie die interkulturelle und interreligiöse Begegnung nachhaltig stärken. Ich bin optimistisch und habe genug Gründe, hoffnungsvoll zu sein. Auf dass unsere Gesamtgesellschaft dieses hehre Ziel erreichen möge und damit eine liebens- und lebenswerte Gemeinschaft begründe und bestärke.

Literatur

Bardakoğlu, Ali: Religion und Gesellschaft, Köln 2008.
Foroutan, Naika: Muslimbilder in Deutschland. Wahrnehmungen und Ausgrenzungen in der Integrationsdebatte, WISO Diskurs-Expertisen und Dokumentationen zur Wirtschafs- und Sozialpolitik, Berlin 2012.
Gauck, Joachim: Islam in Wissenschaft und Bildung, http://www.bundespraesident.de/SharedDocs/Reden/DE/Joachim-Gauck/Reden/2013/11/131128-Themenbesuch-Islam.html (Zugriff am 4. April 2014).
Großbölting, Thomas: „Den religiösen Markenkern einbringen". Ein Gespräch mit dem Zeithistoriker Thomas Großbölting, in: Herder Korrespondenz 67 (2013), 501–505.
Hafez, Kai/Richter, Carola: Das Islambild von ARD und ZDF. Themenstrukturen einer Negativagenda, in: Fachjournalist 3/2008, 10–16.
Han, Petrus: Soziologie der Migration, Stuttgart ³2010.
Interview mit Pankaj Mishra, in: Kölner Stadt-Anzeiger vom 12. März 2014, 1.
Tantawi, M. Sayyid: „Islam heißt Menschlichkeit". Interview mit M. Sayyid Tantawi, in: Spiegel, 3/1997, 119 f.
Muslime in die Rundfunkräte: Pressemitteilung vom 27. März 2014 des Exzellenzclusters „Religion und Politik" der Westfälischen Wilhelms-Universität Münster: https://www.uni-muenster.de/imperia/md/content/religion_und_politik/aktuelles/2014/03_2014/pm_keine_religionsvielfalt_in_rundfunkraeten.pdf (Zugriff am 4. April 2014).
Pollack, Detlef/Müller, Olaf: Religionsmonitor. Religiosität und Zusammenhalt in Deutschland, Gütersloh 2013.
Uslucan, Hacı-Halil: Dabei und doch nicht mittendrin. Die Integration türkeistämmiger Zuwanderer, Bonn 2010.

Spezifische Symptome im Blick

Die Herrschaft des Kein – wie die katholische Kirche spricht[1]

Christiane Florin

Als ich zur Journalistenschule ging, wurden vor allem die Dogmen des Sprachpapstes Wolf Schneider gelehrt. Die drei wichtigsten lauten:
Der gute Journalist benutzt möglichst selten Substantive. Ganz besonders sparsam setzt er Wörter ein, die auf -ung, -heit und -keit enden! Allenfalls „Dung" ist unbedenklich. Wer dagegen verstößt, produziert Nominalstil, ist also stillos.
Der gute Journalist braucht keine Adjektive! Die erklären nämlich nichts, sondern vernebeln den Blick
Der gute Journalist sucht nach Verben, die tatsächlich etwas tun! Das sind Verben, die genau das erfassen, was passiert. Verben lösen Bilder aus. Flüstern, wispern, murmeln, zischen, giften, schreien, brüllen – all das ist zum Beispiel präziser als „sagen", auch wenn „sagen" nicht falsch ist.
Spricht die katholische Kirche so? Im Kirchenraum, im Gottesdienst, ganz sicher nicht. Ein Musterbeispiel für kirchliche Sprache ist das Eucharistische Hochgebet:

„Ja, du bist heilig, großer Gott, und alle deine Werke verkünden dein Lob. Denn durch deinen Sohn, unseren Herrn Jesus Christus, und in der Kraft des Heiligen Geistes erfüllst du die ganze Schöpfung mit Leben und Gnade. Bis ans Ende der Zeiten versammelst du dir ein Volk, damit deinem Namen das reine Opfer dargebracht werde vom Aufgang der Sonne bis zum Untergang."

---

1 Dieser Beitrag stellt die gekürzte und für diesen Band überarbeitete Fassung eines Vortrags auf dem Kongress der Europäischen Gesellschaft für Katholische Theologie „Gott in Frage" vom 29. August bis 1. September 2013 dar. Die Vortragsfassung findet sich in der Tagungsdokumentation: Lintner, Martin M. (Hrsg.): God in question. Religious language and secular languages, vorauss. Brixen November 2014.

Hier konkurriert ein Substantiv mit dem anderen: Gott, Werke, Lob, Sohn, Gesetz, Schöpfung, Herrn, Kraft, Leben, Gnade, Zeiten, Volk, Namen, Opfer, Aufgang, Sonne, Untergang. Dazwischen ducken sich ein paar wenig anschauliche Verben: bist, verkünden, erfüllst, dargebracht. Zu Verlegenheits-Verben wie „darbringen" greift zum Beispiel ein Konzertkritiker, wenn auf der Bühne nichts Erkennbares passiert. Ein langweiliges Krippenspiel wird in Lokalzeitungen gern „dargebracht" oder „dargeboten".

Die Substantive werden in diesem Textabschnitt des Hochgebetes wie Pflöcke in die Erde gerammt. Sie stehen da und können nicht anders. Sie wollen nicht unbedingt verstanden, sondern bestaunt werden. Weiter im Text:

> „Denn am Abend, an dem er ausgeliefert wurde und sich aus freiem Willen dem Leiden unterwarf, nahm er das Brot und sagte Dank, brach es, reichte es seinen Jüngern und sprach: Nehmet und esset alle davon: Das ist mein Leib, der für euch hingegeben wird."

Das ist der erzählerische Teil, hier ist Action. Ausliefern, unterwerfen, nehmen, brechen, reichen, essen... das sind plastische Verben. Hier kommt es auch sprachlich im Vergleich zum Nominalstil des vorher zitierten Absatzes zu einer Wandlung.

Plastisch erzählen, was geschieht, diese Ambition ist in der kirchlichen Sprache eine Ausnahme. Dabei gibt es prominente Vorbilder. Jesus erzählt. Auch das Alte Testament erzählt. Der Schriftsteller Karl Ove Knausgaard sagte in einem Interview mit der amerikanischen Zeitschrift „The Paris Review" vom Juli 2013, was ihm bei der Lektüre des Alten Testaments auffiel:

> „Alles darin ist gegenständlich, nichts abstrakt. Gott ist gegenständlich, auch die Engel und alles andere hat mit Körpern in Bewegung zu tun, was sie sagen und tun, nie, was sie denken..."

Es gibt im Journalismus den sogenannten Küchenzuruf. Wenn der Kollege fragt: Was gibt's Neues? Was ist passiert?, dann sollte ich mit einem Satz antworten können. Zum Beispiel: „Im Kölner Dom ist die größte Glocke aus dem Turm runtergekracht." Die herunterkrachende Glocke, der Küchenzuruf des Hochgebets, ist das „Geheimnis des Glaubens":

> „Deinen Tod, o Herr, verkünden wir, und deine Auferstehung preisen wir, bis du kommst in Herrlichkeit."

Wieder Nominalstil: Tod, Herr und dann auch noch im Doppelpack Wörter aus der Kategorie -ung und -keit. Auferstehung, Herrlichkeit. Und in der Doxologie folgen später: Einheit, Herrlichkeit und Ewigkeit.

Die Sprache, die innerhalb der Kirche für gut befunden wird, weicht von der profanen Sprache ab, die säkulare Päpste zu gutem Deutsch erklären. Diese Differenz ist im Gottesdienst kein Problem. Die Kirche soll ja hier anders sein, sie soll gerade den Raum für das Andere öffnen. Ein Gebet ist kein journalistischer Alltags-Text. Der Skandal des Christentums erscheint nicht als Enthüllungsstory in der „Bild" oder im „Spiegel". Das Hochgebet hat einen erhabenen Anspruch, auch am Werktag.

Die Kommunikationsstörung beginnt, wenn diese Sprache die Kirchenmauern verlässt. Wenn Sie fragen: Wofür läutet die katholische Kirche die Glocken? Was ist das Positive, das sie verkündet? Mit Blick auf das Hochgebet lautet die Antwort: Die katholische Kirche ist für die Auferstehung, für die Herrlichkeit, für die Ewigkeit, für das Lob, für die Gnade, für die Kraft, für das Heil und für die Heiligkeit.

Das sind alles Wörter, die deutsch klingen, die aber in unserer Alltagssprache Fremdwörter sind. Wer will zum Beispiel schon Gnade, wenn er sein Recht haben kann?

Warum Fremdwörter?

Sprache hat mit Macht zu tun. Kirche kann dort, wo sie Arbeitgeber ist, die Sprache ihrer Mitarbeiter steuern. Aber weite Teile des öffentlichen Sprechens sind ihrem Einfluss entzogen.

Nur wenige theologische Spitzenbegriffe haben außerhalb der Kirche Karriere gemacht. Einer ist die Sünde. Als die katholische Kirche noch mit Macht die Gewissen der Gläubigen verschlechtern konnte, tat sich zum Beispiel unter Ehebrechern direkt der Schlund zur Hölle auf. Mittlerweile ist es gleichgültig, mit wie viel Damen sich ein, sagen wir, verheirateter Mann amourös vergnügt, Hauptsache, die Bettwäsche stammt aus nachhaltigem Baumwollanbau. In Sachen Sündenbewusstsein hat die Kirche ihre Definitionshoheit verloren.

Sie hat auch die Deutungshoheit über sich selbst eingebüßt. Die katholische Kirche hat einen Bekanntheitsgrad von 100 %, jeder hat zu ihr eine Meinung und kann diese auch offen kundtun, so er nicht bei der Kirche beschäftigt ist. Wenn sich Medien der Kirche annehmen – und das tun sie aller Säkularisierung zum Trotz ausgiebig –, dann taucht immer wieder ein Motiv auf: Wasser predigen, Wein trinken. Der „Spiegel" brachte zum Missbrauchsskandal 2010 ein Titelbild mit einem Geistlichen, der sich unter die Soutane griff. Die Zeile dazu: „Die Scheinheiligen". Der Subtext: Priester denken nur an das eine. David Berger betitelte sein Enthüllungsbuch über schwule Netzwerke im Vatikan mit der Zeile „Der heilige Schein". Die Heiligkeit, von der das Hochgebet spricht, verkehrt sich außerhalb der Kirchenmauern ins Gegenteil. Scheinheiligkeit ist vertraut, Heiligkeit fremd.

Als die Kirche noch den Alltag bestimmte, rhythmisierte nicht nur der Wechsel der Jahreszeiten, sondern auch der zwischen Heiligem und Profanem das Leben: die Sonntagsmesse, das Morgengebet, das Tischgebet, die samstägliche Beichte. Heute ist unser Leben anders getaktet, vom Heiligen ist nur das Funktionale übrig geblieben: Sie finden in Ratgeberformaten Antworten auf die Frage nach dem Sinn des Lebens, Sie können in Talk- oder Gerichtsshows wenn nicht gleich beichten, so doch gestehen und den betrogenen Ehemann um Vergebung bitten. Sie können in diversen Coaching-Formaten Schuld und Schulden mindern, und der Todsünde Trägheit nimmt sich RTL-Renovierungsfee Tine Wittler an, indem sie verkommene Häuser aufpeppt und die Bewohner zur Ordnung mahnt. „Wohne forthin ordentlich und sündige nicht mehr", sagt sie sinngemäß, wenn die Familien überwältigt das propere Heim betreten. Was früher die Taufurkunde war, die Aufnahme in die Gemeinschaft, ist nun das Profil bei Facebook. Die Aufnahme in die Community, der Beweis: Ich existiere, mich gibt es tatsächlich.

„Aus den Morgenandachten ist Frühstücksfernsehen, aus den Abendgottesdiensten oder Vespern sind die Abendnachrichten geworden.", schreibt Alain de Botton in seinem Buch „Religion für Atheisten". Laut einer Umfrage des Instituts für Demoskopie Allensbach sagen nur 46 % der Deutschen, Jesus Christus sei Gottes Sohn, 1986 waren es noch 56 %. Nur ein Bruchteil der registrierten Christen glaubt also die Kernbotschaft. Naturgötter, Engel, Handschmeichler und mystische Kräutlein aus dem Manufactum Klostersortiment sind beliebt, Auferstehung und Dreifaltigkeit aber sind Ladenhüter. Von der Jungfrauengeburt ganz zu schweigen.

Kirchliche Angebote zur Stille kommen gut an, kirchliche Worte weniger. Das demokratische Individuum hört der Kirche nicht mehr aus Gewohnheit oder Gehorsam zu, sondern weil es situative Interessen hat: Es will Hilfe, Inspiration, Ruhe und Erbauliches. Die Kirche ist zwar keine Demokratie, aber mit diesem demokratischen Souverän hat sie dauernd zu tun. Sie spricht zu einem kritischen Religionsverbraucher, der Service-Erwartungen hat.

In der Enzyklika „Lumen fidei" leitet Papst Franziskus, mutmaßlich wohl Benedikt XVI., Gehorsam vom Hören ab. Das demokratische Individuum aber hört nur, was es hören will. Die Kirche in Deutschland hat viele Privilegien, die ihr Gehör verschaffen können. Sie hat die Chance, Religionsunterricht zu geben, sie hat garantierte Verkündigungszeiten in den elektronischen Medien. Sie hat viele Räume, Zeiträume und Orte, um ihre Botschaft zu platzieren. Aber sie merkt, dass immer mehr Menschen just diese Räume meiden.

In Deutschland gehören immerhin noch 50 Millionen Menschen einer der beiden großen Kirchen an. Vertraut ist kirchliches Leben dennoch nicht mehr. Fremdes wiederum hat ein doppeltes Gesicht: Etwas Fremdes ist entweder besonders verdächtig oder besonders attraktiv. Die Wahrnehmung der katholischen Kirche in der Öffentlichkeit ist von dieser Doppelgesichtigkeit geprägt: Einerseits wird ihr als Geheimniskrämerin des Glaubens alles Verwerfliche zugetraut, andererseits schauen Millionen hin, wenn so exotische Rituale wie ein Konklave zelebriert werden.

Wie spricht die Kirche?

Je höher man in der kirchlichen Hierarchie steigt, desto verführerischer ist es, nach der Herrschaft des Kein zu greifen. Wenn mich keiner versteht, wenn ich als Fremder angesehen werde, dann sind die anderen schuld.

In einem Brief an die Mitarbeiter im pastoralen Dienst des Erzbistums Köln diagnostizierte Joachim Kardinal Meisner eine „Katholikenphobie". „Die Entschiedenheit der katholischen Positionen zum Lebensschutz, zu Ehe und Familie sowie eine deutliche Repräsentanz durch Personen wie den Papst und die Bischöfe polarisieren in der Gesellschaft immer stärker," schrieb er am 5. Februar 2013. Französische Wissenschaftler sprächen schon von „Katholikenphobie". Keine Religion oder Konfession werde so sehr angegriffen wie die katholische Kirche. Der Präfekt der Glaubenskongregation Gerhard Ludwig Müller hatte kurz zuvor, in einem Interview mit der Tageszeitung „Die Welt" vom 1. Februar 2013 erklärt:

> „Gezielte Diskreditierungs-Kampagnen gegen die katholische Kirche in Nordamerika und auch bei uns in Europa haben erreicht, dass Geistliche in manchen Bereichen schon jetzt ganz öffentlich angepöbelt werden. Hier wächst eine künstlich erzeugte Wut, die gelegentlich schon heute an eine Pogromstimmung erinnert."

Katholikenphobie, Pogromstimmung – das sind einprägsame Vokabeln. Sie sind nicht repräsentativ für kirchliche Sprache insgesamt, aber sie sind typisch für sprachmächtige Hierarchen. Wenn das Publikum überhaupt kirchliche Wortmeldungen wahrnimmt, dann diese. Aus Wörtern wie „Katholikenphobie" oder „Pogromstimmung" spricht die Haltung: Die Welt ist unser Feind. Wir sind das Opfer der feindlichen Umwelt. Wir sind eine Minderheit, weil wir die Wahrheit kennen, die die Welt nicht hören will. Wir hier drinnen, ihr da draußen.

Es ist eine Sprache der Distinktion. Wer so spricht, grenzt sich ab. Diese Haltung ist kein deutsches Phänomen: Im Herbst 2012 hatte Papst Benedikt XVI. zur Bischofssynode nach Rom geladen. Das Thema war die Neu-Evangelisierung. Mehr Glauben in der Welt wünschte sich der Papst. Eine Synode muss man sich als eine Art Weltjugendtag für fortgeschrittene Semester vorstellen. Wo zwei oder drei in meinem Namen versammelt sind, da bin ich mitten unter ihnen, sagt Jesus. Aber was passiert, wenn 262 Bischöfe in Rom versammelt sind? Wo ist der Heilige Geist da?

Die Hirten der Herde wussten vor allem zu benennen, wo der Geist nicht ist. Was von der Synode nach draußen drang, zeugte von der Herrschaft des Kein und des Nein. Glauben ist demnach: keine Beliebigkeit, kein Relativismus, kein Synkretismus, kein spirituelles Bastelprogramm, keine Frage von Strukturreformen und, der Kein-Klassiker schlechthin, kein Kniefall vor dem Zeitgeist.

Der amerikanische Kardinal Donald William Wuerl deutet die Säkularisierung als „Tsunami" fürs kirchliche Leben. Der Präsident des päpstlichen Familienrates beklagte, dass die Familie nicht mehr das ist, was sie einmal war; der Erzbischof von Posen missbilligt, dass immer mehr Eltern ihre Kinder zu wenig erziehen, Kurienkardinal Stanislaw Rylko kritisiert, dass neuen geistlichen Gemeinschaften zu wenig Wertschätzung zuteil werde. Der Limburger Franz-Peter Tebartz-van Elst bedauerte, dass so viel Glaubenswissen verlorengegangen ist und warnt vor kreativem Aktionismus in der Liturgie.

Heilig ist vor allem das Ressentiment. In Deutschland gibt es nicht viele Geistliche, die auch Boulevardzeitungslesern bekannt sind. Einer von Ihnen ist Wilhelm Imkamp, Wallfahrtsdirektor von Maria Vesperbild bei Augsburg. Er ist häufig Gast in Fernsehtalkshows und Hausgeistlicher der Fürstin Gloria von Thurn und Taxis. In der Bild-Zeitung wird er mit dem Satz zitiert: „Bei mir wissen die Leute, wenn sie aus der Predigt kommen, wenigstens, wogegen sie sind." In seinem Fall sind das Kuschelkatholizismus, Pastoralbürokratie und Dialogprozesse.

Diese Nein-und-Kein-Sprache entfaltet durchaus Anziehungskraft, vor allem aufs katholisch-konservative Lager. Der Konservative fürchtet stets den Verlust und den Verfall. Er weiß, was er nicht will. Wer so spricht, wird im Milieu meistens für seinen „Klartext" gelobt. Aber wer so spricht, lässt im Unklaren, wozu die Kirche einlädt.

Kraft ist eines der zentralen Worte aus dem Hochgebet. Wolf Schneider schreibt in seinem Buch „Deutsch für Profis" über die Kraft:

„Spüren lassen kann sie nur der, der sie erstens hat, sich zweites traut, sie zu zeigen, und drittens nicht an seiner Sprache scheitert. Für den angemessenen Ausdruck vorhandener Kraft ist der kraftvolle Rhythmus unentbehrlich; doch er hilft nichts, wenn man nicht wagt, zu seiner Sache zu stehen."

Wer ständig nein und kein sagt, hat ein Problem damit, zu seiner Sache, zu seinen Substantiven zu stehen. In der Kirche werden Herrlichkeit und Ewigkeit kraftvoll ausgesprochen, außerhalb der Kirche fehlen dafür die Worte. Was ist da herrlich? Was währt ewig? Die Sprachlosigkeit fällt kaum auf, weil wortreich Gegner eingekreist werden. Eine Kirche, die so negativ spricht, plustert sich zum Schein-Riesen auf. Sie ist ein Triumphator ohne Land.

Es gibt aber auch eine ganz andere, nicht minder verbreitete zweite Reaktion auf das Gefühl, fremd im eigenen Land zu sein: die Ohnmacht des Infinitivs. Der Katholikentag 2012 hatte das Motto „einen neuen Aufbruch wagen". Der nächste in Regensburg wird mit der Zeile „mit Christus Brücken bauen" überschrieben sein. Der vorliegende Aufsatz hätte auch unter dem Titel „eine neue Sprache finden" erscheinen können. Im Heute hoffen, im Gestern wurzeln, im Morgen lieben – derartige Slogans glauben offenbar fest an die Kraft des Infinitivs. Der Imperativ vergangener Zeiten zieht nicht mehr, jetzt muss der Infinitiv ran.

Wenn der Redner oder Autor dann noch einstreut „im Lichte des Evangeliums" und „in der Nachfolge Jesu Christi" oder noch ein bis zweimal das substantivierte „Miteinander" unterbringt, sind schon die wichtigsten Module für kirchliche Motti und Grußworte zwischen gemäßigt reformerisch und gemäßigt konservativ beisammen. Ach ja, der „lebendige Gott" sollte auch noch irgendwo walten, wegen Nietzsche. Also: „Im Lichte des Evangeliums die Einheit im Miteinander des Alltags gestalten". oder „In der Nachfolge Jesu Christi ins Heute Brücken zum lebendigen Gott bauen". Darauf können sich Pfarrgemeinderäte einigen, das winkt der Pfarrer durch. Das ist das Gegenteil zur abgrenzenden, ressentimentgeladenen Sprache der Schein-Triumphatoren.

Wer für Brücken ist, für Aufbruch, für Wagnis, für Hoffnung, für Liebe, für den lebendigen und gegen den toten Gott, der ist für etwas Positives. Doch diese gute Absicht täuscht. Genau besehen regiert im fröhlichen Infinitiv das Kein. Infinitiv-Konstruktionen haben kein Subjekt. Wer soll Brücken bauen? Ich oder du oder, sehr beliebt, wir alle? Oder *sie*, die Bischöfe da oben? Als Botschaft kommt allenfalls an: Man müsste mal Brücken bauen. Man müsste mal hoffen. „Man müsste mal aufstehen, sein Bett nehmen und gehen". Ein so schlapper Satz hätte keinen Lahmen wieder gehend gemacht. „Steh auf, nimm dein Bett und geh", das ist eine klare Ansage. Da tut sich was, weil beide etwas tun: der Sprechende und der Hörende.

Wenn ich kirchliche Texte lese, seien sie von Geweihten oder Ungeweihten, dann frage ich mich oft, ob sich der Verfasser seine eigenen Werke je vorgelesen hat. Hat er sich selbst gern beim Lesen zugehört? Hat er sich gut unterhalten gefühlt? Viel zu viele Texte entstehen, weil es eine kirchliche oder theologische Kommission gibt, die Texte entstehen lassen sollen. Viel zu viele Texte werden gesprochen und geschrieben, weil es schlicht gleichgültig ist, ob jemand zuhört oder liest. Hauptsache, die Mittel dafür wurden bewilligt und der Vorgesetzte ist zufrieden. Auch das ist keine einladende Sprache.

Die nach allen Seiten offene Sprache der Infinitiv-Liebhaber ist nicht die Sprache derer, die sich als wahre Sieger fühlen. Es ist eher die Sprache derer, die das, was sie haben, retten wollen. Und es ist die Sprache derer, die fürchten, etwas Falsches zu sagen.

Gewinnend wirkt weder das Triumphgeheul der Wider-den-Zeitgeist-Kämpfer noch die fiepsige Infinitiv-Blockflöte der Konsens-Christen. Boden gewinnen derzeit Bewegungen, die sehr laut „Ich!" und „Du" rufen, wobei das Du mal Gott und mal das Gegenüber ist. Das ist die dritte Art, auf die Fremde zu reagieren: der Schrei vom Typus „Ich! Bin! Geheilt!"

Als Jesus ist im Hause des Pharisäers Simon zu Gast ist, betritt eine Frau den Raum, eine „Sünderin". Sie küsst den Wander- und Wunderprediger, seine Füße wäscht sie mit ihren Tränen. Die Sünderin schweigt, der Runde verschlägt es die Sprache. Womöglich bekäme diese Sünderin heute das Angebot eines christlichen Verlages, ihre Autobiografie zu schreiben. Vom Straßenstrich ins Schweigekloster, vom Neonazi zum Pfarrer: solche Bekehrungen verkaufen sich gut. Im Evangelium ist ausgerechnet diejenige Person die schweigsamste, bei der Jesus den tiefsten Glauben ausmacht. Kaum vorstellbar, dass sie die nächstbeste Menschenmenge mit einem spitzen Schrei wissen lässt: „Wow, dieser Jesus hat mich gerettet! Ich habe mich zum ersten Mal wieder selbst gespürt."

Das Wort „authentisch", mit dem heutige Menschenmengen zu jubeln pflegen, war noch nicht erfunden. Heute leben ganze Verlage vom Thrill des Authentischen. Wow – der hat das echt erlebt. Nicht „Man müsste mal", sondern „Ich hab's getan". Sogar die Auferstehung lässt sich ins Autobiografische wenden. So schrieb Samuel Koch, der junge Mann, der seit einem Unfall bei „Wetten, dass…?" im Rollstuhl sitzt, wie der Glaube ihm geholfen hat. Das Buch wurde ein Bestseller. Auch die Eltern des ermordeten Jungen Mirco erklärten in einem Buch, wie Gott ihnen aus der Trauer half.

Die Zeitschrift „Credo", eine kostenlose katholische Beilage zu überregionalen Tageszeitungen, druckte in ihrem ersten Heft 2013 eine Bildstrecke unter der Überschrift „Krasse Typen". Darin erzählten Menschen, wie Gott ihr Leben „krass" verändert. Martin Dreyer, Begründer der Jesus-Freaks, schreibt zum Beispiel:

„Früher habe ich gedacht: Es gibt diesen Gott, irgendwo. Aber er blieb mir fern. Bis zu meinem Erlebnis in der Petrikirche in Hamburg. Da war ich 17 und kurz davor, wie andere in meiner Clique, Heroin zu nehmen. Beim Gottesdienst hatte ich das Gefühl, Gott will Kontakt aufnehmen. Und dann haben mich all seine Worte erreicht. ‚Hallo Martin, ich habe noch etwas mit dir vor. Egal was für eine Scheiße du gebaut hast'."

Das ist weniger langweilig als der Infinitiv und es ist weniger verletzend als das Ressentimentgerassel. Aber das Gegenteil der beschriebenen negativen Kirchensprache kann nicht das gnadenlos Positive sein, das Gegenteil des Infinitivs nicht das Ausrufezeichen nach jedem Wort. Das ständige „Danke, Danke, Danke" löst irgendwann ein „Nein, danke" aus. Es befremdet auch.

Wie kann die Kirche ein gutes Wort einlegen?

Negative, polarisierende kirchliche Sprache hinterlässt Blamierte und Versehrte. Verbleibt Sprache im unverbindlich Infinitiven, hinterlässt sie Ratlose. Spitze Bekenntnisschreie hinterlassen wörtlich Betäubte.

Katholiken sind ewige Kinder oder ewige Pubertierende. Wir sind hin- und hergerissen zwischen Sentiment und Ressentiment. Viele der schärfsten Kirchenkritiker sind enttäuschte Liebhaber, oft mit einer Vergangenheit in der katholischen Jugendarbeit. Gemischtgefühlskatholiken brauchen den Heiligen Vater und Mutter Kirche, um mal folgend, mal abweichend den Weg durchs Leben zu finden. Der katholische Mensch ist der geborene Dialektiker; zwei Seelen wohnen stets in seiner Brust, These und Antithese, Norm und Barmherzigkeit. Lebenslust bezieht er aus dem Regelverstoß, Leidenslust auch.

Diese gemischten Gefühle werden in der kirchlichen Rede selten ernst genommen. Deshalb gibt es kaum eine Sprache dafür. Die Papstkritiker wollen immer papstkritisch sein, und die besonders Romtreuen immer besonders romtreu, die einen rufen immer nach Reformen und die anderen rufen immer: Diskutiert weniger, betet mehr. Die einen beklagen die Zusammenlegung von Pfarreien, die anderen den Glaubensschwund. Die einen kultivieren den Zweifel, die anderen die Erhabenheit über jeden Zweifel. Und weil die Welt den Katholiken so selten bestätigt, sucht jeder Bestätigung in seiner Nische, die er für die katholische Welt hält, heiße sie nun „Tagespost" oder „publik-forum". Kirchliche Sprache begnügt sich oft damit, in der Nische Kopfnicken hervorzurufen. In „Gaudium et spes" heißt es allerdings, Seelsorger sollten dahingehend ausgebildet sein, dass sie imstande sind, „die Lehre der Kirche über Gott, den Menschen und die Welt den Menschen unserer Zeit in geeigneter Weise darzulegen".

Das ist auch nicht gerade inspiriert formuliert, aber zumindest wird klar: Kirchliche Sprache sollte verständlich sein. Sie sollte ansprechen. Sie sollte aufrichtig sein, erwachsen, nicht kindisch-positiv, aber auch nicht pubertär-motzig. Das ist banal, aber nicht selbstverständlich. Ob wir die richtigen Worte finden, ist keine Frage des Vokabeltrainings, sondern der Haltung zum Gegenüber. Papst Franziskus zum Beispiel benutzt auch die schlimmen Wörter mit -ung, -heit und -keit, Zärtlichkeit, Barmherzigkeit zum Beispiel. Aber er vergisst dabei nie, von barmherzigen und zärtlichen Menschen zu erzählen.

Wenige Monate nach seiner Wahl hatte er ein Treffen mit Kindern und Erzieherinnen. Eine Frau fragte, warum er nicht im apostolischen Palast wohne. Er antwortete:

„Für mich ist das eine Frage der Persönlichkeit. Das ist es. Ich brauche es, unter Menschen zu leben, und wenn ich allein leben würde, vielleicht ein wenig isoliert, dann würde es mir nicht gut tun. Ein Professor hat mir diese Frage gestellt: ‚Warum sollen Sie denn nicht dort wohnen?' Ich habe geantwortet: ‚Hören Sie, Herr Professor, aus psychiatrischen Gründen'. Ich kann nicht allein leben, verstehst du?"

Das kleine Anhängsel, „verstehst du?" zeigt die Haltung gegenüber dem Gesprächspartner. Das Gegenüber soll nicht nur hören und gehorsam sein, er soll auch nicht applaudieren, er soll verstehen. Dieser Papst warnt und mahnt auch, er spricht von Hölle und Teufel. Aber er vermeidet es, abwertend über andere, noch dazu über Abwesende, zu sprechen. Er redet meistens so, dass diejenigen, über die er spricht, auch im Raum sein und sagen könnten: „Ich bin gemeint!". Es ist eine Ich-an-Du-Botschaft, nicht Amt-an-Bittsteller.

Das ist ein Credo ohne Ich-bekenne-Geschrei. Franziskus setzt oft mehrmals zur Antwort an, um die beste Formulierung zu finden. Ob das stockend klingt oder überzeugend, ist auch eine Frage der Haltung. Bei ihm klingt es persönlich, ganz auf die Fragende gemünzt.

Das ist deshalb so bemerkenswert, weil offizielle kirchliche Wortmeldungen hörbar von der Angst bestimmt sind, etwas Falsches zu sagen oder von der Versuchung, etwas immer Richtiges sagen zu müssen. Eine solche Sprache kann nicht leben. Denn das Leben ist meistens nicht so eindeutig richtig oder eindeutig falsch, es ist so ambivalent wie der Glaube, die Hoffnung und die Liebe. Wenn ich diese Spannung zugebe, kann ich spannend sprechen, ohne mich der Alltagssprache anzubiedern. Ich kann dann treffend formulieren, ohne verletzend zu werden.

Kirchliche Sprache fehlt meistens eine wichtige Kraftquelle: Freiheit. Die Unsicheren klammern sich an Zitaten fest, die ganz Sicheren glauben feste durch.

Rhetorik- und Medientrainer können einem beibringen, über Freiheit zu reden. Fürs freie Wort kämpfen können sie nicht. Die Sprache der Kirche kann sich nur ändern, wenn das System aus Schuld und Strafe, aus Denunziation der Lauen und Belohnung der Strammen, aus Ämterhuberei und Demutsbekundungen ein Ende hat. Franziskus hat in seinem großen Interview mit der Jesuitenzeitschrift La Civiltà Cattolica mit der freien Rede angefangen. Noch fehlt der deutsche Franz, der so frei ist.

Christliche Jenseitsbotschaft in einer innerweltlich orientierten Gesellschaft

Patrick Becker

Die Bestattungskultur in Deutschland verändert sich deutlich: In den letzten 9 Jahren, von 2004 bis 2013, sank der Wunsch nach einem Sarggrab von 38,7 % auf nur noch 29 %, hat eine von der „Verbraucherinitiative Bestattungskultur" Aeternitas in Auftrag gegebene repräsentative Emnid-Studie ergeben. Auch die zweite klassische Beerdigungsform, das Urnengrab, verliert an Interesse, von 23,4 % auf 20 %. Über die Hälfte der Bundesbürger wünscht sich also eine unkonventionelle Bestattungsform. Dies umfasst neben der traditionsreichen Seebestattung (5 %) vor allem neuartige pflegefreie Formen innerhalb eines Friedhofs (Urnenwand, Gemeinschaftsgrab, Baumbestattung oder Asche verstreuen) und außerhalb eines Friedhofs. Letzteres stößt in Deutschland auf rechtliche Hindernisse, wird aber immerhin von fast einem Drittel der Befragten genannt.

Der Historiker Norbert Fischer spricht in einer anderen von Aeternitas beauftragten Studie mit dem Titel „Perspektiven neuer Bestattungs- und Erinnerungskultur im 21. Jahrhundert" von zwei Trends: Einerseits sei eine zunehmende Naturnähe festzustellen und andererseits eine „wachsende Bedeutung des Erinnerungs-Aspektes" (Fischer 2011, 3). So werde immer mehr eine „ausgeformte und inszenierte ‚Gedächtnislandschaft'" (ebd.) gebildet, was zu „neu modellierten Räumen des klassischen Friedhofs [...] im öffentlichen Raum bei einer zunehmenden Formenvielfalt von Aschenbeisetzungen" (ebd.) führe. Gleichzeitig sei eine „nachlassende Bedeutung christlicher Traditionen" (ebd. 6) spürbar.

Die Kirchen verlieren also in diesem zentralen pastoralen Feld zunehmend an Konkurrenzfähigkeit, vielleicht sogar an Zugang zu den Menschen. Der Rückgang muss alarmieren: Wie kann es sein, dass gerade bei der religiösen Grenzerfahrung schlechthin, dem Tod, die traditionelle christliche Botschaft und die entsprechende Feierkultur immer weniger gefragt sind? Es handelt sich hierbei um eine zentrale Frage, an der sich die Zukunftsfähigkeit der christlichen Kirchen festmachen lässt. Um ihr auf den Grund zu gehen, werden zunächst die aktuellen Entwicklungen in der Bestattungskultur sowie soziologische Untersuchungen zum Jenseitsglauben vorgestellt. Im zweiten Teil werden daraus Rückschlüsse auf die Arbeit und die bestehende Herausforderung der Kirchen gezogen.

Wandel in der Bestattungskultur

Thomas Klie versucht die neuen Entwicklungen zu erfassen, indem er zwischen drei verschiedenen Codes differenziert, die sich neben dem der traditionell-christlichen Erdbestattung herausgebildet hätten (Klie 2008). Der naturreligiös-ökologische Code entspricht dabei dem ersten von Norbert Fischer genannten Trend; sinnbildlich nennt Klie die Baumbestattung einer kompostierbaren Urne. Der Mensch versteht sich hier als Teil des biologischen Stoffwechselzyklus und gliedert sich diesem symbolisch ein; die generationenübergreifende Ortsbindung der Grabstelle schwindet, der Aufwand bei der Grabpflege fällt weg.

Im ästhetisch-performativen Code wird umgekehrt die Inszenierung der Leiche angestrebt, sodass sie Bedeutung über den Tod hinaus erlangen kann. Als besonders signifikantes Beispiel bezeichnet Klie die Diamantbestattung, bei der die Asche eines Menschen zu Diamanten gepresst wird. Wenn man wie Klie die beginnende Internet-Erinnerungskultur unter diese Kategorie rechnet, wird deutlich, dass es sich auch hier um ein Massenphänomen handelt.

Innerhalb des anonymisierend-altruistischen Codes wird die Asche Verstorbener in einem Kolumbarium, auf einem anonymen Gräberfeld oder auf See beigesetzt; auch die Körperspende an die Anatomie kommt in Frage. Hintergrund ist meistens, den Hinterbliebenen nicht mehr zur Last fallen zu wollen. Eine Ortsbindung existiert damit überhaupt nicht mehr, auch hier ist wie in den anderen beiden Codes keine Grabpflege nötig.

Die Ausführungen von Thomas Klie zeigen, dass einerseits verschiedenartige Entwicklungen vorliegen, die die moderne Ausdifferenzierung nun verspätet in die Bestattungskultur tragen. Die unterschiedlichen Codes entsprechen dabei verschiedenen Lebenskonzepten und Selbstverständnissen. Andererseits gibt es auch eine einheitliche Entwicklungslinie. Über diese kann man sinnieren, indem man die christliche Erdbestattung, die die irdische Vergänglichkeit betont, mit dem Bild irdischer Unvergänglichkeit vergleicht, das die Diamantenpressung transportiert: „Der Tod wird hierbei gerade nicht als das natürliche Ende der menschlichen Sinnproduktion angesehen, das Ableben wird vielmehr zum ultimativen Anlass, gelebtes Leben sinnvoll zur Darstellung zu bringen", hält Thomas Klie fest (ebd. 9).

Sinn wird hier innerweltlich verstanden: Wenn der Leichnam im christlichen Verständnis verrotten kann, weil die Seele außerweltlich ihr Heil findet, wird er hier perpetuiert, weil außerhalb der Welt eben nichts – und schon gar kein Sinn – wartet. Auch die anderen beiden Codes suchen Sinn wenn überhaupt dann innerweltlich, etwa als Teil des Ökosystems oder im Nutzen für die Medizin.

Noch deutlicher wird dieser Wandel, wenn man die Begräbnisfeiern miteinbezieht. Es ist durchaus üblich geworden, diese auf einen zentralen Aspekt im Leben des Verstorbenen zu fokussieren, so kann etwa die Fußballleidenschaft in eine komplett in Vereinsfarben getauchte Feier mit Fangesängen, Fußballaufnahmen und einer Urne in Fußballform münden. Derartige Feiern im Fußballgewand finden darin ihre Rechtfertigung, dass sie den Willen der Verstorbenen umsetzen; die Angehörigen werden die Feier dadurch als intensiv erleben, dass die Verstorbenen mit ihrer Leidenschaft im Mittelpunkt stehen. Der religiöse Gedanke, dass es einen Sinn hinter unserem konkreten irdischen Tun und Dasein – also über den Fußball hinaus – gibt, wird dabei allerdings eliminiert.

„Fußball darf nicht alles sein" – diese klare Aussage traf ausgerechnet der Präsident des Deutschen Fußball-Bunds, Theo Zwanziger, 2009 in seiner Ansprache bei der Trauerfeier für Nationaltorwart Robert Enke, der sich selbst das Leben genommen hatte. Er lässt dabei offen, was dieses „nicht alles" umfasst. Sicherlich fallen darunter auch gelungene Beziehungen, Freundschaften, Familie, erfüllendes Engagement oder kreative Hobbys. Zwanziger bezieht sich in seiner Ansprache jedoch auf die Bischöfe Wolfgang Huber und Margot Käßmann, denen es, das klingt zumindest an, noch um ein Mehr gehen dürfte, nämlich schlichtweg um die genuin christliche Botschaft des Jenseits.

Glaube an ein Jenseits?

Nur glauben die Menschen noch an ein Jenseits? Im Religionsmonitor, einem internationalen Großprojekt der Bertelsmannstiftung, in dem empirisch die Religiosität der Menschen erhoben wird, war im ersten Umfragedurchgang 2008 die Frage nach dem Glauben an ein Leben nach dem Tod aufgenommen; die Art des Weiterlebens wird dabei offengelassen. Die Umfrage ergab, dass daran in Deutschland 32 % gar nicht, 16 % wenig, 17 % mittel, 11 % ziemlich und 22 % sehr stark glauben. Dass Frauen stärker an ein Weiterleben glauben als Männer, mag dabei vielleicht weniger überraschen; wohl aber, dass das auch für Jüngere im Vergleich zu Älteren zutrifft (Bertelsmann Stiftung 2007; 2009).

International ergeben sich einige Verschiebungen. Während Italiener (über 30 % „sehr stark"), US-Amerikaner (über 50 %) und Türken (über 75 %) deutlich stärker an das Weiterleben glauben, tun dies Franzosen (16 %), Inder (15 %) und Russen (7 %) noch weniger. Es ist also weder möglich, eine spezifisch „westliche" Situation zu benennen, noch eine spezifisch christliche. Der Religionsmonitor lehrt, dass die religiöse Situation eines Landes stärker anhand dessen eigener kultureller Vergangenheit erklärt werden muss als unter Berufung auf große globale Entwicklungslinien.

Nicht nur die Situation in der Welt, auch die in Deutschland ist nicht eindeutig. Auch bei einer 2012 im Auftrag von Chrismon in Deutschland durchgeführten Studie des Emnid-Instituts gab knapp die Hälfte der Befragten an, nach dem Tod schlichtweg nichts mehr zu erwarten. Sie geht davon aus, dass mit dem Tod alles vorbei ist. Auf der anderen Seite stehen immerhin 46 % der Befragten, die angaben, dass die Seele in irgendeiner Form weiterlebt. Längst nicht alle glauben jedoch an die Auferstehung: sie findet nur bei knapp 31 % der Befragten Zustimmung, die Wiedergeburt bei immerhin 25 %, sie ist also fast so weit verbreitet wie das klassische christliche Konzept. An die Hölle als Ort der Bestrafung schlechter Menschen glauben 12 %, die Alten dabei interessanterweise weniger als die Jungen.

Die Ergebnisse stimmen mit dem Religionsmonitor überein (dessen Aktualität nur leider darunter leidet, dass in seiner Neuauflage von 2013 die Frage nach dem Leben nach dem Tod nicht mehr aufgenommen ist); auch die Emnid-Untersuchung ergab, dass Jüngere deutlich öfter an ein Weiterleben glauben, allerdings immer seltener in der christlichen Form der Auferstehung.

Es bleibt ein gemischter Eindruck: Der Glaube an das Weiterleben nach dem Tod ist in Deutschland zwar nicht verschwunden und findet nach wie vor starke Befürworter, aber fast die Hälfte der Deutschen kann mit ihm wenig bis gar nichts anfangen, knapp 20 % scheinen nicht so recht zu wissen, was sie von ihm halten sollen. Mehrheitlich, so muss man festhalten, beschränken wir Deutsche uns auf eine innerweltliche (Lebens-)Perspektive. Wenn wir von einem gelungenen Leben träumen, dann meinen wir damit mehrheitlich ausschließlich innerweltliche Erfolge und Glücksmomente.

Das hat Konsequenzen für das Verständnis der christlichen Botschaft. Wenn Jesus sich im Johannesevangelium als den Weg, die Wahrheit und das Leben bezeichnet (Joh 14,6), dann kann das die Mehrheit nur im Sinne eines Erfolgstrainers oder Glücksgurus verstehen; als ethisches Vorbild vielleicht oder auch weisen Ratgeber. Wenn das eigene Leben rein diesseitig verortet wird, dann mag das kompatibel sein mit dem Glauben an ein allgemeines Weltgesetz oder kosmisches Prinzip, aber nicht an einen personalen, jenseitigen Gott. Ohne den Auferstehungsglauben, darin muss man Paulus in 1 Kor 15,14 zustimmen, fällt das Christentum in sich zusammen.

Die Verweltlichung des Weltbildes

Die Verinnerweltlichung unseres Menschen- und Weltbildes dürfte dabei weniger auf einer religionskritischen Auseinandersetzung und damit einer aktiven Ablehnungshaltung gegenüber den traditionellen religiösen Angeboten beruhen als vielmehr auf der Erfolgsgeschichte der Naturwissenschaften. Seitdem der Fokus der klügsten Köpfe ihrer Zeit nicht mehr vorrangig dem Jenseits und dem Weg dorthin (d. h. dem persönlichen Seelenheil) gilt, sondern der empirischen Erforschung der Natur, erlebt die Menschheit eine dramatische Veränderung der Lebensumstände des Einzelnen und der Gesellschaften insgesamt.

Die Naturwissenschaften haben schlichtweg Erfolg. Sie präsentieren Erfindungen, die das Leben länger und angenehmer machen, und sie erklären uns die Welt (Becker 2011).

Dass Bücher zu Bestsellern werden, in denen uns der Astrophysiker Stephen Hawking das Universum und der Evolutionsbiologe Richard Dawkins seinen (nicht vorhandenen) Sinn erklären, weist nach Armin Kreiner auf einen Autoritätstransfer hin: Antworten auf die wichtigen Fragen des Lebens erwarten wir uns immer stärker von den Naturwissenschaften (Kreiner 2011). Dieses Denken prägt unser Weltbild, dessen Fokus nun auf innerweltliche Prozesse ausgerichtet ist, und das bedeutet in der Regel: auf Funktionalität.

Die Abschaffung des Jenseits ist also kein aktiver Vorgang, sondern ein Nebeneffekt, der der Attraktivität des innerweltlichen Denkens folgt. So sind auch nicht biblische Bilder und Sprache aus unserer Kultur verschwunden, sondern ihr jenseitiger Bezug: Apokalypsen finden sich zu fast jedem Zeitpunkt im Kinoprogramm, nur eben rein innerweltliche. Das trifft dann auch nicht nur das Christentum: Im Kinofilm „Cloud atlas" aus dem Jahr 2012 wird ein komplexes Beziehungsgeflecht gesponnen, das über die Jahrhunderte hinweg zwischen allem und jedem besteht. Man wird darin typische buddhistische Gedanken finden, nur eben ohne jenseitigen Bezug etwa auf ein Nirvana.

Was setzen die Christen diesem Trend entgegen? Eine bittere Analyse unternahm die Journalistin Christiane Florin auf der Tagung der Europäischen Gesellschaft für Katholische Theologie im Herbst 2013 für die katholische Kirche, indem sie deren öffentliches Erscheinungsbild betrachtet (vgl. den Beitrag von ihr in diesem Band). Florin sieht drei vorherrschende Typen kirchlicher Sprache: Den ersten nennt sie die Herrschaft des Keins und verdeutlicht ihn etwa an der Bischofssynode im Herbst 2012 in Rom, von der vor allem nach draußen gedrungen sei, wogegen die Bischöfe und ihr Glauben stehen: gegen Beliebigkeit, Relativismus, Synkretismus und den Kniefall vor dem Zeitgeist. Diese Art der Sprache schaffe Ressentiments und sei insbesondere im katholisch-konservativen Lager attraktiv, das stets den Verlust und Verfall befürchte. Es könne aber nicht in die Kirche einladen.

Den zweiten bezeichnet Florin als Ohnmacht des Infinitivs. Sie sieht ihn bei vielen kirchlichen Slogans und Motti: „Im Heute hoffen", „im Gestern wurzeln" oder „im Morgen lieben" scheint den Imperativ vergangener Zeiten zu ersetzen. Doch die positive Aussage täusche, auch hier regiere letztlich das Kein, da nämlich das Subjekt fehle. Dadurch entstehe ein Verantwortungsverschiebebahnhof, weil nicht klar werde, wer denn was tut oder tun müsste; es bleibe das unbestimmte

Man, mit dem man nicht anecken und keine Angriffsfläche für Kritik bieten möchte. Gewinnend wirke auch das nicht.

Der letzte Sprachtypus ist in der katholischen Kirche wohl nur beschränkt zuhause, dafür aber in einigen evangelikalen umso mehr: Es ist der Schrei vom Typus „Ich! Bin! Geheilt!". Hier werde zwar positiv von den eigenen Erfahrungen berichtet und damit die Negativität der anderen beiden Typen hinter sich gelassen. Nur wenn jede Lebensentscheidung und -widerfahrnis auf Gott zurückgeführt werde, wenn allem und jedem im Leben ein lautstarkes und medial wirksames Danke an Gott folge, dann wirke das aufdringlich bis lächerlich und ist, so muss man ergänzen, mit einem aufgeklärten Glauben auch schwerlich vereinbar.

Alle drei Sprachtypen haben gemeinsam, dass sie nicht zur überzeugenden Darstellung und damit schlichtweg nicht zur Verkündigung einer starken Botschaft taugen. Bei den ersten beiden, typisch katholischen Sprachmustern regiert ein ängstliches Kein. Doch wie sollte es möglich sein, in eine angstgeprägte Sprache eine freimachende Botschaft zu verpacken? Wie sollte es möglich sein, ein positives Zeugnis abzugeben, wenn man sich nur negativ abgrenzt oder es allen recht machen möchte?

Florins journalistische Analyse stimmt mit anderen Befunden überein, etwa wenn Rainer Bucher eine grundlegende Transformation vom Erlaubnis- zum Ermöglichungsdiskurs fordert (Bucher 2011). Im Hintergrund dieser Forderung steht die Erfahrung einer Kirche und ihrer Hierarchie, die Angst um Macht- und Bedeutungsverlust und damit zu wenig Selbstbewusstsein hat, was jeder frohen Botschaft die sprachliche Basis entzieht.

Kirchliche Sprachlosigkeit

Inwieweit der Jenseits-Verlust der deutschen Gesellschaft und der Sprachverlust der katholischen Kirche inhaltlich voneinander abhängen, vermag ich an dieser Stelle nicht zu diskutieren. Entscheidend ist, dass die Kirche nicht in der Lage ist, den zentralen jenseitigen Aspekt ihrer Botschaft zu verkünden. Es genügt nicht die pauschale Klage über die Gotteskrise unserer Zeit, über Relativismus oder kirchliche Verweltlichung; im Gegenteil dienen derartige Aussagen eher dazu, bei den Kritisierten Distanz bis Ablehnung zu erzeugen, weil diese sich nicht angenommen oder auch nicht verstanden fühlen.

Ist die Kirche nicht mehr in der Lage, positive Aussagen zu treffen? Kann sie ihrer ureigensten Botschaft vom Jenseits nichts mehr abgewinnen, womit sie Menschen positiv zu überzeugen vermag? Was bedeutet es denn, wenn im Johannes-Evangelium die eschatologischen Aspekte, das „noch nicht" betont werden? Hat uns die synoptische Rede vom Reich Gottes nichts mehr zu sagen?

Nun dürfen meine Fragen nicht über das Ziel hinaus in die Jenseits-Falle führen: Wer sie positiv beantworten will, darf sich nicht nur auf das Jenseits beziehen, das wird heutzutage schnell als Phantasieprodukt oder Wunschgebilde abgetan. Wessen Jenseitsrede sich alleine auf ein Gericht am jüngsten Tag oder ein außerweltliches Paradies bezieht, der wird nicht ernst genommen. Wer innerweltliche Gerechtigkeit durch Verweis auf die außerweltliche Hölle schaffen möchte, gilt bestenfalls als frommer Spinner. Erwartet wird ein Jenseits, das mit uns und unserem Leben hier und jetzt etwas zu tun hat – darin ist unsere innerweltliche Orientierung nicht mehr hintergehbar. Doch das ist nichts Neues, es entspricht auch genau der biblischen Botschaft: Das Reich Gottes ist eben nicht nur eine transzendente (und damit unerreichbare) Vision, sondern auch schon jetzt angebrochen. Zu zeigen, wie die christliche Botschaft unserer Welt gut tut, wäre also nötig.

Ein Religionskritiker mag zu Recht darauf verweisen, dass Gerechtigkeit, Trost und Bedeutung auch von innerweltlichen Systemen erzeugt werden (können). Insofern muss sich das Christentum der säkularen Konkurrenz stellen, wenn es die innerweltliche Relevanz seiner außerweltlichen Botschaft herausstellt.

Doch wenn man die Klagen über die Funktionalisierung im Gesundheitssystem, die Leistungsorientierung im Bildungssystem oder die Gier im Finanzwesen heranzieht, nötigt sich schon die Frage auf, ob dem Menschen und seiner Sozialfähigkeit eine religiöse Selbstrelativierung vor dem Angesicht der Ewigkeit zuträglich sein könnte – ob das Christentum also nicht doch ein starkes Angebot hätte, das auch und vielleicht gerade in unserer Zeit vielversprechend ist. Doch welche kirchliche Stellungnahme greift fundiert und pointiert die Situation in einem der genannten Bereiche auf – und zwar weder, indem der Sprachduktus des Kein, allgemeiner Floskeln oder einer frömmelnde Weltflucht zu erkennen sind?

In dem Moment, in dem die Kirche ihre Botschaft innerweltlich zur Sprache und damit einbringt, wird sie selbst unter ihrem eigenen Maßstab angreifbar. Auch die Kirche ist im Finanzwesen, Bildungs- und Gesundheitssystem präsent. Glaubwürdigkeit erhält sie nur, wenn sie ihre Mahnungen selbst umsetzt. Deshalb darf es nicht wundern, wenn glitzernde Bankentürme auf keine Nachfrage stoßen, eine 15 000 Euro teure Badewanne im Bischofssitz jedoch Entrüstung erzeugt.

Wenn die christliche Botschaft vom Jenseits glaubwürdig gelebt und positiv verkündigt wird, kann auch mit Resonanz gerechnet werden. Das zeigt sich auch in den eingangs dargestellten Veränderungen unserer Bestattungskultur: Der Tod und seine Implikationen sind nämlich nach wie vor präsent. Norbert Fischer konstatiert in der eingangs zitierten Studie sogar „ein stark wachsendes gesellschaftliches Interesse an Fragen der Bestattungs-, Sepulkral- und Erinnerungskultur" (a.a.O. 3). Nach einer funktional geprägten Zeit im 19. und 20. Jahrhundert, die sich etwa in der starken Zunahme von Feuerbeisetzungen sowie der Professionalisierung der Branche gezeigt habe, sei nun im 21. Jahrhundert eine Wende zur Individualisierung und damit höheren Bedeutung von Bestattungen festzustellen.

Doch das führt zu einer neuen, für unsere Zeit typischen Herausforderung. Es „steigt der Anteil individueller, das heißt nicht-ritualisierter Elemente, die Hinterbliebenen greifen aktiv in die Gestaltung ein" (ebd. 16), was die klassischen christlichen Beerdigungsformen und auch die aktuelle Gesetzeslage herausfordert. Fischer beklagt daher auch die juristisch restriktiven Vorgaben in Deutschland, die nach wie vor in den meisten Fällen eine Friedhofsbestattung verlangen.

Diese Klage wird verstärkt durch Erfahrungen einzelner, die eine „Fußball-Beerdigung" wünschen und am klassischen – vor Ort vielleicht einzigen – Beerdigungsort ausgebremst werden, weil dieser in kirchlicher Trägerschaft steht. Entsprechende Meldungen werden in Reportagen dann eher kritisch verwendet und können die Kirchen als Feinde individueller Wünsche und sogar von Individualität insgesamt erscheinen lassen. Doch kann sich eine christliche Kirche positiv zu einer verweltlichten Bestattung verhalten? Genau hier stellt sich wieder die Frage von Christiane Florin, ob überhaupt und wie dann die christliche Botschaft positiv verkündet wird: Ist es der richtige Weg, mit einem „Nein" zu reagieren? Oder gibt es einen Weg, den nichtchristlichen Wunsch zu realisieren, und dennoch aktiv das eigene Anliegen einzubringen? Diese konkreten Fragen werden sich in zunehmend akuter Form stellen, weil sie dem Trend der Zeit entsprechen; aufzugreifen wäre hier sicherlich auch noch das Feld der Interneterinnerungskultur, da sich im Netz immer mehr Orte etablieren, die dem Totengedächtnis dienen.

Die Herausforderung besteht zunächst darin, auf die individuellen Wünsche einzugehen und den vorherrschenden Diesseitsbezug ernst zu nehmen. Doch zugleich erweisen sich diese Fragen nur als äußere Schauplätze für ein viel tiefergehendes Problem: Wenn das Christentum auf dem Angebotsmarkt für Sinngebung bestehen will, muss es zuerst den Blick auf die eigentliche Botschaft lenken und auf die Bereitschaft, diese überhaupt in den Vordergrund zu stellen. Das Jenseits muss auch und insbesondere *außerhalb* von Beerdigungen gepredigt und erfahrbar werden – das ist vielleicht die zentrale Aufgabe für die Kirchen. Wenn damit eine gesellschaftsgestaltende Kraft frei wird, dann sollte es möglich sein, „die Befreiungs- und Hoffnungsimpulse der Botschaft Jesu für dieses heutige Leben in Wort und Tat zu entdecken", so Rainer Bucher (Bucher 2013, 457). Unter Abwandlung eines Diktums von Karl Rahner kann man vermuten: Die Religion von morgen wird das Jenseits erfahrbar machen oder sie wird nicht mehr sein.

Literatur

Becker, Patrick: Paradigma unserer Zeit. Naturwissenschaftliches Denken als Herausforderung für den Gottesglauben, in: Streitfall Gott. Zugänge und Perspektiven [Herder Korrespondenz Spezial 2/2011], Freiburg 2011, 15–19.

Bertelsmann Stiftung (Hrsg.): Religionsmonitor 2008, Gütersloh 2007.

— (Hrsg.): Woran glaubt die Welt? Analysen und Kommentare zum Religionsmonitor 2008, Gütersloh 2009.

Bucher, Rainer: Der lange Weg vom Erlaubnis- zum Ermöglichungsdiskurs, in: Böhnke, Michael/Schüller, Thomas (Hrsg.): Gemeindeleitung durch Laien?, Regensburg 2011, 34–57.

—: Selbstentdeckung im „Außen", in: Herder Korrespondenz 67 (2013), 453–457.

Fischer, Norbert: Perspektiven neuer Bestattungs- und Erinnerungskultur im 21. Jahrhundert, Königswinter 2011.

Klie, Thomas: Einleitung – die Imposanz des Todes und die Suche nach neuen Formen, in: Ders. (Hrsg.): Performanzen des Todes. Neue Bestattungskultur und kirchliche Wahrnehmung, Stuttgart 2008, 8–13.

Kreiner, Armin: Die Autorität der Wissenschaft und Probleme ihres Transfers, in: Becker, Patrick/Diewald, Ursula (Hrsg.): Zukunftsperspektiven im theologisch-naturwissenschaftlichen Dialog, Göttingen 2011, 367–384.

Die Jugend im Blick

Kirche als Ereignis – katholische Jugendverbände und ihr Beitrag

Dirk Tänzler

Jugend und Kirche – passt das zusammen? Der Blick in eine durchschnittliche Pfarrgemeinde lässt da Zweifel angebracht scheinen. Auch an anderen kirchlichen Orten, traditionellen wie reformorientierten, akademisch wie politisch geprägten, haben die Anwesenden häufig ein gemeinsames Merkmal: Man trägt grau. Wer wird in dreißig Jahren noch da sein?

Wenn Jugend und Kirche doch zusammenpassen, dann häufig deswegen, weil Kirche auch an Orten ist, wo sie erst einmal nicht vermutet wird: in der Jugendsozialarbeit etwa, und natürlich auch in Jugendverbänden – so etwa im BDKJ, in dem derzeit 16 Kinder- und Jugendverbände und -organisationen zusammengeschlossen sind und der damit die Interessen von über 660 000 Kindern, Jugendlichen und jungen Erwachsenen vertritt.

Kirche, das ist aber nicht nur – nicht einmal in erster Linie – eine bestimmte Sozialstruktur, eine hierarchisch gegliederte Institution, ein Zusammenschluss von Gemeinden. Kirche, das sind auch die Trägerinnen und Träger der frohen Botschaft durch die Zeit. Kirche, das ist Ereignis. Das gilt auch für die Jugendverbände: Sie sind Ereignis. Hier spielt sich kirchliches Leben ab, selbstorganisiert, freiwillig, partizipativ. Die Jugend ist in der Kirche schon da; wir müssen nicht große Kampagnen führen, um mehr Jugend in die Kirche zu bekommen.

Das heißt nicht, dass wir uns in den Jugendverbänden selbst genug sind. Wir sehen, dass wir lange nicht in allen Lebenswelten von Jugendlichen und jungen Erwachsenen präsent sind. Das ist eine Lehre aus den zwei großen SINUS-Jugendstudien, die vom BDKJ und anderen in den letzten Jahren in Auftrag gegeben wurden. Deren Ergebnisse wurden sowohl verbandsintern wie auch darüber hinaus auf breiter Basis diskutiert. Besonders schmerzlich ist dabei, dass wir gerade bei den Kindern und Jugendlichen in prekären Lebenssituationen nicht präsent sind, die in Armut oder von Armut bedroht leben, wenig Teilhabechancen und schlechte Zukunftsaussichten haben. Hier sehen wir dringenden Handlungsbedarf, um der Glaubwürdigkeit unserer Glaubensüberzeugungen willen.

Wir wollen und müssen hier neu in Kontakt kommen, denn wir sind überzeugt, dass wir ein Angebot haben, das für diese Kinder und Jugendliche von Bedeutung ist. Das heißt für uns auch, unsere eigenen Strukturen und Beteiligungsformen immer neu zu überdenken und daraufhin zu befragen, ob sie nicht auch Ausgrenzung und Mitglieds-Monokulturen fördern. Es kann für eine Zukunftsvision der Kirche aber nicht darum gehen, mit Werbekampagnen mehr Jugend in die Kirche zu führen – auch wenn für uns klar ist, dass wir uns nicht damit begnügen können, dass wir aktuell in einigen Lebenswelten von Jugendlichen überhaupt nicht mehr vorkommen.

Die andere Seite der Medaille ist aber, dass es zwei bis drei Lebenswelten von Kindern, Jugendlichen und jungen Erwachsenen in Deutschland gibt, in denen wir als Kirche präsent sind und auf die wir uns als Trägergruppen unserer Jugendverbände stützen können: nämlich die sozialökologischen Jugendlichen, die vor allem Gerechtigkeits- und Umweltfragen bewegen, die Jugendlichen aus traditionell-konservativen Lebenswelten, für die Kirche ein selbstverständlicher Teil ihrer Identität ist, und in Teilen auch die adaptiv-pragmatischen Jugendlichen, die kirchlichen Angeboten gegenüber aufgeschlossen sind und die durchaus zu begeistern sind, wenn sie sich mit ihren Fragen und ihrem Suchen ernst genommen fühlen.

Verlust der kirchlichen Heimat

Die absoluten Mitgliedszahlen im BDKJ spiegeln dabei durchaus den demographischen Wandel wieder. Relativ zum Anteil der im BDKJ vertretenen Altersgruppen an der Gesamtgesellschaft gesehen bleiben die Mitgliedszahlen jedoch seit Jahren stabil, und stabil bleibt auch die Verteilung, in welchen Lebenswelten die engagierten Jugendlichen zu Hause sind.

Wenn man sich jedoch die Milieustudien ansieht, die das genannte SINUS-Institut für die katholische Kirche in ganz Deutschland erstellt hat, in der Kirchenbindung, Glaubensvorstellungen und Werte der einzelnen Milieus untersucht wurden, ist festzuhalten: Aufs Ganze gesehen stellt sich das durchaus anders dar. Es gibt kein einziges Milieu in Deutschland mehr, in dem die Kirche fraglos anerkannt ist, das als Großgruppe die Kirche trägt. Bedenkt man, dass es im Kaiserreich nur wenige gesellschaftliche Großgruppen – in der Sozialwissenschaft als „Milieus" bezeichnet – gab, nämlich im Wesentlichen das sozialdemokratische, das konservativ-protestantische und das katholische Milieu, dann wird klar, wie drastisch der Bedeutungsverlust der Kirche in den letzten Jahrzehnten gewesen ist.

Das gilt nicht unbedingt für die Präsenz z.B. in den Medien oder in ethischen Debatten, aber für die Bedeutung, die die Mitglieder der Kirche der Institution in ihrem persönlichen Leben geben. Wenn man diese Ergebnisse in Beziehung setzt zu den Jugendstudien, die hier zu deutlich anderen Ergebnissen kommen, heißt das: Auf dem Weg vom Jugendlich-Sein zum Leben als Erwachsene gehen Mitglieder scharenweise verloren. Wir schaffen es als Kirche bislang nicht, engagierten Jugendlichen und jungen Erwachsenen einen Weg ins kirchliche Leben außerhalb der jugendspezifischen Strukturen zu ebnen.

Menschen, die als Kinder und Jugendliche etwa in der Katholischen jungen Gemeinde aktiv waren oder die während des Studiums in der Katholischen Studierendenjugend eine kirchliche Verortung hatten, wachsen aus diesen Verbänden irgendwann heraus – und dann finden sie keinen anderen kirchlichen Ort, der für sie in vergleichbarer Weise anschlussfähig sein könnte. Sie finden dann eventuell über Lebenswendefeste, besonders über ihre Kinder, wieder in Gemeindestrukturen hinein. Dieser Kontakt bleibt aber häufig punktuell. Es gelingt vielfach nicht, das Potential der engagierten Menschen in den Kinder- und Jugendverbänden für die Pfarrgemeinden fruchtbar zu machen, schon gar nicht dauerhaft.

Das könnte nun ein Argument gerade gegen Verbände und für eine Beheimatung der Kinder und Jugendlichen ausschließlich in den Territorialgemeinden sein – denn dann gäbe es, könnte man meinen, diesen Bruch nicht. Allein, die Erfahrung zeigt, dass das nicht funktioniert. Und es funktioniert aus dem gleichen Grund nicht, aus dem die dem Verband entwachsenen jungen Erwachsenen kirchlich oft heimatlos werden. Denn sie finden in der Territorialgemeinde keinen Lebensraum. Sie finden sich mit ihren Erfahrungen, mit ihren Selbstverständlichkeiten, mit ihren Erwartungen dort nicht wieder. Die Territorialgemeinde ist häufig ein mit Erwartungen völlig überfrachtetes Gebilde, das alles leisten soll – Liturgie, Caritas, christliches Gemeinschaftsleben, Verkündigung des Evangeliums –, sich dabei auf nur kleine Kreise von Engagierten stützen kann und aufgrund der Fokussierung auf Kleriker als Leitungspersonen in immer größere Verbünden zusammengefasst wird. Das geht natürlich auf Kosten der Präsenz vor Ort.

Wenn die Zugangsbedingungen zum Priesteramt nur für wenige Kandidaten passen, wenn gleichzeitig die Leitung von Gemeinden an das Priesteramt gebunden ist und wenn die vom Priester geleitete Gemeinde alles christliche Leben tragen soll – dann bleibt Überforderung, denn die Räume werden immer größer und die Engagierten immer weniger. Letzteres geschieht übrigens nicht zuletzt aus Frust darüber, dass sie als Ehrenamtliche akzeptiert sind, wenn es irgendwo Bedarf gibt, aber dass sie weder wirklich verantwortlich sein dürfen noch wirklich gefragt sind. Ehrenamtliche möchten in der Regel keine Lückenbüßer sein, und immer weniger Menschen sehen ihr Engagement notwendig in der Kirche. Es gibt, hier sind wir wieder bei der Ausdifferenzierung der Milieus und dem Bedeutungsverlust der Kirche, genügend andere Orte, wo sie sich engagieren können.

Die Kirche muss eine Kultur der Gastlichkeit pflegen

Hinzu kommt, dass der Teil der Gemeinde, der tatsächlich regelmäßig im Gottesdienst anzutreffen ist, für Menschen, die von außen hinzukommen, oft wenig gastlich ist. In Städten kennt man sich zumeist nicht – und in Dörfern kennt man sich zu gut. Bei beidem können Besucher von außen nicht den Eindruck haben, dass es einen Unterschied macht, ob sie da sind oder nicht. Das ist bei Verbänden durchaus anders. Hier ist die Hürde höher, tatsächlich neu hinzuzukommen – aber wer da ist, macht einen Unterschied.

Das ist der erste Punkt, der aus Sicht der Jugendverbände zur Zukunft von Religion und Kirche in der Gesellschaft festzuhalten ist: Die Kirche hat nur dann eine Zukunft in der Gesellschaft, wenn wir auf allen Ebenen eine Kultur der Gastlichkeit leben, bei der für Gäste, also für potentielle neue Brüder und Schwestern, deutlich erlebbar wird: Es macht einen Unterschied, dass ich da bin. Gesehen und wahrgenommen sein ist ein menschliches Grundbedürfnis, und erst recht ist es ein Bedürfnis im Kontext der Religion.

Wenn eine religiöse Institution nicht vermitteln kann, dass sie die Menschen, die sich an sie wenden, wahrnimmt, kann sie nicht wirken. Bedeutung haben wir als Kirche nicht mehr automatisch, sondern nur, wenn wir unseren Mitgliedern Bedeutung geben.

Deswegen sind die Entfremdungserfahrungen, die Menschen mit der Kirche machen, langfristig so fatal: Weil ihre eigene Lebenswelt in der Kirche nicht mehr vorkommt, kommen auch die Menschen nicht mehr wirklich vor. Das fängt bei liturgischen Texten an und geht über für heutige Menschen kaum noch vermittelbare Morallehren bis zu einer Konstruktion von kirchlicher Gemeinschaft, die mit ihren Leitungsstrukturen für demokratie- und gleichberechtigungsgewöhnte Menschen überhaupt nicht mehr anschlussfähig ist.

Der Lebensweltbezug ist dabei für Erwachsene genauso wichtig wie für Jugendliche, nur ist die Jugend häufig offensiver in ihren Forderungen, weniger durch Gewohnheit gebunden, weniger von Skrupeln geplagt, die kirchliche Autorität zu ignorieren. Wenn etwa kirchliche Morallehren und Lebenswirklichkeit nicht zusammenpassen, arbeitet sich die ältere Generation des Reformkatholizismus häufig noch an den Morallehren ab. Viele Jugendliche in der Kirche hingegen nehmen solche Widersprüche zwar wahr, folgern aber nicht, dass sie deswegen nun ein Problem haben, sondern folgern, dass da wohl die Kirche ein Problem hat. Und das ist nicht nur bei den „üblichen Verdächtigen" in linkskatholischen Gruppierungen so, sondern auch bei durchschnittlichen Teilnehmenden etwa an Weltjugendtagen, die in geradezu selbstverständlicher Weise kirchliche Aussagen zu vorehelichem Geschlechtsverkehr und zu künstlicher Empfängnisverhütung ignorieren.

Diese Freiheit kann man bedauerlich finden, weil sie offenbart, dass kirchliche Morallehre heute häufig ins Leere läuft. Man kann sie aber auch begrüßen, weil sie einlädt zu Wahrhaftigkeit, zum aufmerksamen Hören, zur Inkulturation des Evangeliums in die heutige Zeit.

Wir können es uns nicht leisten, die engagierte Jugend zu verlieren

Damit komme ich zur nächsten These, was die Jugendverbände der Kirche zu ihrer Zukunft in der Gesellschaft zu sagen haben: Zwar ist die Kirche ein Ereignis, das sich nicht nach den Logiken der menschlichen Gesellschaften richten muss. Aber in ihrer Sprache und mehr noch in ihren Strukturen muss die Kirche anschlussfähig bleiben – oder dringend anschlussfähig werden.

Hier liegt der tiefere Grund dafür, warum es auf Zukunft hin nicht darum gehen kann, nur um jeden Preis mehr Jugendliche in die Kirche zu bekommen. Die Jugend ist vielfach schon da. Sie hat ihre Nischen – Jugendtreffs, offene Jugendarbeit, Jugendkirchen, Ministrantinnen- und Ministrantengruppen – und eben Kinder- und Jugendverbände. Hier ist oft möglich, was „sonst" nicht möglich ist. Hier werden neue Formen ausprobiert, sowohl in der Liturgie als auch in der Selbstorganisation. Hier werden Modelle erprobt, wie Verantwortung übernommen, wie Entscheidungen getroffen, wie der Glaube in die Tat umgesetzt werden kann.

In den Jugendverbänden ist die Kirche für die Kinder, Jugendlichen und jungen Erwachsenen relevant. Und sie ist es in Formen, die den christlichen Glauben konsequent lebensweltbezogen ausbuchstabieren. Kinder, Jugendliche und junge Erwachsene leben hier ihren Glauben unter den Maximen von Partnerschaftlichkeit, Ehrenamtlichkeit, Subsidiarität, Gerechtigkeit, Freiwilligkeit, Demokratie, Respekt und Spiritualität. Partnerschaftliches Zusammenwirken von Frauen und Männern, Priestern und Laien wird erlebbar in der Achtsamkeit, mit der Fragen nach Macht und Geschlechtergerechtigkeit immer wieder eingebracht werden.

Ganz konkret wird die Partnerschaftlichkeit etwa bei der Bestellung neuer Präsides, also der Priester, die als geistliche Leiter in den Verbänden wirken: Hier wirken Laien, die einen Kandidaten wählen, zusammen mit der kirchlichen Autorität, die den Gewählten beauftragt. Diese Praxis könnte durchaus ein Vorbild für gemeindliche Strukturen sein. Ebenso handlungsleitend sind der hohe Wert, der dem ehrenamtlichen Engagement zugemessen wird, und die Maßgabe, dass alle Entscheidungen auf der jeweils niedrigsten möglichen Ebene getroffen werden. Es soll nicht von oben durchregiert, sondern von unten nach oben entschieden werden. In den katholischen Kinder- und Jugendverbänden wird großer Wert auf die Einheit von Wort und Tat insbesondere bei Fragen der weltweiten Gerechtigkeit gelegt: Fair konsumieren und nachhaltig wirtschaften ist hier Pflicht, nicht Kür.

Nicht zuletzt ist in Kinder- und Jugendverbänden die Beteiligung an spirituellen Angeboten weit höher als in den Territorialgemeinden: Weitgehend unbemerkt von der kirchlichen Öffentlichkeit werden hier regelmäßig Gottesdienste von über 80 % der jeweiligen Mitglieder besucht – seien es Gebetszeiten bei Lagern der Pfadfinderinnen und Pfadfinder oder seien es monatliche Gottesdienste der Katholischen jungen Gemeinde, um nur zwei Beispiele zu nennen.

Dieser Lebensweltbezug ist eine Sehnsucht nicht nur von Kindern, Jugendlichen und jungen Erwachsenen. Er ist auch unabdingbar für eine tragende Kirchenbindung von Menschen aller Generationen. Und deswegen braucht die Jugend nicht nur ihre Nischen. Sondern ihre Charismen müssen auch Frucht bringen können – mit dem Zweiten Vatikanischen Konzil gesagt: Die Jugendlichen sind mit ihren Formen kirchlichen Lebens ein Zeichen der Zeit. Es wird darauf ankommen, dass dieses Zeichen nicht als ein einsames Rücklicht am gesellschaftlich abgehängten Zug der Kirche leuchtet, sondern dass es eine Feuersäule ist, die in der Kirche auch weit außerhalb der Jugendverbände neue Wege weisen kann. Denn das Charisma der Jugend ist es, Prozesse anzustoßen, die auch für alle anderen Teile der Kirche von Bedeutung sind.

Das ist natürlich ein gewagtes Bild. Nimmt sich der BDKJ hier nicht zu wichtig? Wo sind denn diese vielen Engagierten, von denen hier die Rede ist, wo sind sie in den Gemeinden und Strukturen außerhalb der Jugendverbandsarbeit?

Aber umgekehrt wird erst ein Schuh draus: Gerade weil ein Gutteil der Engagierten sich in den gesamtkirchlichen Strukturen nach ihrer Verbandszeit nicht beheimatet fühlt, ist es dringend notwendig, dem in den Verbänden selbstverständlich gelebten Lebensweltbezug auch in anderen kirchlichen Strukturen eine Chance zu geben. Denn wir können es uns als Kirche nicht mehr leisten, die engagierte Jugend unterwegs ins Erwachsenenleben zu verlieren. Die Kirche ist relevant, wo sie die Erfahrungen und Bedürfnisse ihrer Mitglieder aufgreift und nicht nur mit heute verständlichen Worten beantwortet, sondern sich darüber hinaus auch von diesen Erfahrungen und Bedürfnissen in Frage stellen lässt. Im BDKJ lernen wir, besonders auf Bundesebene, immer wieder in durchaus auch einmal unangenehmen Lernprozessen von der Basis – aber nur, weil deren Stimme immer ernsthaft gehört wird, kann der BDKJ legitimerweise als Dachverband die Interessen seiner Mitglieder vertreten.

Beispielhafte Praxis der Vertretung

Das heißt nicht, dass wir aus Sicht der Jugendverbandsarbeit nun fordern, die Kirche allein nach unseren Lebenswelten und Bezugsrahmen auszurichten. Unsere Kriterien für ein glaubwürdiges kirchliches Leben weichen sicherlich von den Kriterien anderer kirchlicher Gruppen ab. Uns geht es nicht darum, unsere Inhalte zum Maßstab zu machen. Aber, das ist mein dritter Punkt, wir nehmen für uns in Anspruch, unsere Praxis der Vertretung als beispielhaft zu verstehen: Bei uns wird umgesetzt, was für die Mitglieder wichtig und stimmig ist, und deren Voten werden durch Wahl eingeholt.

Die Grundlagen sind dabei nicht beliebig, sondern wir hören in Gemeinschaft auf das Wort Gottes und auf die kirchliche Tradition. Wir bemühen uns dabei um eine gelingende Vermittlung dieser Quellen mit unserer heutigen Lebenswirklichkeit, um zum Sinn und zur Fülle des Evangeliums für heute vorzudringen und dieses so gut wie möglich weiterzutragen.

Dieses dialogische Vorgehen wäre ein wichtiger Zukunftsimpuls für die Kirche in unserer Gesellschaft, denn es könnte an vielen kirchlichen Orten die Lücke zwischen offizieller Kirche und Lebenswirklichkeit der Einzelnen schließen helfen – die Lücke, die die Bedeutung der Kirche in der Gesellschaft mehr und mehr bröckeln lässt.

Eine Konsequenz daraus wäre höchstwahrscheinlich, dass die Kirche nicht mehr einheitlich agieren würde. Sie hätte so viele verschiedene Gesichter, wie Lebenswirklichkeiten in ihren Räumen abgebildet würden. Sie hätte damit aber eine neue Chance auf Einheit. Denn die Einheitlichkeit, die so viele Länder, Kulturen und Gesellschaftskonstruktionen unter einen Hut – oder ein geistliches Gewand – bringen will, führt auf Dauer zu einer horizontalen Kirchenspaltung: Weite Teile der Mitglieder halten das, was von „da oben" kommt – und damit ist nicht Gott, sondern sind die verschiedenen Ebenen der Kirchenleitung gemeint –, für nicht mehr relevant. Wenn wir uns als Kirche ernst nehmen, dann können wir das nicht ignorieren. Wir können uns aber ebensowenig auf die schrumpfende Herde der folgsamen Schäflein stützen. Es geht beim Hören auf die Zeichen der Zeit nicht um Imagekampagnen, sondern darum, dass Menschen den in der Kirche bezeugten Glauben als relevant für ihr Leben erfahren.

Wir setzen uns in unserem Hören auf die Zeichen der Zeit für eine geschwisterliche und dialogische, eine solidarische und aufmerksame, eine spirituelle und einladende Kirche ein. Wir verstehen diesen Einsatz als unseren Anteil an der Sendung der Kirche, das Evangelium durch die Zeit zu bezeugen. Wir wollen Erfahrungsräume zulassen und Experimente wagen, unterschiedliche Zielgruppen ansprechen, neue Formen der Beteiligung erproben, mit der Jugendpastoral in allen Lebenswelten von Kindern, Jugendlichen und jungen Erwachsenen auf differenzierte Weise präsent sein und gastliche Orte in der Kirche öffnen.

Jugend und Kirche – das passt zusammen. Nicht nur, wenn es harmonisch ist, sondern auch, wo es Streit gibt. Denn Streit ist auch Beziehungspflege. Jugend und Kirche muss also nicht so zusammenpassen, dass alle Teile der Kirche sich nach der Jugend zu richten hätten. Das wäre eine Überforderung für alle Seiten, und das ist auch nicht unser Ziel. Unser Beitrag zu einer zukunftsfähigen Kirche liegt darin, konsequent lebensweltbezogen zu agieren und diesen Bezug auch an anderen kirchlichen Orten, insbesondere der Territorialgemeinde in Erinnerung zu rufen.

Der Religionsunterricht der Zukunft wird keine Konfessionen mehr kennen

Clauß Peter Sajak

Zu den prägenden Erinnerungen meiner Kindheit gehört meine Zeit auf einer katholischen Grundschule im Rheinland: Das morgendliche Gebet, die liebevolle Fürsorge und Erziehung durch meinen Klassenlehrer, der zugleich auch der Rektor der Schule war, die vielen Freundinnen und Freunde, die selbstverständlich katholisch waren und mit denen ich in der Pause und am Nachmittag Unfug treiben konnte, der strenge und immer etwas überfordert wirkende Pfarrer im Religionsunterricht, der freitägliche Schulgottesdienst. Auch mein Sohn wird wohl demnächst eine katholische Grundschule besuchen können, denn es gibt in der Stadt, in der ich heute lebe, fast nur katholische Bekenntnisschulen – das ist der schulrechtliche Begriff für eine solche Grundschule, die qua Gesetz mehrheitlich (in Nordrhein-Westfalen unbestimmt, in Niedersachsen laut § 129 Abs. 3 und § 157 Abs. 1 NSchG mindestens 80 %) katholische Schülerinnen und Schüler aufnehmen muss.

Damit gehört mein Sohn allerdings zu einer sehr kleinen Gruppe von Kindern, die überhaupt noch das Angebot wahrnehmen können, eine solche konfessionelle Schule zu besuchen. Katholische Bekenntnisschulen, die im Kontext des Kulturkampfes im späten 19. Jahrhundert in der Ausdifferenzierung eines neu entstandenen staatlichen Bildungswesens Katholiken in konfessionellen Gebieten des Deutschen Reiches zugestanden wurden, existierten dann sowohl in der Weimarer Republik wie auch in der Bundesrepublik Deutschland weiter. Da in den frühen 1950er Jahren die westdeutsche Bevölkerung mehr oder weniger vollständig entweder dem katholischen oder dem evangelischen Bekenntnis angehörte, war die Regelschule, auf der die Kinder ihre ersten Schuljahre verbrachten, vornehmlich eine katholische oder evangelische Bekenntnisschule, die vielen älteren Menschen heute noch als sog. evangelische bzw. katholische Volksschule bekannt ist. Inzwischen gibt es solche katholischen Bekenntnisschulen allerdings nur noch in Niedersachsen, vor allem aber in Nordrhein-Westfalen, wo sie fast ein Drittel des Grundschulsystems ausmachen (vgl. MSW 2013).

Alle anderen Bundesländer haben die katholische bzw. die evangelische Bekenntnisschule als Schultyp längst abgeschafft und auch in den genannten Bundesländern ist dieser Schultyp in der Krise. Der Grund dafür liegt in der demographischen Entwicklung. In den vergangenen zehn Jahren ist die Anzahl der jährlichen Geburten in der Bundesrepublik Deutschland von 719250 auf 673544 zurückgegangen (vgl. Statistisches Bundesamt 2013, 2). In der gleichen Zeit ist die Zahl der katholischen Taufen in Deutschland von insgesamt 232920 auf 167505 zurückgegangen (vgl. Sekretariat der deutschen Bischofskonferenz 2013, 14).

Es wird rasch ersichtlich, dass die Zahl der Kinder, deren Eltern sich für die Taufe und damit die Kirchenzugehörigkeit entscheiden, noch dramatischer gesunken ist als die der Kinder in unserer Republik überhaupt. Damit sind katholische Kinder als potentielle Schülerinnen und Schüler von katholischen Bekenntnisschulen in vielen Teilen der Bundesrepublik inzwischen marginalisiert. Folglich ist es kein Wunder, dass eine hohe Zahl konfessioneller Grundschulen nur noch in den katholischen Kernlanden des Kulturkampfes, also im Rheinland und in Westfalen, zu finden ist.

Die Auflösung der katholischen Bekenntnisschule als Volksschule der Republik alten Typs und ihr Abstieg hin zu einer regionalen Sonderform in einem der letzten konfessionell geprägten Bundesländer – und auch hier wird die Zukunft der Bekenntnisschule natürlich heftig diskutiert (vgl. Ehlers 2013) – wird im Diskurs um die Frage einer adäquaten religiösen Bildung in der Schule gerne als Argument angeführt, um die traditionelle Form des Religionsunterrichts in konfessioneller Perspektive in Frage zu stellen.

Und dieses Argument ist ernst zu nehmen: Steht nicht auch der Religionsunterricht in der Gefahr, dass ihm in Zukunft die katholischen respektive evangelischen Kinder ausgehen werden? Und wenn sich dies so einstellt, was könnte an die Stelle des konfessionellen Religionsunterrichts treten? Könnte ein nicht-konfessioneller, also ein religionskundlicher Unterricht über Religion bzw. Religionen in Zukunft die vielleicht bessere Form religiöser Bildung in der Schule sein? Aber was ist dann mit den muslimischen Kindern, deren Zahl in einer Art demographischer Gegenbewegung stetig wächst und denen in vielen Bundesländern gerade jetzt doch endlich auch ein konfessionell islamischer Religionsunterricht angeboten werden kann?

Diese Debatte scheint mir ein im klafkischen Sinne elementares wie fundamentales Thema zu traktieren, wenn es, wie in diesem Buch gefragt, um die Zukunft des Christentums in unserem Land geht. Zum einen ist der Religionsunterricht die inzwischen wohl gewichtigste Form religiöser Bildung überhaupt, da sich die klassischen Lernorte Familie und Gemeinde in den christlichen Kirchen mehr oder weniger aufgelöst haben. So heißt es im letzten Schreiben der deutschen Bischöfe zum Religionsunterricht in der Schule: Es ist zu bedenken, „dass der Religionsunterricht für eine wachsende Zahl von Kindern und Jugendlichen der wichtigste und oft auch einzige Ort der Begegnung mit dem Glauben und der Hoffnung der Kirche ist" (Sekretariat der deutschen Bischofskonferenz 2005, 5 f).

Zum anderen ist der Religionsunterricht ein klassisches Beispiel für eine „res mixta", also eine von Staat und Kirche gemeinsam verantwortete Angelegenheit, und kann exemplarisch für verschiedene gesellschaftsrelevante Orte des institutionalisierten Zusammenspiels von christlicher Religion und bekenntnisneutralem Staat stehen. Entsprechend soll im Folgenden am Beispiel des Religionsunterrichts erläutert werden, wie sich im Bereich der religiösen Bildung in der Schule der demographische Wandel in unserer Gesellschaft auswirken wird und welche Veränderungen dies für den bisher konfessionellen Religionsunterricht mit sich bringen wird. Wollen die Religionsgemeinschaften diesen Prozess aktiv mitgestalten, werden sie ihre Positionen in Sachen Religionsunterricht modifizieren müssen.

Konstruktion: Religionsunterricht in Deutschland

Religion in der Schule wird in den Bundesländern der Republik grundsätzlich in zwei Formen angeboten: Zum einen kann Religion aus distanzierter Perspektive von weltanschaulich neutralen Lehrkräften, quasi aus der ‚Vogelperspektive', unterrichtet werden, mit dem Ziel, vor allem allgemeine Kenntnisse über Religiosität und die großen Weltreligionen zu vermitteln. Ein solcher Unterricht wird als Religionskunde bezeichnet, seine universitäre Bezugswissenschaft ist nicht die evangelische, katholische, jüdische oder islamische Theologie, sondern die vergleichende Religionswissenschaft. Dieses Modell einer staatlichen Religionskunde ist allerdings in Deutschland ein Sonderfall, der sich so nur in den Bundesländern Bremen (das Unterrichtsfach „Biblische Geschichte", ab der 10. Jahrgangsstufe „Religionskunde"), Brandenburg (das Unterrichtsfach „Lebenskunde – Ethik – Religionskunde") und Berlin (das Unterrichtsfach „Ethik", in dem religionskundliche Themeneinheiten abgehandelt werden) findet.

In allen anderen Ländern der Bundesrepublik Deutschland wird Religion nicht in neutraler, staatlicher Perspektive, sondern in der Verantwortung der einzelnen Religionsgemeinschaften unterrichtet: Hier gibt es in der Regel evangelischen und katholischen, in manchen Regionen aber auch alevitischen, jüdischen und orthodoxen Religionsunterricht. An der Etablierung eines islamischen Religionsunterrichts wird in den meisten Bundesländern zur Zeit intensiv gearbeitet, das bevölkerungsreichste deutsche Bundesland Nordrhein-Westfalen hat ein solches Fach gerade mit Beginn des Schuljahrs 2012/13 eingeführt.

Weil der Religionsunterricht aus der Perspektive eines bestimmten religiösen Bekenntnisses (lat. confessio) unterrichtet wird, spricht man im Schulrecht von einem konfessionellen Religionsunterricht. Im Gegensatz zu einem religionskundlichen Unterricht, in dem Kinder und Jugendliche über Religion(en) unterrichtet werden, werden sie im konfessionellen Unterricht in einer bestimmten Religion unterrichtet, was nicht ausschließt, dass natürlich auch über andere Konfessionen und Religionen in diesem Zusammenhang informiert wird, dann natürlich aber in einem konfessionskundlichen bzw. religionskundlichen Modus. In der englischsprachlichen Religionspädagogik, also der Religious Education, wird in analoger Weise seit längerem zwischen teaching about religion bzw. studying theology auf der einen und teaching in religion und doing theology auf der anderen Seite unterschieden.

Für Schülerinnen und Schüler, die keinem religiösen Bekenntnis angehören, wird in allen Bundesländern inzwischen ein Ersatzfach parallel zum Religionsunterricht angeboten, das in der Regel „Ethik", in Nordrhein-Westfalen „Praktische Philosophie" heißt. Aber auch in diesem Fach ist Religion Thema, in dem Sinne nämlich, dass hier in einem religionskundlichen Modus, also by teaching about religion, die klassischen Weltreligionen behandelt und erschlossen werden sollen. Somit ist auch hier gewährleistet, dass ein Grundmaß religiöser Bildung vermittelt wird.

Weil das Grundgesetz der Bundesrepublik Deutschland einen Religionsunterricht in Übereinstimmung mit den Religionsgemeinschaften verlangt, wird dieser in den meisten deutschen Bundesländern als konfessionelles Schulfach praktiziert. Die zentralen Bestimmungen zu dieser Frage sind in Art. 7 Abs. 3 Satz 1 und 2 des Grundgesetzes enthalten. Dort heißt es:

> „Der Religionsunterricht ist in den öffentlichen Schulen, mit Ausnahme der bekenntnisfreien Schulen, ordentliches Lehrfach. Unbeschadet des staatlichen Aufsichtsrechts wird Religionsunterricht in Übereinstimmung mit den Grundsätzen der Religionsgemeinschaften erteilt."

In Fortführung von Regelungen der Weimarer Reichsverfassung von 1919 schreibt somit auch die Verfassung vom 23. Mai 1949 fest, dass der Religionsunterricht in der Bundesrepublik Deutschland den Status eines ordentlichen Lehrfachs hat und dass seine Erteilung eine staatliche Aufgabe und Angelegenheit ist, bei der allerdings die inhaltliche Gestaltung durch die jeweilige Religionsgemeinschaft zu erfolgen hat. Dahinter steckt der Gedanke, dass der Staat im Raum der Schule seine weltanschauliche Neutralität nicht wahren könnte, wenn er in Sachen Glaube und Ethos Position beziehen müsste. Entsprechend sollen diese materialen Fragen der Unterrichtsgestaltung von der Religionsgemeinschaft entschieden werden, sodass der Staat sich auf die Unterrichtsorganisation beschränken kann. In der konkreten Praxis hat sich die ‚res mixta' inzwischen in den meisten Bundesländern so ausgeprägt, dass der Staat für die Organisation des Religionsunterrichts und die Ausbildung der Lehrerinnen und Lehrer verantwortlich zeichnet, während die Religionsgemeinschaften der Einstellung von Religionslehrerinnen und -lehrern zustimmen und Lehrpläne wie Unterrichtsmaterialien approbieren müssen.

Wie aber verhält es sich mit den Bundesländern in Deutschland, die keinen konfessionellen, sondern eine alternative Form des Religionsunterrichts eingerichtet haben? Warum dürfen sie einen Unterricht im Modus der Religionskunde überhaupt anbieten? In Art. 141 des Grundgesetzes findet sich nun auch die sogenannte „Bremer Klausel", die es Bundesländern mit einer anderen Rechtstradition ermöglicht, von einem konfessionellen Religionsunterricht gemäß Art. 7 Abs. 3 Abstand zu nehmen.

„Artikel 7 Abs. 3 Satz 1 findet keine Anwendung in einem Lande, in dem am 1. Januar 1949 eine andere landesrechtliche Regelung bestand."

Auf diesen Passus berufen sich die Bundesländer Bremen, Brandenburg und Berlin, um ihre Sonderregelung eines Unterrichts mit religionskundlicher Ausrichtung zu begründen.

Zwischen dem Modell einer neutralen Religionskunde und dem Modus eines konfessionellen Religionsunterrichts haben sich inzwischen verschiedene neue religionsunterrichtliche Formate entwickelt, die mit der Problematik getrennter konfessioneller Lerngruppen im Religionsunterricht zusammenhängen: Wenn in einer Jahrgangsstufe neben katholischen, evangelischen und konfessionslosen Schülerinnen und Schülern inzwischen auch muslimischen Schülerinnen und Schülern – vielleicht sogar in verschiedenen islamischen Gruppierungen – eine eigene Lerngruppe im Rahmen des Regelunterrichts angeboten werden soll, stellt dies viele Schulleitungen vor große organisatorische Schwierigkeiten.

Hinzu kommt, dass im Kontext der föderalen wie kommunalen Mängelverwaltung an vielen Schulen in dieser Republik weder das entsprechend qualifizierte Lehrpersonal, geschweige denn notwendige Lernräume zur Verfügung gestellt werden können. Faktisch stehen viele Schulleiterinnen und Schulleiter vor der Aufgabe, neben all den Schwierigkeiten, die sich ihnen im Bereich der Unterrichtsversorgung der Kernfächer zeigen, gerade für den Bereich der Religion mit großem Aufwand pragmatische Lösungen für eine reibungslose Organisation des Religionsunterrichts zu schaffen.

Dies führt oft dazu, dass christliche Schülerinnen und Schüler eine Lerngruppe bilden, in der die Schülerinnen und Schüler der zahlenmäßig kleineren christlichen Konfession am Unterricht der Mehrheitskonfession teilnehmen. In pluralen Ballungsgebieten fordern evangelische Religionspädagogen in Anlehnung an das sogenannte „Hamburger Modell" inzwischen vehement die Einführung eines „Religionsunterrichts für alle". Dieser Religionsunterricht versteht sich nicht religionskundlich, sondern als ein von den christlichen Kirchen und gegebenenfalls auch anderen Religionsgemeinschaften gemeinsam verantworteter Unterricht über Konfessionen und Religionen. Die katholische Kirche lehnt einen solchen Religionsunterricht bisher ab: Sie hat stattdessen durch verschiedene landesspezifische Vereinbarungen der Diözesen mit Kultusministerien und Landeskirchen über einen konfessionsübergreifenden bzw. konfessionell kooperierenden Religionsunterricht reagiert. Diese Regelungen lassen einen gemeinsamen Unterricht von Schülerinnen und Schülern der beiden christlichen Konfessionen zu, unter der Voraussetzung, dass die Zahl der evangelischen und katholischen Schülerinnen und Schüler die Bildung von konfessionellen Lerngruppen in einer Jahrgangsstufe nicht zulässt.

Es scheint so, dass ein solcher konfessionell-kooperativer Religionsunterricht ein Zukunftsmodell für die Bearbeitung des religiösen Weltzugangs im Raum der Schule sein kann – vor allem in einer sich dramatisch wandelnden Gesellschaft (vgl. ausführlich Sajak 2013b, 21–29). Darauf wird zurückzukommen sein.

Bestandsaufnahme: Religionen in Deutschland

In Sachen Religion hat sich die bundesdeutsche Gesellschaft vor allem durch zwei Phänomene entscheidend verändert: Migration und Säkularisierung. Zum einen haben sog. Gastarbeiter, Asylbewerber, Flüchtlinge wie Aus- bzw. Übersiedler auch der religiösen Landkarte der Bundesrepublik Deutschland neue Konturen verliehen. Zum anderen hat der Relevanzverlust der christlichen Kirchen die Kirchenaustritte und damit die Zahl der Konfessionslosen, die bereits mit der Wiedervereinigung eine erhebliche Größe geworden war, kontinuierlich steigen lassen.

Das Statistische Jahrbuch des zuständigen Bundesamtes nennt für das Jahr 2011 eine Einwohnerzahl von 81,8 Millionen. Die Religionszugehörigkeit wird mit 24,4 Millionen Katholiken, 23,6 Millionen Protestanten, 1,8 Millionen Muslimen und 102 137 Juden beziffert (vgl. Statistisches Bundesamt 2013). Die Zahl der Menschen ohne Bekenntnis wird mit ca. 30 Millionen angegeben (vgl. fowid 2011). Daraus ergibt sich folgendes Bild:

Bekenntnis	Bevölkerungszahl	prozentual
Katholisch	24,4 Millionen	30,1 %
Evangelisch	23,6 Millionen	29,1 %
Muslimisch	1,8 Millionen	2,2 %
Jüdisch	0,1 Millionen	0,1 %
Andere Bekenntnisse	1,9 Millionen	2,3 %
Ohne	30,0 Millionen	37,0 %

Religionszugehörigkeit der Bevölkerung in der Bundesrepublik Deutschland im Jahr 2011 (nach destatis und fowid).

Diese Relationen spiegeln sich auch im Bereich der Jugendreligiosität wieder. Die empirische Jugendforschung zeigt in verschiedenen Studien deutlich, wie stark der Einfluss traditioneller, institutionalisierter Religionen auf Jugendliche sinkt: So konstatiert Thomas Gensicke in der Shell-Studie 2006 zwar eine weit verbreitete Religiosität unter den befragten Jugendlichen, muss zugleich aber einräumen, „dass weitgehende Formen von Religiosität, wie sie den großen Religionen zuzuordnen sind, von Jugendlichen deutlich weniger bekannt werden" (Shell 2006, 206). Vielmehr würden die Jugendlichen heute vor allem diffuse „Vor- oder auch Restformen von Religiosität" (ebd.) vertreten, die sie dann auch in beliebiger Weise mit parareligiösen Glaubensformen wie Geister- oder Sternenglauben verbinden.

Die jüngste Shell-Studie aus dem Jahre 2010 hat diese Entwicklung bestätigt. Hier bekennen sich 26 % der Jugendlichen dazu, an einen personalen Gott zu glauben, 21 % der Befragten vertrauen immerhin noch einer höheren Macht. Dagegen sagen 24 %, dass sie nicht wissen, was sie glauben sollen und 27 % lehnen jede Form von Glauben an ein transzendentes Wesen ab.

Diese Zahlen verschieben sich nun entsprechend der religionssoziologischen Bruchlinien in der Republik, je nachdem, ob man Jugendliche in den alten Bundeländern (Durchschnittswerte), den neuen Bundesländern (63 % der Jugendlichen lehnen jede Form von Glauben ab) und den Migrantenmilieus im Ruhrgebiet bzw. dem Rhein-Main-Neckar-Dreieck (44 % glauben an einen persönlichen Gott – vgl. alle Zahlen Shell 2010) befragt.

Zusammengefasst: Zum einen nimmt die Prägekraft der Religionen auf ihre Anhänger unter Jugendlichen stark ab, zum anderen werden christliche Jugendliche insgesamt weniger. Unter Migranten steigt dagegen die Geburtenrate und mit ihr das Potential für muslimisch- (türkischer Migrationshintergrund) bzw. christlich-orthopraktische (polnisch-kroatischer Hintergrund) Jugendliche.

In Ballungsregionen wie dem Ruhrgebiet führt das inzwischen zu einer Umkehrung der Religionsverhältnisse. So kann Elisabeth Hennecke am Beispiel der Grundschulen im Bistum Essen zeigen, dass in großen Städten wie Duisburg (37 %) und Gelsenkirchen (32 %) bereits jetzt die muslimischen Schülerinnen und Schüler die größte Gruppe in Bezug auf Religion sind (vgl. Hennecke 2011). Es ist zu erwarten, dass sich dieser Trend in allen Städten der Industrieregionen fortsetzen wird. Entsprechend ist es hier bereits einfacher, eine Gruppe von muslimischen Schülerinnen und Schülern im Religionsunterricht zusammenzuziehen, als eine konfessionelle Lerngruppe für evangelische und katholische Schülerinnen und Schüler einzurichten.

Prognose: Religion in der Schule des 21. Jahrhunderts

Auch wenn sich im Zuge von Säkularisierung und Individualisierung die institutionalisierte Gestalt von Religion in unserer Gesellschaft zu verflüchtigen scheint, so darf man wohl trotzdem davon ausgehen, dass Religion und Glaube in seiner individuellen Gestalt als eine menschliche Deutungsoption mit Blick auf die Totalität von Wirklichkeit niemals verschwinden wird. Im Gegenteil: Die aktuelle Debatte um die Frage der Säkularisierung hat gezeigt, dass sich der aus der kritischen Theorie heraus entwickelte Zusammenhang von Modernisierung und Verflüchtigung von Religion in keiner Weise aufzeigen lässt (Habermas 2001). Vielmehr scheint sich die bereits in den frühen 1970er Jahren von Thomas Luckmann entwickelte These zu bestätigen, dass Religion „unsichtbar" wird, d. h. aus dem Bereich des öffentlichen Lebens in die Privatsphäre diffundiert.

Damit bleibt die religiöse Perspektive auf Wirklichkeit ein konstitutives Moment der individuellen Welterfahrung und -deutung, die auch Kinder und Jugendliche in ihrem Leben entwickeln und praktizieren (vgl. Luckmann 1991). Die großen Umfragen zur Religiosität junger Menschen zeigen durchgängig, dass es vor allem in den neuen Bundesländern einen harten Kern atheistisch sozialisierter und entsprechend praktizierender junger Menschen gibt, während viele Jugendliche im großen Teil der Republik (der ja mit Blick auf die Bevölkerungsentwicklung auch wesentlich dynamischer und aktiver ist als in den Gebieten der ehemaligen DDR) durchaus religiöse Vorstellungen haben und diesen anhängen, diese aber nicht mit den institutionalisierten Sinnsystemen der christlichen Kirchen übereinstimmen. Ausgenommen werden müssen hiervon ausdrücklich die Kinder und Jugendlichen mit Migrationshintergrund, die vor allem im Katholizismus und Islam für entsprechend orthodoxe und mit ihrer Glaubensgemeinschaft übereinstimmende Glaubensüberzeugungen optieren.

So wie in der soziologischen bzw. politologischen Forschung die These vom Zusammenhang von Modernisierung und Säkularisierung nicht aufrecht erhalten werden konnte, so zeigt sich auch in der Erziehungs- bzw. heute Bildungswissenschaft ein neues Verständnis von Religion, das mit den religionskritischen bzw. religionsindifferenten Haltungen früherer Wissenschaftlergenerationen in diesem Bereich gebrochen hat. Exemplarisch hierfür steht die Gestalt des Bildungsforschers Jürgen Baumert, der im Kontext der PISA-Studie vier „Modi der Weltbegegnungen" (Baumert 2002, 106f) identifiziert hat, welche als grundlegende Wirklichkeitszugänge die Voraussetzung individueller Bildung darstellen und die jeweils eigenständig, aber auch unersetzbar sind: die kognitiv-instrumentelle Rationalität (sie zeigt sich in der Mathematik und den Naturwissenschaften), die moralisch-evaluative (sie ist bedeutsam für Geschichte, Wirtschaft, Sozialkunde, Politik, Recht), die ästhetisch-expressive (in den verschiedenen Sprachen, der Literatur, der Kunst und der Musik) sowie eben die ultimativ-konstitutive Rationalität (sie zeigt sich in religiösen und philosophischen Weltzugängen).

Religiöse Bildung in der Schule zielt also nach Baumert auf den Umgang mit konstitutiver Rationalität: konstitutiv, also festlegend, weil diese Rationalität die Grundkategorien (z.B. Gott) sowie die Erklärungs- und Deutungsmuster (z.B. Schöpfung) bestimmt, mit denen der Mensch über das Ganze von Wirklichkeit nachdenken und sich mit diesem Ganzen produktiv auseinandersetzen kann. Religiöse Bildung in der Schule soll also den Menschen ermächtigen, nicht nur die empirische Wirklichkeit in den Blick zu nehmen, sondern einen

„Sinn und Geschmack für das Unendliche" (Schleiermacher) zu entwickeln, um sich dann zu diesem Unendlichen und Unbedingten in ein Verhältnis setzen zu können (vgl. ausführlich Sajak 2009). Jürgen Baumert betont in seinen Ausführungen, dass alle vier Modi der Weltbegegnung für eine umfassende schulische Bildung notwendig sind. Sie können sich nicht gegenseitig ersetzen. Entsprechend muss eine schulische Bildung, die auf das Leben in der dem Menschen gegebenen komplexen Wirklichkeit vorbereiten will, alle vier Weltzugänge eröffnen, bearbeiten und einüben.

Damit hat die Behandlung von Religion als Modus konstitutiver Rationalität im Kanon der schulischen Fächer auch in der säkularen Schule nicht nur historische oder schulrechtliche, sondern vor allem auch bildungswissenschaftliche Begründungen. Welche Form diese Bildung annehmen kann, hat Jürgen Baumert offen gelassen: Für ihn ist die Erschließung dieses Modus sowohl in Philosophie- und Ethikunterricht, in einem Religionskundeunterricht, aber auch in einem konfessionellen, also bekenntnisorientierten Religionsunterricht möglich.

Entsprechend stellt sich im Kontext unserer Debatte nicht die Frage, ob es zukünftig noch einen Religionsunterricht in der Schule geben wird, sondern wie er organisiert sein wird, welches Format er hat und aus welcher Perspektive Religion in der Schule erschlossen wird. Angesichts der bisher gezeigten Zusammenhänge, leuchtet es rasch ein, dass sich ein konfessioneller Religionsunterricht, der in jeder Schule und Jahrgangsstufe Schülerinnen und Schüler in verschiedenen Konfessionen einteilt und somit der Ausdifferenzierung der christlichen Kirchen in evangelisch, katholisch, orthodox usw. folgt, aus demographischen wie schulorganisatorischen Gründen in Zukunft nicht mehr durchführbar sein wird. Dies zeigt sich ja auch jetzt bereits schon in vielen Grundschulen der Republik, vor allem aber in Haupt-, Gesamt- und Berufsschulen, in denen mit Wissen und unter stiller Duldung der Kirchen schon lange kein konfessioneller Religionsunterricht mehr angeboten wird.

Auf der anderen Seite ist ein islamischer Religionsunterricht entstanden, in dem – sicherlich auch aus politischen wie schulpraktischen Gründen – nie eine Ausdifferenzierung in verschiedene „Konfessionen", hier also Strömungen (v. a. Sunniten/Schiiten) vorgenommen worden ist. Insofern tritt die vitalste und innovativste Form des konfessionellen Religionsunterrichts pikanterweise eben als nicht-konfessionell auf, in dem Sinne, dass hier verschiedene Bekenntnisse als Unterformen des Islam, also der Unterwerfung des Menschen unter Gott, im schulischen Unterricht nie ausdifferenziert worden sind. Warum also sollte es den christlichen Religionsgemeinschaften auf Dauer weiter eingeräumt werden, ihre immer kleiner werdende Gruppe von Schülerinnen und Schülern unter äußerst schwierigen schulorganisatorischen Voraussetzungen in konfessionelle Lerngruppen zu unterteilen?

Die Alternative liegt auf der Hand: Entweder entscheidet man sich dafür, aus dem Modus der Innenperspektive, also des teaching in religion, in den Modus der Außenperspektive, also des teaching about religion zu wechseln (ein Weg, den viele europäische Länder inzwischen gegangen sind), oder man entscheidet sich dafür, statt in Denominationen und Konfessionen Religionsunterricht in den Religionen, sprich als christlichen, muslimischen oder jüdischen Religionsunterricht anzubieten. Ersteres wäre die Entscheidung für einen religionskundlichen Unterricht, letzteres die Modifizierung des bisherigen konfessionellen Prinzips mit einer Weitung hin zur Religion, statt zur Fixierung auf die Konfession im engeren Sinne. Verfassungsrechtlich wäre dies kein Problem, da Art. 7 Abs. 3 GG ausdrücklich von einem Religionsunterricht „in Übereinstimmung mit den Grundsätzen der Religionsgemeinschaften" spricht und damit diesen letztlich vorbehält zu entscheiden, ob sie einen Religionsunterricht in der eigenen Konfession oder als Kooperationsmodell mit anderen christlichen bzw. islamischen Konfessionen wünschen.

Erfolgreiche Schulversuche mit einem sog. konfessionell-kooperativen Religionsunterricht von katholischen und evangelischen Schülerinnen und Schülern nach 7 Abs. 3 GG in Baden-Württemberg, Niedersachsen und Teilen Nordrhein-Westfalens haben bereits gezeigt, dass ein solcher Weg höchst praktikabel ist und sich großer Akzeptanz bei Schülerinnen und Schülern, Lehrerinnen und Lehrern wie auch den Eltern erfreut. Zugleich haben erste Studien zur Wirksamkeitsforschung eindrücklich zeigen können, dass der konfessionelle Religionsunterricht, der aus einer Binnenperspektive Wirklichkeit mit religiösen Augen betrachtet, wesentlich fruchtbarer und erfolgreicher religiöse Kompetenzen vermitteln kann als ein sog. Ethik- oder Religionskundeunterricht (vgl. Sterkens 2001; Ritzer 2010; Benner et al.

2011). Es spricht also vieles für einen Religionsunterricht in Religion, aber nicht Konfession, sprich: für einen jüdischen, christlichen und islamischen Religionsunterricht in der Bundesrepublik Deutschland.

Ausblick: Vom konfessionellen Religionsunterricht zum Religionenunterricht

Was ist zu tun und was ist zu bedenken, wenn der Religionsunterricht aus seiner bisherigen konfessionellen Form in einen solchen „Religionenunterricht" überführt werden soll?

1. Für muslimische Kinder und Jugendliche ist in allen Bundesländern ein islamischer Religionsunterricht aus der muslimischen Perspektive im Sinne von 7 III GG anzubieten, so dass diese nicht mehr wie in vielen Bundesländern üblich in den Ethik- oder Philosophieunterricht wechseln müssen.
2. Die christlichen Religionsgemeinschaften müssen darauf verzichten, gegenüber dem Staat ständig den Schutz und die Fortführung eines katholischen bzw. evangelischen Religionsunterrichts in konfessioneller Gestalt einzufordern, wissend, dass dies von Schulleitungen, Lehrerinnen und Lehrern und Eltern in vielen Schulen sowieso unterlaufen wird.
3. Vielmehr ist die Kooperation zwischen katholischen und evangelischen Funktionsträgern in Sachen Religionsunterricht zu suchen, um so einen gemeinsamen konfessionell-kooperativen, im besten Fall sogar ökumenischen christlichen Religionsunterricht zu entwickeln. Dies betrifft sowohl die Ebene der kirchlichen Schulverwaltung wie auch die Ausbildung von Lehrerinnen und Lehrern an Universitäten und Studienseminaren. Nicht zuletzt müssen Religionslehrerinnen und Religionslehrer, die in der Praxis tätig sind, qualifiziert werden, konfessionell zu kooperieren und katholische wie evangelische Perspektiven in ihren christlichen Religionsunterricht aufscheinen zu lassen.
4. So wie die konfessionelle Kooperation seit Jahrzehnten schon ein gewünschtes Zusatzelement in einem katholisch- bzw. evangelischkonfessionellen Religionsunterricht gewesen ist, so ist jetzt die trialogische Kooperation, sprich die Zusammenarbeit von jüdischen, christlichen und islamischen Religionslehrerinnen und Religions-

lehrern bei der Planung und Ausgestaltung von Unterricht oder der Durchführung von Projekten anzustreben. Dass dies gelingen und eine für Schülerinnen und Schüler wie auch die gesamte Schulgemeinschaft fruchtbare Weiterentwicklung des Miteinanders in Schule und Gesellschaft fördern kann, zeigen die vielen ermutigenden und anrührenden Beispiele aus dem Schulenwettbewerb der Herbert Quandt Stiftung „Schulen im Trialog" (vgl. Sajak 2010; 2012; 2013a). Sie eröffnet eine Vision für einen Religionsunterricht, der schon lange nicht mehr in Konfessionen, aber auch nicht mehr in Religionen unterteilt ist, sondern in dem die Menschen der Schrift (Koran 5: 18) auf den Spuren Abrahams gemeinsam Mensch und Welt als Geschöpf und Schöpfung betrachten lernen. Aber dies ist eine Zukunftsvision religiöser Bildung, für die es sicherlich noch einige Jahrzehnte brauchen wird.

Literatur

Baumert, Jürgen 2002: Deutschland im internationalen Bildungsvergleich, in: Killius, Nelson/Kluge, Jürgen/Reisch, Linda (Hrsg.): Die Zukunft der Bildung, Frankfurt, 100–150.
Benner, Dietrich et al. 2011: Religiöse Kompetenz als Teil öffentlicher Bildung. Versuch einer empirisch, bildungstheoretisch und religionspädagogisch ausgewiesenen Konstruktion religiöser Dimensionen und Anspruchniveaus, Paderborn.
Ehlers, Max 2013: Die Bekenntnisschule in NRW. Von allen finanziert, für alle offen? Die Initiative Kurze Beine – kurze Wege, Bonn.
fowid (Forschungsgruppe Weltanschauungen in Deutschland) 2011: Religionszugehörigkeit 1970–2011, Trier.
Habermas, Jürgen 2001: Glaube und Wissen. Rede zur Verleihung des Friedenspreises am 14. Oktober 2001, in: Frankfurter Allgemeine Zeitung vom 15. Oktober, 9.
Hennecke, Elisabeth 2011: Die demographische Situation des Religionsunterrichts und ihre Konsequenzen. Eine Situationsanalyse aus den Grundschulen des Bistums Essen, in: kontexte 1/2011, 27–30.
Luckmann, Thomas 1991: Die unsichtbare Religion, Frankfurt.
MSW (Ministerium für Schule und Weiterbildung): Antwort auf die Kleine Anfrage 1232 vom 13. Mai 2013 der Abgeordneten Monika Pieper PIRATEN, 2013, http://www.landtag.nrw.de/portal/WWW/dokumentenarchiv/Dokument/MMD16-3263.pdf.
Ritzer, Georg 2010: Interesse – Wissen – Toleranz – Sinn. Ausgewählte Kompetenzbereiche und deren Vermittlung im Religionsunterricht. Eine Längsschnittstudie, Münster.
Sajak, Clauß Peter 2009: Abstieg ins Tal von Elah. Kompetenz, Kanon und religiöse Bildung, in: Theologische Revue 105, Sp. 441–452.
— 2010 (Hrsg.): Trialogisch lernen. Bausteine für interkulturelle und interreligiöse Projektarbeit, Seelze.

— 2012 (Hrsg.): Gotteshäuser. Entdecken – Deuten – Gestalten. Erarbeitet von Dorothee Herborn, Clauß Peter Sajak, Nils-Holger Schneider und Bernadette Schwarz-Boenneke [Lernen im Trialog. Bausteine für interreligiöse und interkulturelle Lernprojekte 1], Paderborn.

— 2013a (Hrsg.): Feste feiern. Jahreszeiten – Mahlzeiten – Lebenszeiten. Erarbeitet von Dorothee Herborn, Clauß Peter Sajak, Nils-Holger Schneider und Bernadette Schwarz-Boenneke [Lernen im Trialog. Bausteine für interreligiöse und interkulturelle Lernprojekte 2], Paderborn.

— 2013b: Religion unterrichten. Voraussetzungen, Prinzipien, Kompetenzen, Seelze.

Sekretariat der Deutschen Bischofskonferenz (Hrsg.) 2005: Der Religionsunterricht vor neuen Herausforderungen [Die deutschen Bischöfe 80], Bonn.

— 2013 (Hrsg.): Katholische Kirche in Deutschland. Zahlen und Fakten 2012/13, Bonn.

Shell 2006: Jugend 2006. Eine pragmatische Generation unter Druck, hrsg. v. der Shell Deutschland Holding, Frankfurt/Hamburg.

— 2010: Jugend 2010. Eine pragmatische Generation behauptet sich, hrsg. v. der Shell Deutschland Holding, Frankfurt/Hamburg.

Statistisches Bundesamt 2013: Statistisches Jahrbuch 2013, Wiesbaden.

Sterkens, Carl 2001: Interreligious Learning. The Problem of Interreligious Dialogue in Primary Education, Leiden.

Keine Angst vor Pluralität im künftigen Religionsunterricht

Klaus Kühnen

Wo ich geh, wo ich steh, was ich höre, was ich seh,
rappen Deppen diesen Schmäh, den ich meistens nicht versteh.
Leise flehen meine Glieder singt doch meine Lieder wieder,
doch die miesen, miesen Brüder rappen meine Lieder nieder.

So startet Dieter Hildebrandt seinen Rentner-Rap, dessen Darbietung ein abgedruckter Text nicht wiedergeben kann. Man sehe sich den Ausschnitt lieber auf den einschlägigen Internet-Plattformen an. Den Takt dieses Raps gibt Hildebrandt mit einem auseinander geklappten Gehstock vor. In den weiteren Strophen parodiert Dieter Hildebrandt zwar die Kleidung junger Menschen, bei allem Spott über die Lebensweise Jugendlicher scheint aber nirgendwo Respektlosigkeit für die Lebenswelten junger Menschen durch. Im Gegenteil, er nutzt die Kunstform des Raps, würdigt sie dadurch und zeigt sich als Verbündeter.

Dass sich „die miesen, miesen Brüder" durch einfaches Nachsingen seiner Lieder, wie es der Wortlaut suggeriert, mehr Anerkennung bei ihm verschafft hätten, lässt sich eher bezweifeln. Einfach nachmachen hätte nicht in das Leben dieses Künstlers gepasst. Eine beachtliche Haltung, nicht nur gegenüber der Jugendkultur, die auch für die Zukunft des Religionsunterrichts in unserem Land wichtig sein kann. Was diese Haltung für den Religionsunterricht bedeuten kann, wird im Text näher erläutert. Vorab, im Überblick, die mitlaufenden Fragestellungen:

- Mit dem oft beklagten Traditionsabbruch wird das Bild Dieter Hildebrandts, dass die „Deppen" nicht mehr seine Lieder singen, aus einer religiösen Sicht aufgenommen und weitergeführt. Die Wortkonstruktion „Traditionsabbruch" umschreibt ein gesamtgesellschaftliches religiöses Phänomen, es wird aber auch im Kontext des Religionsunterrichts verwendet. Es stellt sich die Frage, ob mit diesem Begriff angemessen beschrieben werden kann, wie Kinder und Jugendliche heutzutage in religiöser Hinsicht „ticken".

- Ausgehend von den Lebenswelten der Schülerinnen und Schüler und deren verschiedenartigem Erscheinen im Unterrichtsalltag wird mit „Diagnose" ein bildungspolitisches Trendthema aufgegriffen. Ich möchte hier die besondere Relevanz dieses Themas für die Zukunft des Religionsunterrichts, aber auch für Religionslehrerinnen und Religionslehrer aufzeigen.
- Deren zentrale Bedeutung für den zukünftigen Religionsunterricht hat mit der Hattie-Studie im letzten Jahr noch einmal eine besondere Note verliehen bekommen. Die Ergebnisse der Studie können auch religionspädagogisch interpretiert werden.
- In der religiösen Verschiedenheit unserer Schülergeneration nicht nur einen defizitären, zu überwindenden Zustand zu sehen, wird eine Zukunftsaufgabe des Religionsunterrichts sein.
- Mit dem Konzept einer Kinder- und Jugendtheologie gibt es in der Fachdidaktik bereits einen vielversprechenden Ansatz, den weiterzudenken sowohl für Unterricht als auch Ausbildung lohnen dürfte.

Der Text ist aus meiner Sicht als katholischer Religionslehrer und Seminarausbilder entstanden. Zur Erdung der Theorie finden sich daher einige kleine Unterrichtsbeobachtungen im Text. Manch andere Themen, die hier nicht erörtert werden, von denen ich aber weiß, dass sie Kolleginnen und Kollegen umtreiben, wie etwa der kompetenzorientierte Religionsunterricht oder die Diskussion einer konfessionellen Kooperation, bleiben wichtig und bedürfen der weiteren Diskussion.

Traditionsabbruch – keine ermutigende Metapher

Über 20 000 Einträge erhält man, wenn man den Begriff „Traditionsabbruch" in eine Internetsuchmaschine eingibt. Auch nach mehreren Hundert Einträgen schleicht sich nur selten etwas aus dem Bereich Kunst und Kultur ein, hier und da wirbt ein Abrissunternehmen. Der Begriff ist fast ausschließlich christlich, besser abendländisch-christlich belegt. Er beschreibt ein ganzes Phänomenbündel, zu dem – neben der wachsenden Zahl an Kirchenaustritten – eine nachlassende kirchliche Bindung der Kirchenmitglieder selbst gehört, ein generell zunehmendes Desinteresse an religiösen Fragen, ein schwindendes biblisches und religiöses Wissen und eine große Distanz zur Institution Kirche und ihren Repräsentanten. Bei Eingabe des Wortes „Abbruch" trifft man mit den Synonymen Auflösung, Demontage und Zerfall auch nicht auf Ermunterndes.

Nicht nur, weil der Begriff Traditionsabbruch unsere Schülerinnen und Schüler nur klischeehaft zuordnet, sondern gerade wegen seines resignativen Klangs ist die Nutzung dieses Begriffs für den Kontext des Religionsunterrichts wenig hilfreich. Er ist für Religionslehrerinnen und Religionslehrer keine ermutigende Metapher. Vielmehr wird es mehr denn je nötig sein in der Wahrnehmung von Kindern und Jugendlichen nicht klischeehaft zu sein, sondern aufmerksam, genau hinzusehen und hinzuhören. So liefern uns die einschlägigen Studien der empirischen Sozialforschung schon differenziertere Informationen darüber, wie es in oder mit unseren Schülerinnen und Schülern aussieht. Aufschlussreich sind neben der zum Klassiker gewordenen Shell-Studie, besonders die Milieustudien des SINUS-Instituts, ebenso die Studien zur Mediennutzung durch Kinder und Jugendliche (KIM- bzw. JIM-Studie). Einige über die bloße Konstatierung eines Traditionsabbruchs hinausgehende Erkenntnisse sind nachfolgend kurz zusammengefasst:

Bedürfnisse von Kindern und Jugendlichen haben sich nicht wesentlich verändert. Zeit mit Freunden, Familienunternehmungen, Sport und Musik sind ihnen nach wie vor besonders wichtig (JIM 2013, 13; KIM 2012, 10):

- Jugendliche verbringen täglich fast drei Stunden im Internet und dort überwiegend in sozialen Netzwerken (JIM 2013, 11; 31).
- Medien sind für Jugendliche, neben den Peers, eine wesentliche Hilfe zur Gestaltung der eigenen Biografie (SINUS U18, 58). Mädchen lesen mehr als Jungen, für Jungen sind Computerspiele wichtiger als für Mädchen (KIM 2012, 25; JIM 2013, 19; 45).
- Jugendliche sind in zunehmender Zahl sozial engagiert, optimistisch und familienorientiert (Shell 2010, 16).
- Religion verstehen Jugendliche im Wesentlichen institutionell und halten sie für statisch, nicht lebendig (SINUS U18, 79–81).

- Ein persönlicher Glaube wird überwiegend als bedeutender empfunden als „Religion und Kirche" (SINUS U18, 77).
- Kirchliche Sprache ist für Jugendliche fremd, die ‚Erwartung von Kirche Antworten auf die Themen des Alltags zu bekommen', haben Jugendliche nicht (SINUS U18, 80).
- Es existieren drei religiöse Kulturen hinsichtlich des Glaubens an einen personalen Gott: Hoher Anteil bei Jugendlichen mit Migrationshintergrund (44 %, Tendenz steigend), mäßiger Anteil bei Jugendlichen der alten Bundesländer ohne Migrationshintergrund (23 %), sehr geringer Anteil (8 %) bei ostdeutschen Jugendlichen ohne Migrationshintergrund (Shell 2010, 30) mit jeweils fallender Tendenz.
- Klassische Kirchenzugehörigkeit findet sich im Wesentlichen nur bei Konservativ-Bürgerlichen (SINUS U18, 81).

Die Studien bieten natürlich keine unmittelbare Hilfestellung für die Unterrichtsgestaltung, erhellen aber so manches über die Eigenheiten junger Menschen, auch über deren Religiosität und verschaffen Religionslehrern in einigen Beispielzitaten manch weiteres Aha-Erlebnis. Sie skizzieren zudem Aufgaben, mit denen sich Religionsunterricht künftig befassen sollte.

Die kurze Zusammenstellung einiger Befunde deutet schon an, dass neben der Arbeit an der Verständigung mit Schülerinnen und Schülern – nur ein Teil dieser Arbeit kann religiöse Sprachlehre sein – Themen neu zu erarbeiten oder zu justieren sind. Eben weil sich junge Menschen ständig an Medien binden, soziale Netzwerke für ihre Identitätsbildung wichtig sind und diese Kommunikationsorte zugleich aber auch vielfältig missbraucht werden, wird Religionsunterricht hierzu verständliche Konzepte entwickeln müssen.

Über die empirischen Jugendstudien hinaus sind es die konkreten, alltäglichen Beobachtungen im Religionsunterricht, die auf künftige Aufgaben weisen. An Szenen im Unterricht lassen sich einzelne, in den Jugendstudien beschriebene Phänomene festmachen. Der Religonspädagoge Hans Mendl etwa berichtet in einem Publik-Forum-Interview von einem Lehrer, der mit einer Klasse einen Kirchenbesuch durchgeführt hatte. Auf die Bitte, sich einen Lieblingsort zu suchen, postierten sich alle an den Ausgang (Publik-Forum 3/2012, 30f). Viele Kolleginnen und Kollegen kalkulieren solche Reaktionen mittlerweile in ihre Planung ein.

Häufiger als einzelne Verblüffungsmomente wird aber eine ausgeprägte Verschiedenartigkeit der Schülerschaft im Religionsunterricht als eigentliche Herausforderung empfunden. Ein Beispiel aus dem Unterricht einer Referendarin in einer sechsten Klasse eines städtischen Gymnasiums in der Adventszeit: Den Rahmen der Stunde bildet eine Unterrichtsreihe, in der die Schüler mit Heiligen, Brauchtum und Legenden vertraut gemacht werden. Die Referendarin beginnt den Unterricht mit einer Lehrererzählung der sogenannten Jungfrauenlegende des heiligen Nikolaus von Myra. In einer anschließenden ersten Gesprächsrunde erhält die Lehrerin erste Reaktionen auf die Erzählung. Es gibt einzelne kurze Nacherzählungen und Bemerkungen zu Situationen, die die Kinder besonders interessiert haben. Anders ein offenbar religiös vorgebildeter Schüler, der die Lehrerin unvermittelt fragt, ob es sein kann „dass Legenden sehr unterschiedlich erzählt werden." Die Lehrerin bejaht die Frage und gibt dem Schüler Gelegenheit, zur vorliegenden Erzählung noch etwas beizutragen.

Im weiteren Verlauf der Stunde geht es um die beteiligten Figuren in der Legende, insbesondere arbeitet die Lehrerin mit den Schülern mögliche Motive der Figur des Nikolaus heraus. Unter den Beiträgen der Schüler gibt es solche, von denen die Schüler offenbar meinen, dass die Lehrerin sie im Religionsunterricht erwartet („Er will helfen."), eher alltagsgeprägte, ernüchternde („Er hat halt viel Geld.") und theologisch klingende („Es macht ihm Freude, anderen zu helfen."; „Er will keine Gegenleistung."). Als Beobachter konnte man der Einschätzung der Lehrerin, dass es sich bei ihrer Klasse um eine religiös nicht annähernd homogene Gruppe handelt, unbedingt folgen. Ihre gewissenhaften Beobachtung der Schülerinnen und Schüler, ihre „Diagnose", war ein Grundstein ihres guten Unterrichts in dieser heterogenen Lerngruppe.

Religionspädagogische, keine medizinische Diagnose

Sinnvolle Ansätze aus dem Bereich der Bildungswissenschaften kommen in Schulen nicht immer gut oder richtig an. Das gilt sicher auch für das Lehrerhandeln, das mit den Begriffen ‚Diagnostizieren' oder ‚pädagogische Diagnose' beschrieben wird. Ursache ist mitunter eine Büropädagogik der Bildungsbehörden, die unnötig Widerstände provoziert und – im Fall der ‚Diagnose' – sind es auch Konnotationen des Begriffs selbst. In Analogie zu einem Spruch des Altkanzlers Schmidt, ließe sich formulieren: „Wer eine Diagnose braucht, sollte zum Arzt gehen." Um einer Defizitorientierung und Typisierung von Schülerinnen und Schülern vorzubeugen, sprechen einige Bildungswissenschaftler dann auch vorsichtiger von ‚pädagogischer Beobachtung' (vgl. Baurmann/Müller 2005, 6–13).

Damit betonen sie zugleich, dass es darum geht, Schüler in ihrem Lernen zu begleiten. Pädagogisches Beobachten/Diagnostizieren ist also keine völlig neue Aufgabe für Lehrer, sondern ein in seinen Elementen bekanntes Handlungsfeld, das heutzutage gezielter, strukturierter und vor allem kollegial erfolgen soll. Pädagogische Beobachtungen/Diagnosen sind Grundlage von Entscheidungen zur Planung und Durchführung eines guten Unterrichts, eingeschlossen geeigneter Fördermaßnahmen. Im Vorbereitungsdienst treffen Referendarinnen und Referendare häufig auf dieses Thema, insbesondere wenn sie den Auftrag bekommen, die Lernausgangslage zu ermitteln und in ihren Entwürfen schriftlich festzuhalten. Bei der Suche nach dem Stichwort ‚Diagnose' in den Standardwerken der Religionsdidaktik gehen sie dann aber oft leer aus. Erläutert wird zwar, was sich hinter dem Traditionsabbruch, den man als Religionslehrer tagtäglich erlebt, verbergen kann. Für die Praxis hat dies aber zunächst eher Theoriecharakter.

Ansonsten treffen die jungen Kolleginnen und Kollegen in der Regel auf bekanntes pädagogisches Handwerkszeug, das zum Alltagsrepertoire gehört. Man findet überfachliche Vorschläge wie die Nutzung von Fragebögen, Partnerinterviews oder Selbsteinschätzungsbögen. Es bleibt unklar, welche Erkenntnisse über die eigenen Lerngruppen zu gewinnen sind. Das Kapitel zu Diagnose und Förderung in dem Sammelband zur Kompetenzorientierung im Religionsunterricht wird bezeichnenderweise nicht aus religionspädagogischer Sicht, sondern aus allgemeiner schulpädagogischer Perspektive geschrieben (Horstkemper/Tillmann 2009).

Die Erfahrungen der Kolleginnen und Kollegen, die Ergebnisse der Jugendstudien und die Rede vom Traditionsabbruch zeigen vielmehr auf, dass es für den Religionsunterricht dringlich ist, geeignete Verfahren zu entwickeln, die klären helfen, was in religiöser Hinsicht bei welchem Schüler verloren gegangen sein könnte, was evtl. noch aufzufinden ist und was möglicherweise sogar hinzugewonnen wurde.

Die Suche nach geeigneten Beobachtungsinstrumenten ist eine schwierige Aufgabe.

Möglicherweise hilft ein Seitenblick auf die naturwissenschaftliche Didaktik. Dort hat es sich mittlerweile bewährt, sogenannte Präkonzepte der Schüler, also deren Alltagstheorien, genauer zu identifizieren und die Ergebnisse zur Grundlage des Unterrichts zu machen. Kinder treffen z. B. naive Unterscheidungen von Stoffen, andere als die Wissenschaft. Holz und Metall sind für sie Feststoffe, Sand oder ein Schwamm gehören nach ihrer Alltagstheorie nicht dazu (vgl. Kind 2004, 6–8).

Interessanterweise spricht man nicht einfach von richtig oder falsch, sondern von alternativen, vorwissenschaftlichen, lebensweltlichen Kenntnissen, die sich im Alltag durchaus bewährt haben können. Sie stehen aber mitunter im Widerspruch zu naturwissenschaftlichen Erkenntnissen, sind oft schon innerhalb der Lerngruppen gegensätzlich und möglicherweise dem Lernen im Wege (vgl. Barke 2006, 21). Auch in den Religionsunterricht werden entsprechende Alltagstheorien eingetragen und es ist für den Unterricht enorm hilfreich zu wissen, welche das sind und welchen Hintergrund sie haben.

Ein Beispiel aus der Einführungsphase der Oberstufe. Die Lehrerin erzählt von einer Folge der amerikanischen Zeichentrickserie „Die Simpsons" mit dem Titel „Gott gegen Lisa Simpson". In der Folge geht es um den in den Vereinigten Staaten immer wiederkehrenden Streit um „Schöpfungslehre" und Evolutionstheorie im Unterricht, daher auch der englischsprachige Titel „Monkey suit", der an den sogenannten Affenprozess von 1925 in Dayton erinnern soll. Im Übrigen auch eine empfehlenswerte Folge, weil sie Kreationisten und naturwissenschaftliche Puristen gleichermaßen parodiert. Mit Lisa Simpsons Aussage „Hier muss man sich wirklich entscheiden – zwischen Wissenschaft und Glaube!" beendet die Lehrerin ihre Darstellung und bietet der Lerngruppe zugleich einen Gesprächsimpuls an.

Die Lehrerin erhält eine Fülle an Beiträgen. Neben der Aussage „Ich würde mich eher an die Fakten halten, an solche Erzählungen zu glauben fällt mir schwer", sind auch andere Töne zu hören. Ein Schüler: „Ich glaube, dass man das gar nicht entscheiden kann oder muss." Eine offenbar religiös gebildete Schülerin: „Die Schöpfungsgeschichten waren doch gar nicht dazu da, um solche wissenschaftliche Erklärungen abzugeben, sondern sie sollten den Leuten Hoffnung machen." Auf die Frage, wie dieser Konflikt zustande kommt, tauchen weitere wichtige Hinweise auf. Zunächst sieht die zuletzt erwähnte Schülerin die Ursache darin, „dass die Leute denken, dass diese Theorien angeblich für dasselbe Aussagen machen." Daneben wird aber auch ungefragt Kirche ins Spiel gebracht. Die Kirche hat „Probleme mit der Naturwissenschaft, weil sie keinen Gott zulässt", sie hat „Angst davor, Anhänger zu verlieren" und „die Kirche wird sich nicht ändern, das mit der Abtreibung werden sie nicht akzeptieren können." Gerade die letzten drei Schüleräußerungen sind solche, die quer zum Gesprächsverlauf liegen. Sie haben sich offenbar in anderen Kontexten bewährt, sind weder richtig noch falsch und haben den Charakter von Glaubenssätzen. Sie verhindern, dass diese Schüler ein differenziertes Verständnis des Verhältnisses von Glaube und Naturwissenschaft erwerben.

In dem hier skizzierten Unterrichtsbeispiel ist es der Lehrerin gelungen, die Alltagstheorien der Lerngruppe über kluge Fragestellungen und ein entsprechendes Arrangement zu identifizieren und in den Unterricht einzubinden. Es sollte aber nicht nur dem Geschick einzelner Religionslehrerinnen und Religionslehrer überlassen werden herauszufinden, wie die eigene Gruppe „tickt". Vielmehr wird es zunehmend wichtig, fachspezifische sowie in den Unterricht integrierte Diagnose- bzw. Beobachtungsverfahren zu entwickeln. Man könnte sie religionspädagogische Diagnoseverfahren nennen. Eine der Leistungen solcher Verfahren wäre es, Alltagstheorien in den eigenen Lerngruppen und deren Lebenswelten aufzudecken. Fragebögen können solche Vorgänge zusätzlich stützen oder initiieren, aber nicht ersetzen.

Nicht zaubern, sondern zuhören

„Die Stunde ist zu Ende, leider war es erst die vorletzte. Denn jetzt steht noch der Dekan bevor. Religion kommt, wenn sie überhaupt kommt, gegen Schluss, wenn man kaum mehr denken kann." (Nadolny 2012, 83)

Religionslehrerinnen und Religionslehrer sind geborene Mitglieder von Freud- und Leidausschüssen an Schulen, sie müssen nicht korrigieren, sie zeigen viele Filme. Reli ist leicht. Religion kommt immer noch oft am Schluss, wenn nicht mehr viel geht.

Das klingt eher nach Unterforderung, die wirklichen Erwartungen sind aber andere. Nehmen wir einen Fremdsprachenlehrer. Eine solche Person soll als Sprachvorbild agieren, also Schülerinnen und Schülern die Fremdsprache in Lesen, Schreiben und Sprechen richtig vermitteln. Sie soll sich zugleich in der fremden Literatur und Kunst auskennen, Gepflogenheiten der Länder, Traditionen und Trends, Ess- und Trinkkultur kennen und schätzen, schließlich auch politisch kundig und reflektiert agieren. Man könnte sie als eine Art überzeugende, interkulturelle Botschafterin bezeichnen. Hinzu treten alle anderen Merkmale einer guten Lehrerin und eines guten Lehrers, ohne die guter Unterricht nicht möglich ist.

Wenn wir diesen Katalog auf Religionslehrerinnen und Religionslehrer übertragen würden, dann stünde auch hier das religiöse Sprachvorbild an erster Stelle. Vertraut mit biblischer und außerbiblischer religiöser Literatur, mit Wertschätzung für alle Formen der Überlieferung, von „Anekdote bis Wundererzählung" (Epping 2009), für Kunst und Musik, bewandert in Liturgie wie in religiösen Alltagsregeln, kirchenpolitisch kundig und reflektiert, begegnen Schülerinnen und Schüler einer religiösen und interreligiösen Botschafterin, einem Botschafter einer für sie fremden Welt. Im Gegensatz zu Fremdsprachenlehrern, die ihr Fach selbst „fremd", also in der Regel nicht als „native speaker" unterrichten, sind Religionslehrerinnen und Religionslehrer zugleich auch noch mittendrin, authentische Glaubenszeugen, Teil des „Landes", Teil der Sprache, von dem ihr Unterricht handelt. Auf ihnen ruhen kirchlich-pastorale Hoffnungen als letzte kirchliche Bindeglieder zu jungen Menschen. Die durch Bildungsaktionismus und medial produzierten Erwartungen an Lehrer sind gar nicht einbezogen. Das alles sind nur Streiflichter, der Anspruch in der Literatur erweitert den Umfang (vgl. Rendle 2008). Prioritäten zu setzen tut Not.

Wie bei den vorangestellten Überlegungen zur religionspädagogischen Diagnose/Beobachtung hilft auch hier ein Seitenblick, in diesem Fall auf einen Aspekt der bildungspolitischen Debatte des vergangenen Jahres, genauer auf die Metastudie des neuseeländischen Unterrichtsforschers John Hattie. Hattie hat die Wirksamkeit einer Vielzahl von Faktoren auf den Lernerfolg untersucht. Seine Studie „Visible learning" basiert selbst auf gut 700 Metastudien, die ihrerseits letztlich etwa 50 000 Einzelstudien zusammenfassen. Abgesehen von einigen

Ergebnissen, die sich aufgrund der Untersuchungsbedingungen nicht einfach auf unsere Schulen übertragen lassen (z. B. der Einfluss der Klassengröße) oder Folgerungen, die auf interpretierbaren Definitionen basieren (z. B. zu individualisierenden Unterrichtsformen), gibt es unstrittige und zentrale Befunde. Zu diesen zählt die besondere Bedeutung von Feedback im Unterrichtsprozess. Letztlich entscheidend für das Lernen ist nach Hattie eine leidenschaftliche und fürsorgliche Lehrperson. Sie nimmt wahr, „was Lernende denken und wissen, um Bedeutung und sinnstiftende Erfahrungen im Lichte dieses Wissens zu konstruieren." (Hattie 2013, 280) Sein Programm des „visible learning" fasst er in einem einfachen Satz zusammen: „Wenn Lehrer das Lernen durch die Augen ihrer Schüler sehen und wenn Lernende sich selbst als ihre Lehrpersonen sehen." (Ebd. 281)

Nun ist John Hattie nicht verdächtig Theologe zu sein. Wenn man aber „sehen" durch „hören" ersetzt bzw. ergänzt, dann wird man als Religionslehrer an eine zentrale biblische Kategorie und damit auch an die dialogische Ausrichtung unseres Faches erinnert. Die Fachleiter für Katholische Religionslehre in NRW an Gymnasien und Gesamtschulen haben 2010 in Form eines Projekts unter Leitung des im vergangenen Jahr viel zu früh verstorbenen Freundes und Kollegen Christoph Klemp ein internes Papier mit einem Merkmalshaus zur Frage „Was ist guter Religionsunterricht?" konstruiert und in das Dach dieses Hauses die ‚Dialogische Orientierung' eingesetzt. Für die Notwendigkeit einer Prioritätensetzung in den Anforderungen an Religionslehrer deutet das Papier und deuten auch die Hattie-Befunde an, dass Dialogkompetenz, der sich Diagnose- und Wahrnehmungskompetenz zuordnen, vorrangig ist. Vereinfacht könnte man sagen, Religionslehrerinnen und Religionslehrer zeichnen sich dadurch aus, dass sie besonders gute Zuhörer ihrer Schülerinnen und Schüler sind.

Religiöse Verschiedenheit – keine Bürde

In Nordrhein-Westfalen ist im Jahr 2009 ein neues Lehrerausbildungsgesetz mit tiefgreifenden Änderungen in Kraft getreten (Gesetz über die Ausbildung für Lehrämter an öffentlichen Schulen vom 12. Mai 2009). Ihm folgte eine neue Verordnung für den Vorbereitungsdienst in den Lehrämtern (Ordnung des Vorbereitungsdienstes und der

Staatsprüfung für Lehrämter an Schulen vom 10. April 2011). Grundlage für die gesamte Lehrerausbildung ist ein Kerncurriculum, das die Tätigkeit der Lehrerinnen und Lehrer in sechs Handlungsfeldern abbildet. Wenngleich die vorgenommenen Änderungen aus unserer Sicht als Lehrerausbilderinnen und Lehrerausbilder an einigen Stellen nicht hilfreich auf dem Weg zu einer zukunftstauglichen Lehrerausbildung sind, so kann man bei genauerem Hinsehen doch auch Weises entdecken. So wird z. B. das Handlungsfeld 5 mit „Vielfalt als Herausforderung annehmen und Chancen nutzen" beschrieben und darunter wird formuliert, dass „Heterogenität als Potential für Unterricht und Schulleben (zu) nutzen" sei. Der Gedanke, dass Heterogenität auch Chancen bietet, mag nicht neu sein. Aber die Perspektive wird hier umgekehrt. Man setzt nicht nur die Heterogenität der Lerngruppe als selbstverständlich voraus, sondern sieht darin einen Zugewinn. Für die (auszubildenden) Lehrerinnen und Lehrer gilt es nun, die Chancen in dieser Vielfalt zu entdecken und für die Lerngruppen und das Schulleben nutzbar zu machen.

Der Blick in die religionsdidaktische Literatur verrät, dass sich ein solch optimistischer Perspektivenwechsel hinsichtlich des Umgangs mit religiöser Heterogenität nur in wenigen Konzepten wiederfinden lässt. Vielleicht ist es die Sorge vor „positionsloser Akzeptanz und Toleranz", so dass es überwiegend dabei bleibt, „religiöse Tastversuche [...] zunächst in ihrer biografischen und entwicklungsbezogenen Stimmigkeit und Sinnhaftigkeit" wertzuschätzen (Mendl 2011, 49).

In einem älteren, kurzen und wenig beachteten Aufsatz hat Georg Bubolz schon vor fast 20 Jahren an kleinen unterrichtspraktischen Beispielen Wege aufgezeigt, wie einerseits Chancen von Heterogenität genutzt, andererseits aber auch eine Anpassung an plurale Beliebigkeit vermieden werden kann (Bubolz 1996). In Rückgriff auf den Würzburger Synodenbeschluss spricht Bubolz Kolleginnen und Kollegen aus der Seele, nicht nur, weil er selbstverständlich von einer „inhomogen zusammengesetzten Schülerschaft" spricht, sondern weil er feststellt, dass „Schülerinnen und Schüler aller genannten Gruppen in einer Lerngruppe versammelt sein können." (Bubolz 1996, 119). Heute ist jeder Religionslehrerin, jedem Religionslehrer klar, dass es sich hier nicht nur um einen Modus handelt, sondern um Alltag.

Mittlerweile ist es Standard unter Religionslehrern biblische Texte, bei denen es sich von der literarischen Struktur her anbietet, wie etwa bei der Parabel von den Arbeitern im Weinberg, das Verfahren der Leseverzögerung anzuwenden. D. h. man liest den Text nicht bis zum Ende vor, sondern stoppt die Lektüre an geeigneter Stelle. Das geht am leichtesten, wenn die Schüler den Text nicht kennen. Das ist in der Regel so und auch in der Oberstufe findet man selten Bibelfeste. Falls doch, bittet man um vorübergehende Diskretion. Ein paar Beispiele aus einer Unterrichtsstunde, in der die Schüler fiktive Gespräche der Arbeitergruppen in Mt 20,1–15 konstruieren sollten. Aus der Gruppe der Arbeiter der ersten Stunde: „Morgen komme ich auch erst zur elften Stunde." Dazu ein anderer Schüler: „Aber denk mal an die, die keinen Job gefunden haben, die sind doch noch ärmer dran." Aus der Gruppe der Arbeiter der elften Stunde: „Ich habe ein schlechtes Gewissen gegenüber den anderen, aber ich bin auch ganz schön froh. Wir haben Glück gehabt." Eine Schülerin ergänzt: „Die Frühen wurden gerecht behandelt, wir lieb." Auch zum Verhalten des Gutsbesitzers gibt es sehr unterschiedliche Anmerkungen, die sich zwischen „Er ist ein Ausbeuter.", „Vertrag ist Vertrag." und „Er ist doch gerecht." bewegen.

Die Textunkenntnis vieler Schüler mag man im Sinne des Traditionsabbruchs bedauern, oft erhält man dafür aber auch ungeschminkte und trotzdem anschlussfähige „theologische" Ideen der Schülerinnen und Schüler. Dass sich mit fehlender religiöser Bildung mitunter kein liebliches „Religionsstunden-Ich" ausgeprägt hat, ist sicher kein Verlust.

Kindertheologie und Jugendtheologie – keine Arznei, aber eine Empfehlung

In Gesprächen unter Fachleiterinnen und Fachleitern sind in den letzten Jahren verschiedene Konzepte und Schlagwörter mit besonderer Häufigkeit aufgetaucht oder Gegenstand von Tagungen geworden. Dazu zählen der Kompetenzorientierte und Performative Religionsunterricht, die Prinzipien des Interreligiösen Lernens, insbesondere aber die Ansätze der Kinder- bzw. Jugendtheologie (Bucher/Büttner/Freudenberger-Lötz 2002; Freudenberger-Lötz/Kraft/Schlag 2013), auf die ich im Kontext von Dialog, Diagnose und Heterogenität hier kurz eingehen möchte.

Die Konzepte einer Kinder- bzw. Jugendtheologie geben dem Lehrer kein konkretes Schema für die Unterrichtsvorbereitung vor, können aber vermutlich in ihrer Grundstruktur künftigen Herausforderungen an Religionsunterricht in einer geeigneten Weise begegnen. Die Ansätze von Kindertheologie und Jugendtheologie sind einerseits spezifisch, es geht ihnen ja um unterschiedliche Altersstufen, andererseits beinhalten beide Konzepte drei Perspektiven, die die religiöse Disposition unserer Schülerinnen und Schüler gezielt aufgreifen. Die Autoren sprechen von einer Theologie der Kinder und Jugendlichen als einer ersten Perspektive, einer Theologie mit Kindern bzw. Jugendlichen als zweiter und einer Theologie für Kinder und Jugendliche als einer dritten (vgl. Schlag 2013, 15).

Der Gedanke, dass die Dimension einer persönlichen (nicht akademischen) Theologie in diesen Ansätzen nicht nur als defizitäre Ausgangssituation ihren Platz im Unterricht hat, passt gleichermaßen zu den Ergebnissen der Jugendstudien als auch zu vielen Beobachtungen von Religionsunterricht in der Ausbildung. Das bedeutet nicht, dass Religionsunterricht keine religiöse Kompensationsfunktion mehr erfüllen kann oder ein theologisches Argumentieren älterer Schüler eine geringere Rolle spielt. Die Ansätze einer Kinder- und Jugendtheologie bieten aber eine echte Wertschätzung der eigenen Religiosität junger Menschen. Ziebertz formuliert es folgendermaßen:

> „Den religiösen Wandel in der Gesellschaft und beim einzelnen Menschen (Jugendlichen wie Erwachsenen) ernst zu nehmen, muss insgesamt zu einem sehr viel stärker kommunikativ-dialogischen Unterricht führen, in dem Befragen- und Hinterfragen-Können bereits selbst Prinzipien religiösen Lernens sind." (Ziebertz 2010, 104)

Auch hierzu ein Beispiel. Ein Referendar beobachtet in einer siebten Klasse, dass die große Mehrheit seiner Schüler kaum Zugang zur Symbolsprache der Bibel hat und viele zudem noch mit geringem Wortschatz ausgestattet sind. Es fällt ihnen schwer Gedanken zu strukturieren. Die Schüler spüren ihre allgemeine und religiöse Sprachlosigkeit und lassen sich kaum aktivieren. Für die Arbeit mit der Blindenheilung in Joh 9,1–12 bietet der Lehrer, nachdem er den Text vorgelesen hat, zehn einfache Satzanfänge an. Alle Schülerinnen und Schüler bekommen zumindest drei oder vier Satzabschlüsse hin, von denen sie in einer Meldekette wenigstens einen vortragen müssen. Für den Lehrer war es entscheidend, eine breite (religiöse) Sprechaktivierung geleistet zu haben. Dieses einfache Verfahren bot ihm zudem eine Ergänzung seines Bildes der (symbol-)sprachlichen Kompetenzen und vorhandener Präkonzepte in seiner Lerngruppe. Alle Beteiligten erhielten unterschiedliche Resonanzen auf den Text, die die weitere Arbeit vorstrukturieren halfen. Das „Befragen-Können" selbst war hier schon Kern des Religionsunterrichts, auch wenn der Lehrer in späteren Stunden die Weiterarbeit an der Wundererzählung exegetisch vertieft hat.

Beobachtungen gelungener Momente im Religionsunterricht hatten durchweg mit einem genauem Kennen der Lerngruppen zu tun. Die Kolleginnen und Kollegen haben sie genutzt, um die Kinder und Jugendlichen zum Sprechen mit ihnen über die Themen unseres Faches zu ermuntern. Da kaum davon auszugehen ist, dass sich religiöse Sprechfähigkeit in Zukunft zunehmend von alleine entwickelt, dürfte dieses Kennen der Schüler, das gezieltes pädagogisches Beobachten (Diagnostizieren) zur Grundlage hat und das selbst wiederum auf der „Hörfähigkeit" der Lehrerinnen und Lehrer fußt, noch mehr als bisher eine Bedingung für guten Religionsunterricht sein.

Ich bin der Überzeugung, dass gesellschaftliche Trends von uns Religionslehrerinnen und Religionslehrern nicht einfach aufgehalten oder umgekehrt werden. Es muss aber Kennzeichen des Religionsunterrichts bleiben, Schülerinnen und Schülern auch immer wieder Gegenbilder der jüdisch-christlichen Tradition anzubieten und sie zu befähigen, solche Trends mit dem Auge des Glaubens zu sehen. Eine der Voraussetzungen ist ein dialogisch-diagnostischer Religionsunterricht. Eine weitere betrifft die Glaubwürdigkeit angebotener Gegenbilder, deren Wirksamkeit auf vorbildhafte Religionslehrerinnen und Religionslehrer, aber genauso auf die Vorbildhaftigkeit exponierter Christen angewiesen ist.

Es sind auch die jungen Menschen, denen wir, wie Hildebrandt, in ihrer manchmal eigenartig anmutenden Andersheit mehr abgewinnen, mehr zutrauen dürfen – auch in religiöser Hinsicht. Unter solchen Bedingungen wird es nicht nötig sein, angesichts der Phänomene, die der sog. Traditionsabbruch zu beschreiben versucht, in Lethargie zu verfallen.

Schließen möchte ich daher mit einer kleinen chassidischen Lehrerzählung, die ich hier, auch im Bewusstsein einer interreligiösen Fremdanleihe anfüge:

„Rabbi Bär von Radoschitz bat einst den Lubliner, seinen Lehrer: ‚Weiset mir einen allgemeinen Weg zum Dienste Gottes!' Der Zaddik anwortete: ‚Es geht nicht an, den Menschen zu sagen, welchen Weg sie gehen sollen. Denn da ist ein Weg, Gott zu dienen durch die Lehre, und da, durch Gebet, da, durch Fasten, und da, durch Essen. Jedermann soll wohl achten, zu welchem Weg ihn sein Herz zieht, und dann soll er sich diesen mit ganzer Kraft erwählen.'" (Buber 1987, 473)

Literatur

Medienpädagogischer Forschungsverbund Südwest (Hrsg.): Kinder + Medien, Computer + Internet, Basisuntersuchung zum Medienumgang 6- bis 13-Jähriger in Deutschland, 2012 *(zitiert mit: KIM)*.

Medienpädagogischer Forschungsverbund Südwest (Hrsg.): Jugend, Information, (Multi-)Media. Basisstudie zum Medienumgang 12- bis 19-Jähriger in Deutschland, 2013 *(zitiert mit: JIM)*.

Calmbach, Marc et al.: Wie ticken Jugendliche 2012? Lebenswelten von Jugendlichen im Alter von 14 bis 17 Jahren in Deutschland, Altenberg 2011 *(zitiert mit: SINUS-U18)*.

Shell in Deutschland Holding (Hrsg.): Jugend 2010. Eine pragmatische Generation behauptet sich, Frankfurt/Hamburg 2010 *(zitiert mit: Shell 2010)*.

Baumann-Lerch, Eva: Wie eine fremde Heimat. Das religiöse Wissen nimmt ab. Was folgt daraus für den Unterricht? Fragen an den Religionspädagogen Hans Mendl. Publik-Forum 3/2012, 30–31.

Barke, Hans-Dieter: Chemiedidaktik. Diagnose und Korrektur von Schülervorstellungen, Berlin 2006.

Baurmann, Jürgen/Müller, Astrid: Lesen beobachten und fördern [Praxis Deutsch 194], 2005.

Buber, Martin: Die Erzählungen der Chassidim, Zürich 1987.

Bubolz, Georg: Kontextuelle Religionsdidaktik. Konzeptionelle Überlegungen zur gegenwärtigen Lage des Religionsunterrichts, in: Religionsunterricht an Höheren Schulen 39 (1996), 118–122.

Bucher, Anton/Büttner, Gerhard/Freudenberger-Lötz, Petra et al. (Hrsg): Jahrbuch für Kindertheologie, Stuttgart 2002.

Epping, Josef: Von Anekdote bis Wundergeschichte, München 2009.

Horstkemper, Marianne/Tillmann, Klaus-Jürgen: Diagnose und Förderung – eine schulpädagogische Perspektive, in: Feindt, Andreas/Elsenbast, Volker/Schreiner, Peter/Schöll, Albrecht (Hrsg.): Kompetenzorientierung im Religionsunterricht. Befunde und Perspektiven, Münster 2009, 223–236.

Freudenberger-Lötz, Petra/Kraft, Friedhelm/Schlag, Thomas: „Wenn man daran noch so glauben kann, ist das gut". Grundlagen und Impulse für eine Jugendtheologie, Stuttgart 2013.

Hattie, John: Lernen sichtbar machen, überarbeitete deutschsprachige Ausgabe von Visible Learning, Baltmannsweiler 2013.

Kind, Vanessa: Beyond appearances. Students' misconceptions about basical chemical ideas, Durham 2004.

Mendl, Hans: Religionsdidaktik kompakt. Für Studium, Prüfung und Beruf, München 2011.
Nadolny, Sten: Weitlings Sommerfrische, München 2012.
Rendle, Ludwig: Was Religionslehrerinnen und- lehrer können sollen. Kompetenzentwicklung in der Aus- und Fortbildung, Donauwörth 2008.
Ziebertz, Hans-Georg: Gesellschaftliche und jugendsoziologische Herausforderungen für die Religionsdidaktik, in: Hilger, Georg/Leimgruber, Stephan/Ziebertz, Hans-Georg: Religionsdidaktik. Ein Leitfaden für Studium, Ausbildung und Beruf, München 2012.

Autorinnen und Autoren

Bekir Alboğa, Dr. phil., geb. 1963, Studium der Germanistik, Islamwissenschaften, Publizistik, Kommunikationswissenschaften und Osmanistik-Altaistik sowie Politikwissenschaft in Konya, Göttingen und Heidelberg, 1995–2004 Imam, theologischer Bildungsreferent und muslimischer Vorsitzender der Christlich-Islamischen Gesellschaft in Mannheim, seit 2004 Referatsleiter für interkulturelle und interreligiöse Zusammenarbeit der DITIB-Zentrale in Köln, Mitglied der Deutschen Islamkonferenz und des Integrationsgipfels, mehrmals Sprecher des Koordinierungsrats der Muslime in Deutschland, seit 2013 Stellvertretender Generalsekretär und Sprecher der DITIB.

Patrick Becker, Dr. theol., geb. 1976, Studium der katholischen Theologie in München, Bamberg und Aachen, 2004–2008 Wissenschaftlicher Mitarbeiter für Fundamentaltheologie und Religionsphilosophie in Marburg, 2009–2010 Geschäftsführer der Agentur für Qualitätssicherung und Akkreditierung kanonischer Studiengänge (AKAST), seit 2010 wissenschaftlicher Mitarbeiter für Systematische Theologie an der RWTH Aachen.

Ursula Diewald, geb. 1978, Studium der katholischen Theologie und der Philosophie in München, 2005–2006 Verlagsvolontariat im Bereich Presse- und Öffentlichkeitsarbeit, seit 2007 Wissenschaftliche Mitarbeiterin für Fundamentaltheologie an der Ludwig-Maximilians-Universität München.

Michael N. Ebertz, Dr. rer. soc. Dr. theol. habil., geb. 1953, Studium der Soziologie, Germanistik, Sozialkunde und Theologie in Frankfurt, von 1978 bis 1979 Wissenschaftlicher Mitarbeiter am Institut für kirchliche Sozialforschung des Bistums Essen (IKSE), von 1979 bis 1991 Wissenschaftlicher Assistent im Fach Soziologie an der Universität Konstanz, seit 1991 Professor für Sozialpolitik, Freie Wohlfahrtspflege und kirchliche Sozialarbeit an der Katholischen Hochschule Freiburg.

Christiane Florin, Dr. phil., geb. 1968, Studium der Politikwissenschaft, Neueren Geschichte und Musikwissenschaft in Bonn und Paris, 2007–2010 Leitung des Feuilletons des Rheinischen Merkurs, seit 2010 Redaktionsleiterin der Zeit-Beilage Christ & Welt, Lehrbeauftragte für Medienpolitik und -kultur der Universität Bonn.

Karl Gabriel, Dr. phil. Dr. theol. Dr. h.c., geb. 1943, Studium der katholischen Theologie und Soziologie in Königstein, München, Tübingen, Frankfurt und Bielefeld, 1974–1980 Wissenschaftlicher Assistent an der Universität Bielefeld, 1980–1998 Professor für Soziologie, Pastoralsoziologie und Caritaswissenschaft in Osnabrück/Vechta, 1998–2009 Professor für Christliche Sozialwissenschaften in Münster und Direktor des Instituts für Christliche Sozialwissenschaften, seit 2009 Senior Professor am Exzellenzcluster Religion und Politik in Münster.

Olaf Glöckner, Dr. phil., geb. 1965, Studium der Israelwissenschaften, der Neueren Geschichte und Jüdischen Studien an der Humboldt-Universität Berlin und an der Universität Potsdam, seit 2003 wissenschaftlicher Mitarbeiter am Moses Mendelssohn Zentrum/Universität Potsdam, Mitarbeit an verschiedenen Studien zur russisch-jüdischen Zuwanderung nach Israel, Deutschland und in die USA seit 1989.

Hans-Joachim Höhn, Dr. theol., geb. 1957, Studium der Philosophie und katholischen Theologie in Frankfurt und Rom, 1986–1990 Pastoralreferent im Bistum Limburg, 1984–1986 Wissenschaftlicher Assistent (DFG) am Institut für Dogmen- und Konziliengeschichte in Frankfurt, 1990–1991 Vertretung des Lehrstuhls für Systematische Theologie in Köln, seit 1991 Professor für Systematische Theologie und Religionsphilosophie an der Universität zu Köln.

Isolde Karle, Dr. theol. habil., geb. 1963, Studium der evangelischen Theologie in Tübingen, Cambridge/USA und Münster, 1992–1995 Wissenschaftliche Mitarbeiterin für Praktische Theologie in Kiel, 1995-1997 Vikarin in Reutlingen-Betzingen, 1997–1998 Pfarrerin z. A. in Bad Friedrichshall, 1998–2000 Habilitationsstipendium der DFG, 2000–2001 Pfarrerin in Stuttgart, seit 2001 Professorin für Praktische Theologie an der Ruhr-Universität Bochum.

Klaus Kühnen, StD, geb. 1959, Studium der katholischen Theologie und Biologie an der Ruhr-Universität Bochum, 1986–1988 Referendariat in Duisburg, 1988–1999 Lehrer am Riehl-Kolleg in Düsseldorf, seit 1999 am Gymnasium-Hochdahl in Erkrath, seit 1998 in der Lehrerausbildung als Fachleiter für Katholische Religionslehre und als Haupt-bzw. Kernseminarleiter am ZfsL (ehemals Studienseminar) Düsseldorf.

Gesche Linde, Dr. theol. habil., geb. 1965, Studium der Medizin und der evangelischen Theologie in Frankfurt und Mainz, 1997–1999 Redaktionsassistentin bei Mohr Siebeck in Tübingen, 1999–2012 Wissenschaftliche Mitarbeiterin in Systematischer Theologie und Religionsphilosophie in Frankfurt am Main, dazwischen Vertretungsprofessuren in Frankfurt und Hamburg, Fellowships in Bochum und am Max-Weber-Kolleg Erfurt, seit 2012 Akademische Rätin für Theologie und Sozialethik (iths) der Technischen Universität Darmstadt.

Autorinnen und Autoren

Reinhard Kardinal Marx, Dr. theol., geb. 1953, Studium der katholischen Theologie und Philosophie in Paderborn, Paris, Münster und Bochum, 1979–1981 Vikar in Bad Arolsen, 1981–1986 Geistlicher Rektor des Sozialinstituts Kommende des Erzbistums Paderborn mit Sitz in Dortmund und Diözesanbeauftragter für die Betriebsseelsorge im Erzbistum Paderborn, 1989–1996 Direktor des Sozialinstituts Kommende in Dortmund, 1996–2002 Professor für Christliche Gesellschaftslehre in Paderborn, 1996–2002 Titularbischof von Pedena und Weihbischof in Paderborn, 2002–2008 Bischof von Trier, seit 2008 Erzbischof von München und Freising, 2013 Berufung zur Mitgliedschaft im Kardinalsrat durch Papst Franziskus, seit März 2014 Vorsitzender der Deutschen Bischofskonferenz.

Christa Nickels, geb. 1952, Fachkrankenschwester für Innere Intensivpflege, 1979 Mitbegründerin der Grünen NRW, 1983–1990 und 1994–2005 MdB, 1983–1985 und 1994–2005 Kirchenpolitische Sprecherin der Grünen im Bundestag, 1994–1998 Vorsitzende Petitionsausschuss und 2011–2015 Vorsitzende des Menschenrechtsausschusses des Deutschen Bundestages, 1998–2001 Parlamentarische Staatssekretärin im Gesundheitsministerium und Drogenbeauftragte der Bundesregierung, seit 2013 Mitherausgeberin von Publik Forum, seit 2014 Ombudsfrau bei Adveniat.

Ulrich Ruh, Dr. theol., geb. 1950, Studium der katholischen Theologie und Germanistik in Freiburg und Tübingen, 1974–1979 wissenschaftlicher Assistent in Freiburg, seit 1979 Redakteur der Herder Korrespondenz, seit 1991 Chefredakteur.

Clauß Peter Sajak, Dr. theol. habil., geb. 1967, Studium der katholischen Theologie, Germanistik, Philosophie und Erziehungswissenschaften in Bonn und Freiburg, 1998–2002 Studienrat in Heilbronn, 2002–2008 Referent für Hochschulen im Bischöflichen Ordinariat Mainz, Forschungs- und Lehrtätigkeiten in Princeton/USA und Michigan/USA, 2005–2007 Lehrstuhlvertretungen in Augsburg, Siegen und Münster, seit 2008 Professor für Religionspädagogik an der Katholisch-Theologischen Fakultät der Westfälischen Wilhelms-Universität Münster.

Dirk Tänzler, geb. 1969, Studium der Sozialpädagogik und Sozialwissenschaften in Duisburg, seit 2006 Bundesvorsitzender des Bundes der Deutschen Katholischen Jugend (BDKJ).

AGT-Förderverein e.V.

Im Sommer 2002 schlossen sich ehemalige Mitglieder der Bundesfachschaft für Theologie „Arbeitsgemeinschaft Studierende der Katholischen Theologie in Deutschland (AGT)" zu einem Förderverein zusammen, der seitdem die AGT in ihrer kirchen- und bildungspolitischen Arbeit sowie allgemein den Nachwuchs der Katholischen Theologie inhaltlich und finanziell unterstützt.

Den Vorsitz übernimmt bis zum heutigen Tag Georg Pelzer, zum Ehrenvorsitzenden wurde der Pastoraltheologe Professor Dr. Leo Karrer ernannt.

Der Verein fördert Initiativen des theologischen Nachwuchses, etwa hochschuldidaktische Weiterbildungen oder inhaltliche Tagungen, die insbesondere der Vernetzung dienen, und führt eigene Tagungen und Projekte durch, so zur Zukunft der Theologie oder zu Berufsmöglichkeiten für Theologiestudierende.

Aus einer Tagung entstand der Sammelband „Jugend heute – Kirche heute", der im Echter-Verlag erschienen ist; in zweiter Auflage ist 2012 im Verlag Herder das Buch „Berufschancen für Theologinnen und Theologen" erschienen.

Weitere Informationen zum AGT Förderverein sind erhältlich beim Vorsitzenden Georg Pelzer:

AGT-Förderverein e. V.
c/o Georg Pelzer
Brennerstr. 52 • 96052 Bamberg
Tel.: 09 51/2 97 68 07
info@agt-foerderverein.de • www.agt-foerderverein.de

Der Verein ist als gemeinnützig anerkannt, Spenden sowie der Mitgliedsbeitrag sind steuerlich absetzbar. Die Mitgliedschaft ist ab 12,– Euro pro Jahr möglich.